Demain
un nouveau monde en marche

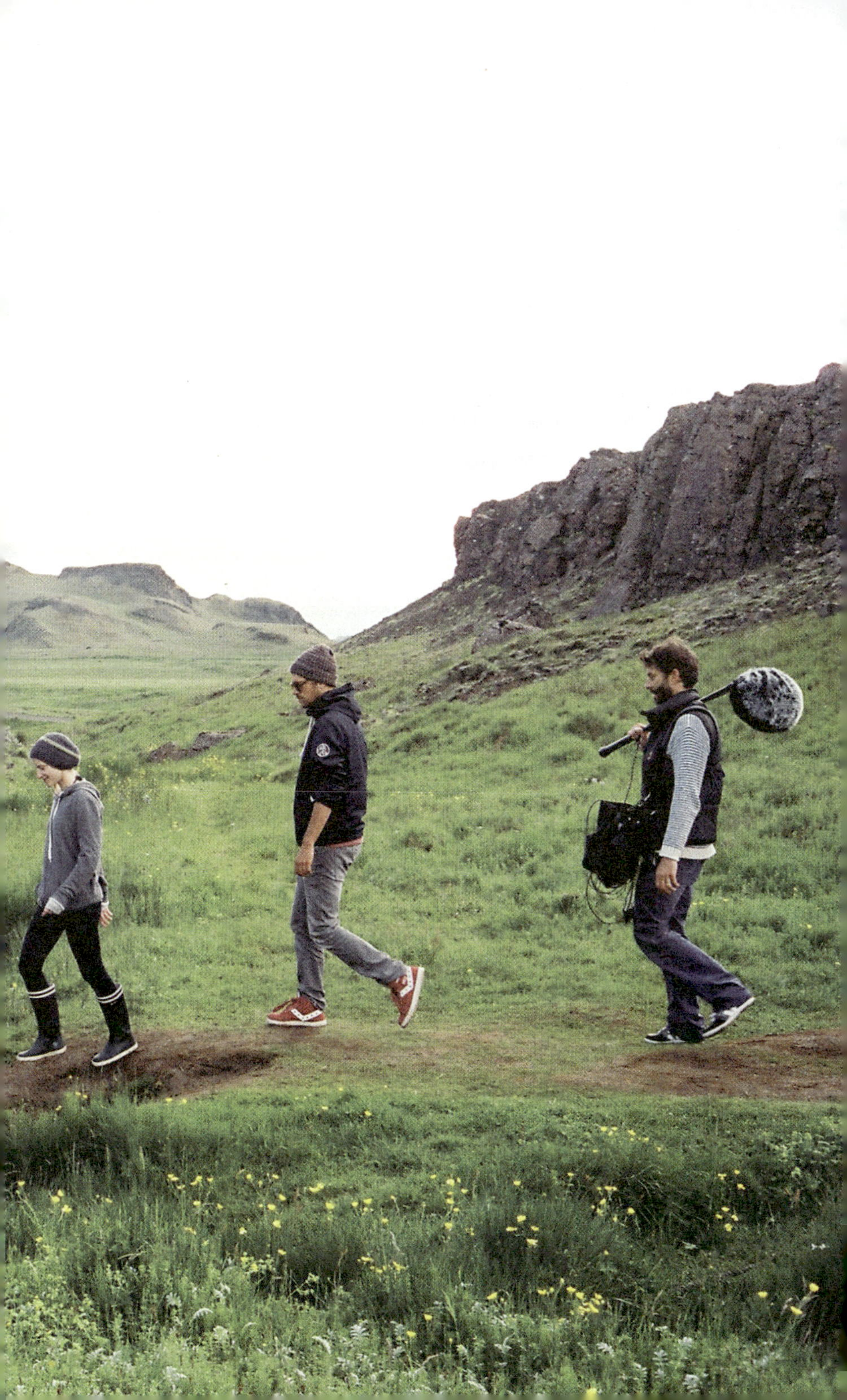

更多可能[1]

当今社会面临着显而易见的深刻危机。生态失衡、社会排斥[2]、对自然资源毫无节制的开发、对利益丧失人性的疯狂追求、社会不平等现象的加剧,都成为我们这个时代的核心问题。

然而,在世界各地,一些怀揣着创新概念的人们已经行动起来,致力于创造新的未来图景。解决问题的方法是存在的,一些前所未有的主张正在五洲四海诞生。虽然它们施行的范围很小,却有着一个共同的目标:引导一场真正的社会转型。

---

[1] 原文为 Domaine du possible,系列丛书的名称。(关于书中注释的说明:每章末尾为作者原注,随文脚注为编者所加。)
[2] 指对社会中某些群体或地区的孤立、贬低。

[法]席里尔·迪翁 著

蒋枋栖 译

人类的明天

DEMAIN

UN NOUVEAU MONDE
EN MARCHE

CYRIL DION

北京联合出版公司
Beijing United Publishing Co.,Ltd.

新经典文化股份有限公司
www.readinglife.com
出 品

目 录 | Contents

引言　1

出发　11

　14　斯坦福大学：震颤背后

　15　与伊丽莎白·海德利和安东尼·巴诺斯基的会面

　23　与勒斯特·布朗的会面

一、明天的食物

　34　（一）昨日历史：与奥利维耶·德舒特的会面

　44　（二）让生产回归本土：都市农业探险

　69　（三）别样的生产方式：朴门永续农业的奇迹

　79　（四）农业新篇章

二、明天的能源

85　（一）昨日历史：与提耶里·萨洛蒙的会面

98　（二）可再生的岛屿

110　（三）哥本哈根：首个二氧化碳排放达到碳平衡的首都

120　（四）马尔默：未来的生态街区

128　（五）与扬·盖尔的会面

138　（六）没有垃圾的城市：旧金山的史诗

三、明天的经济

155　（一）昨日历史：与皮埃尔·拉比的会面

166　（二）珀西口：环保型生产模式更节约成本

179　（三）货币：从单一到多样化

217　（四）本地优先！

235　（五）修理、重复使用、自己制作：Makers 运动

241　（六）走向分散型的共享经济：与杰里米·里夫金的会面

四、明天的社会

258　（一）昨日历史：与大卫·凡瑞布鲁克的会面

272　（二）冰岛革命：公民对抗金融，历史上第一部众包宪法

285　（三）库坦巴干村：公民自治

300　（四）与凡达娜·希娃的会面：遵从最高法则

五、明天的教育

314　（一）昨日历史

320　（二）每个学生都重要：芬兰的教育

六、从今天开始！

338　与罗伯·霍普金斯会面

结语　349

致谢　358

引言

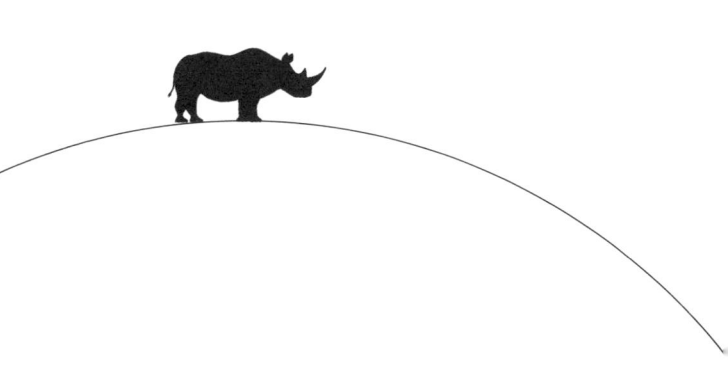

2012年7月27日。清早。我和家人借宿在一间阁楼里。我凝视着阁楼的木板。睡意未退，炎热袭来，我有些头昏脑涨，身体渴望呼吸。我轻轻起身，套上几件衣服，蹑手蹑脚地走了出去。大自然的味道如此美妙。我裸着脚，小步穿行在茂盛的青草间。成千上万只昆虫在灌木丛周围穿梭交错。我沐浴在白昼的第一缕光辉中，身心惬意悠然。

我们正在表亲家的农场度假，最近这里转型为生态农业。牧场的篱笆后面，奶牛、家猪和牧马正踏着如茵绿草。我穿上鞋，走了将近1个小时，去感受一种安身于丛林中、树木间、池沼边的，稠密而宁静的生活。

我回到阁楼，打开电脑了解时事。在《世界报》的网站上，我注意到一篇标题非同寻常的文章，就在热门文章这一分类的最顶端：《2100，地球末日？》。这是"环境"专栏记者奥黛丽·贾丽科发表的一篇博文。经过浏览和细读，我明白了它要揭示的是，从现在起至未来的几十年里，一部分生物可能会灭绝。这真是令人难以置信。该观点源于一份发表在《自然》杂志上的由世界各地22位科学家共同完成的研究报告。此报告还涉及其他 10 多项关于污染、气候异常、滥砍滥伐、地质侵蚀、人口增长、生物多样性锐减等问题的研究，并在最后得出结论：人类即将面临一个倾覆点（tipping point），届时，生态系统的一连串退化将会深刻地改变地球生物和气候的平衡。这种变化将以一种非常粗暴突然的方式发生，以至现存物种根本无法适应……

好几个小时过去了，我仍震惊不已。等到家人都起床的时候，我什么也没说，也不知道该说什么，只是看着孩子们睡眼惺忪地吃早餐。再看看其他人（我的妻子和她的表亲），他们正做着唤醒身体的习惯性机械动作。放在昨夜，这样的场景对我来说再平常不过，现在看来却荒谬至极。我不知道该怎样和他们分享我刚读到的内容，但我已无法缄默不言。等了差不多 1 个小时后，我用尽可能清晰的方式，开始向他们陈述。没有夸张的言辞，做到最大程度的细微和谨慎。但我同时也表露了这条新闻让我有多震惊。没有一个人做出我所预期的回应（我只跟在场的成年人说了）。对话不外乎就是："我们很清楚，这肯定是一场灾难啊……但我们能做点什么呢？"一部分的我对这样的回答惊诧不已，另一部分的我则明白这完全在意料之中。因为，说到底，面对这样的新闻，你又能做些什么呢？

10 天过后，这份研究报告上了《解放报》的头版头条。洛尔·努阿拉，《解放报》"地球"组的头牌记者，在闹编辑荒的 8 月，成功拿下头版头条和 4 面内页。我又和妻子聊起了这个话题。这一次，她的回应比上次强烈。尽管如此，让我愕然的是，这一信息并未引发任何人做出具体行动，包括我自己。我们一边高谈阔论一系列事件，声称它们会带来和世界大战一样严重（甚至严重得多）的后果，一边一成不变地过着自己的小日子。

2013年3月31日，我应邀参加记者史蒂凡·保利在法国国际电台的新闻节目。在播放前的准备时间，我向他谈及这份研究报告，并表达了我的沮丧，因为自《解放报》2012年8月9日刊发了相关文章后，就再也没有主流媒体认真地讨论过这个问题。直播时，他笃定地转述了我的意见，指斥了媒体的荒谬行径。可是，稍后，到了下午1点，这个严肃的、以左派著称的公共电台，这个无数优秀记者为之共同奋斗数年的广播频道，在它自己的核心节目中，却只报道了几则社会新闻和政治家之间的争吵。一切都无关痛痒。最终，这则本应在所有报纸、所有广播、所有国家电视台成为头条的新闻，被贬谪为法国最大日报的1篇博文、《替代经济学》杂志的1张附页和网上的2篇文章（据我所知，分别出现在《回声报》和《心理学杂志》的网站上），只有伟大的《解放报》是个例外，这得益于洛尔·努阿拉的坚持……怎么会这样？

在6年多的时间里，我一直努力思考这样的矛盾。2006年年底，我被委以重任，创建一个受生态农业倡导者、作家皮埃尔·拉比启发的运动[1]。我领导了这个运动，直到2013年8月卸任。其间，我们一直试图弄明白，是什么促使民众、企业家和政府人员做出回应……或者不做出回应。事实上，过去的几十年里，不论是1949年以来的一些默默无名的作者，如费尔菲尔德·奥斯本，还是1961年的蕾切尔·卡逊，抑或是1972年罗马俱乐部的报告、成立于1988年的GIEC[2]、1992年的里约峰会（以及之后的所有峰会）、纪录片、电视节目、非政府组织甚至一些政界权要，都纷纷发出了警示信号，但以上所有，都未能促成任何一个行之有效的措施。政府继续杀鸡取卵，他们的选择，常常受制于财政方面的重压，以及对赢取选票的执念；大多数企业家不管愿不愿意，都得符合增长和资本主义那套逻辑；大部分民众继续推动消费型社会的运转，陷在日常生活和财务烦恼中无法自拔……与此同时，半数野生物种灭绝，全球温度继续攀升，垃圾泛滥成灾，10亿人饥肠辘辘，同时却有15亿人过度肥胖。85人积累起来的财富相当于另外35亿人的资产总和……但是到了这个地步，为什么我们还是没有行动起来？

我不断地思考这些问题，最终，两个原因浮出水面。

第一个原因是，我们正遭遇着现实的虚拟化，且这种虚拟化日渐壮大。我们无法将自己的行为和其带来的后果联系起来，这些后果我们看不见，感受不到：过度消耗能源引起的气候异常；在世界另一端为我们组装手机、做衣服的奴工的苦痛；用于为我们创造财富的各种资源的耗尽；变成令我们大快朵颐的牛排、汉堡包和香肠的动物们，在机械化屠宰场流水线上所遭的罪；为了建造停车场、酒店、超市或者种植玉米、黄豆以喂养大型饲养场里的牛、鸡、猪等，而被我们从地球表面根除的数千种野生物种……我一遍又一遍地试图向我的孩子们解释,为什么我不带他们去他们所有朋友都会去的快餐店。如今,人们去快餐店就跟去电影院或者面包店一样,司空见惯。而我一再叮嘱他们的话,正如早些年别人反复讲给我的话一样,只是一些抽象的词语和概念,唤不起任何的实际行动。被砍伐的森林,对我们来说,要么只是些数字,要么就是些画面,一旦有了新的乐子,我们就会把它们忘得一干二净。我很清楚自己做出了多少努力,多少次说服自己尊重自己的选择:不吃肉、不去超市、尽量少乘飞机……又有多少次动摇了。因为,在主流文化和习惯的重量面前,这些美好的意愿又能有多少价值呢?当我们生活模式中的一切,当现有世界的构建方式都带着我们飞速逆向行驶的时候,还怎么奢求看到这些理念大放光彩?然而,我们还有什么选择吗?

第二个原因,是我们缺少愿景。从 2007 年开始,我就在考量,我们是多么缺乏一种引人向往的生态观和可持续世界观啊。跟其他非政府组织的大多数同仁一样,我们花费了大量时间去要求公众改变生活方式,却不为他们提出全面又有带动性的替代方法。我们这是在命令他们向虚空中迈脚。有勇气或有可能向着未知纵身一跃的人屈指可数。我们应当提供一个安全跳板,一块坚实的、让人安心的土地,以这块土地为根基,我们才能共筑未来,或者,至少尝试去共筑未来。在我们组织的讲座和活动里,挤满了只念叨这样一句话的人们:"我们能做什么呢?"

不过，只是主张一些彼此孤立的行动是远远不够的，尤其是当这些行动看上去根本无法与问题的广度相提并论的时候。我们很难相信，"只淋浴，不泡澡"会对水资源的衰竭问题产生一丁点儿的积极影响，因为我们知道，70%的用水消耗于农业和畜牧业[3]。而"出门前记得关灯、避免驾车出行就能改善气候异常"这样的想法也显得荒谬，毕竟某些火力发电站所排放的温室效应气体量和加拿大阿尔伯塔省从油砂中提取原油造成的污染不言而喻。当然，这些经常被提上台面的不去行动的理由（因为世界之大，总会有更严重的污染源），也有违人文主义精神。但它们揭示了重要的一点：我们内心深处认为这些行动毫无用处。没人愿意做徒劳的努力。所以，也许我们需要把这些行动纳入一份指导性纲领中。我们应当绘制出一幅新房子、新社会的图纸，并提出切实的方案，让每个人都参与到打地基的活动中来。或许，我们首先需要创造意义、激情和故事，这些才是我们的智慧和心灵所喜闻乐见的。

2008年，我发现了一本引人入胜的书，深受触动：小说家兼散文家南茜·休斯敦的《故事与人类》。它的开头这样写道：

> 世间所有物种当中，只有人类知道，他们曾经出生，他们将会死去。
>
> 这两点认知赋予我们一样东西，一种即便与人类血缘最近的黑猩猩和倭猩猩也不具有的东西，那就是对于何为

完整生命的直觉。

只有我们才会把自己在地球上的存在看作一段富有意义（既有含义又有方向）的旅程。一道弧线。一条从出生到死亡的曲线。一种于时间中铺展而开的形状，有开始，有波折，有结局。换一种说法就是，**一个故事**。

"太初有道"的意思是：话语（这种充满意义的行为），是我们这个物种的开端。

故事赋予我们的生命一种其他动物无从知晓的意义。[……] 人类的意义与动物的意义的不同之处就在于，我们的意义是建立于故事、历史和虚构之上的。[4]

在这部作品中，南茜·休斯敦提出，"故事"是人类为了肯定自身的存在而发展出的一种能力。因为害怕、忧虑自己的终结，人类有一种极其强烈的需求，即创造意义，证实自身于谜团中心的存在。宗教、国家、历史，人类不停地创造个人故事和集体故事，当这些故事被足够多的人共享时，便成为社会与文化结构的根基。口述、绘画、书籍，在很长时间内都是传播故事的重要手段。小说的出现加速了这种现象，直至给予了故事一个官方地位："虚构"。从 1930 年开始，尤其是从 1950 年开始，电影的地位与日俱增，它继续展示着这种人类发展出来的向千千万万其他人讲述故事的能力，以及让想象成形的能力。

书中阐述现实的角度对我很有启发。这种理论不一定准确，但我很赞同"故事"说。所以我认为，我们消耗那么多精力去反对的思想和社会模式，只有从"故事"的角度入手，才能在总体上有效地削弱它们。众多例子表明，我们所谓的"进步梦"，就是一种"故事"，凭借让大部分人类疯狂（让他们充分参与到故事中来，直至一同将其变成现实）的能力，它引发了整个人类社会的大变革。要想让一部分或全部人类走上一条新的道路，一条更环保、更人性的道路，如果不以创造新的集体"故事"为基础，就无法实现。

2010年年末，为了向这个方向迈进，我开始写一个电影剧本。纪录片的基本框架，大家并不陌生：在农业、能源、城市规划、经济、社会结构、教育等方面，寻找重新定义它们的那些具有首创精神的先驱和范例。我想看看，如果我们把它们一个一个地展现出来，到最后能不能让一个故事浮出水面，向我们描绘明日世界可以是什么样子；我还想知道，这样的"故事"能否跟60年前的"进步梦"一样，鼓舞人心，激发行动和创造力。2011年年末，我遇见了演员兼导演梅拉妮·罗兰。2012年9月，我们一起参观了一座美好的永续农业庄园（见本书第69～79页内容）。回程中，我把自己筹划得极其艰难的项目告诉了她。梅拉妮表现出极大的兴趣，我们也因此成了朋友。2013年2月，在对几个潜在的合作伙伴彻底失望后，我向她提出一起完成这部纪录片的想法。她马上就接受了我的提议，并推掉了其他报酬更多、更有利于职业发展的邀约。1年后，经过大量的准备工作和在留尼旺岛的第一次试拍,我们发起了一项众筹。我们需要在两个月内筹集到20万欧元才能正式开机。在1万人的大力支持下,资金两天内就全部凑齐。两个月后,我们已经有45万欧元可供支配。探险终于开始。因为有这些资助者(和其他合作伙伴),我们才得以去到10个国家,会见了正在为新世界打下基础的50多位科学家、社会活动家、企业家和政界人士。这本书和同名纪录片《人类的明天》就是以上经历的见证。

出发

终于，我们出发了。至少，我出发了。火车把我从家带到蒙巴纳斯火车站，那里有一辆出租车等着我，它会把我送到戴高乐机场，去和团队其他伙伴会合：梅拉妮、首席摄影师亚历山大（他也是我的老友）、亚历山大的助理拉斐尔、调音师罗兰、制片主任安东尼和拥有一半美国血统的蒂凡尼（她将在为期两周的美国之行中协助他）。

几天来我翻肠搅肚，神经紧绷，那种多年来为我所熟悉的焦虑感一阵阵上涌，让我呼吸困难，心慌意乱。这是我第一次拍电影，过去的几个星期里，每一天我都更确切地意识到，我在技术层面，甚至从某种程度上说，在艺术层面有多么无知。我害怕被焦虑打倒。我精神涣散，无法做出好的选择。当然，我们有梅拉妮，但这也是她第一次参与纪录片的拍摄，而且我们之前从未合作过……我给自己列了些小单子，上面写着需要拍摄的分镜和要提的问题，但什么似乎都不能令我安心。接着，我和他们碰头了。不一会儿，每个人的兴奋都溢于言表。梅拉妮开着玩笑，让氛围变得轻松。我们谈论着即将看到的各种非凡卓越的事物。冒险精神最终战胜了紧张。我们和大大小小的行李（居然有15个箱子！）一起涌进机舱，踏出了漫长旅程的第一步……

几小时后，我们飞过大西洋。为了不让日光唤醒乘客，空乘人员让我们放下遮阳板。飞机以每小时1000千米的速度，在离地面几千米的高空飞翔，但我们的感官对此浑然不觉，只有监控屏幕上显示的航线，让我们对旅程的进展有一些模糊认知。我们的身体蜷缩在座位之间，眼睛瞄着屏幕上投放的"现实"，而这个现实显然不同于我们正经历的现实。屏幕就好像另一扇舷窗，可以长久地凝视以消磨时间。但我其实更想让目光陷进那扇真正的舷窗里。我想看看窗外的黑夜，我想捕捉我从未见过的风景：茫茫大海、虎鲸、海豚，即将到达的无尽海岸、汽车和人群攒动的巨大城市。以这种方式旅行是没有意义的。但又有什么别的选择呢？纪录片的预算只够我们在每个目的地停留3~4天。每一天都将被各种琐碎填满：薪酬、设备租赁、食宿……当然，我们也可以漫无计划地上路，但这就意味着，我们会离家数月，且没有薪水。而我们当中大部分人都要支付贷款、房租和生活费用。想要不一样的方式，就得推翻一切。多年来，我总是得出同样的结论：这个世界是错综复杂的。风往哪里吹，我们就往哪里走。除非我们选择逆风而行。我告诉自己，我们要拍摄的那些人，就是决定让风往其他方向吹的人。我很喜欢自己的这个想法。

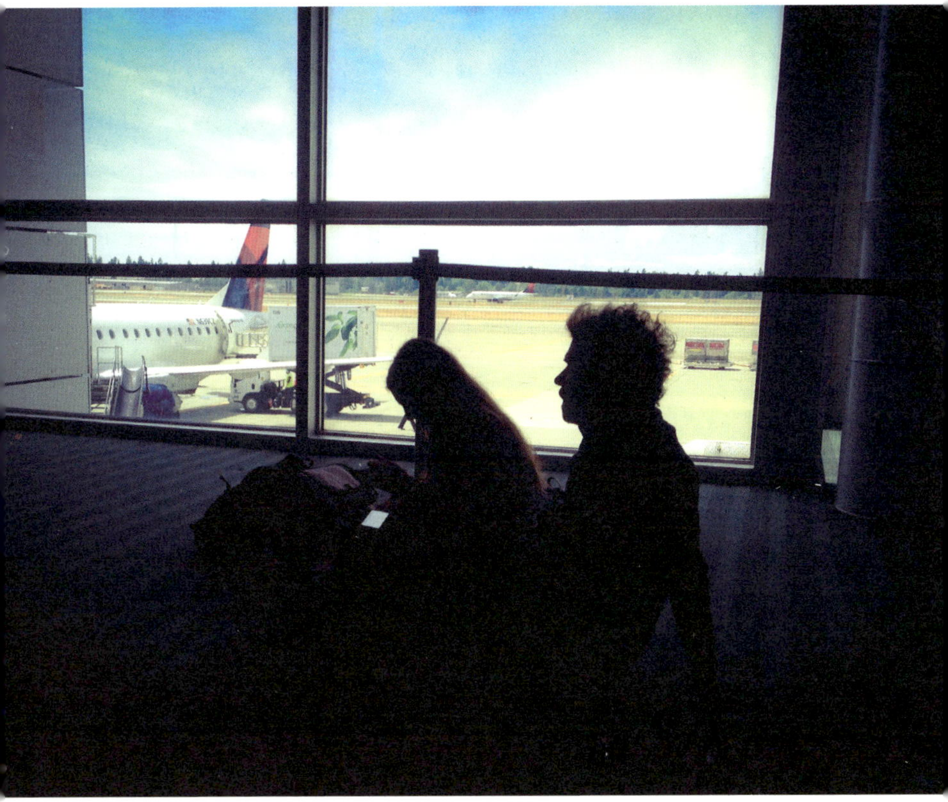

斯坦福大学：震颤背后

我们来到距离旧金山 40 分钟车程的斯坦福大学，校园正被入暮时分的橙色余晖笼罩，顿时让人身心舒畅。宽广的草坪上，红褐色墙壁的建筑鳞次栉比，充满南美风情，边上耸立着高大的松树。四周来来往往的学生或步行或骑着自行车。几辆小车在贯通校园的曲折小路上穿行。这座学校比普通的法国村庄还要大。在伊丽莎白·海德利和安东尼·巴诺斯基的实验室里，我们见到了他们。正是他们，领导了那项促使我们踏上旅途的著名研究。伊丽莎白是位生物学家，这个小小的词很好地概括了她的能力。她的专业是人类学和第四纪学，同时她还获得了伯克利大学的整合生物学博士学位。她曾经在美国那些巨大的自然公园里工作数年，研究生物演化。如今，她是斯坦福大学的一名教授。安东尼是一位古生物学家，他获得了好几个古生物学学位，其中包括华盛顿大学的地质学博士。他曾在都柏林、匹兹堡、纽约以及智利任教，至今已在伯克利大学执教 20 多年。他们俩的科学著作和所获奖项不胜枚举。2012 年 6 月，在和世界各地其他 20 多位生物学家、地理学家、古生物学家、地质学家、生物物理学家、生物化学家和环境学博士的共同努力下，他们发表了《地球生物圈即将迎来重大改变》[5]。我们想通过与他们交谈，找到以下这个简单问题的答案：我们是否真的处于崩塌前夕？

与伊丽莎白·海德利和安东尼·巴诺斯基的会面

席里尔：你们在《自然》杂志发表的文章，毫不夸张地说，给了我们巨大的震撼……几乎难以相信。还有其他同类研究吗？

伊丽莎白：几十年以来，科学家们一直在研究我们涉及的那些问题：气候变化、人口变化、各种生态系统的消失和转变、物种灭绝、污染……我们综合了以上所有研究，并在它们之间建立起联系。把所有问题综合到一起后，我们才发现结果有多严重……

安东尼：我们想知道，生态系统将如何应对这些叠加在一起的混乱。所以才产生了"倾覆点"这个概念。

梅拉妮："倾覆点"是什么意思？

安东尼：我们喜欢把变化看作一连串逐步发生且易观察到的事件。而生态系统也的确是以这种方式起反应的……直到某个点为止。之后，一切都会突然改变，有点像火上的水壶，在好几分钟里没有任何动静，然后在某一秒钟，水突然开始沸腾并变成蒸汽。我们这项研究的特别之处就在于，我们谈到这个"倾覆点"，并把它看作一件发生在整个地球上（而不仅仅是在几个孤立的系统中）、发生在我们有生之年的事情。

席里尔：地球上是否有过类似的"倾覆点"呢？

安东尼：有过几次。最近一次是从冰河时期（北半球几乎完全被冰雪覆盖）到这种我们熟知的、成就了人类文明发展的气候的转变。这是 1.2 万年以前的事情。所以我们试图比较那个时期和现今的气候变化速度。

梅拉妮：结果呢？

安东尼：如今气候改变的速度要快 10 倍。

伊丽莎白：上一次地球平均温度达到我们在未来几十年将会面临的水平，是在 1400 万年以前。远远早于人类的出现。人类这个物种从来没有经历过这样的温度。地球上大部分的物种都没有。这种温度曾存在了 200 万～500 万年。

安东尼：而且这不是唯一的变化。可以谈谈人口问题。我们不停地给地球扩充人口，这个速度已经快到，从我出生起到现在，地球人口竟然增长了两倍。这在历史上也是前所未有的。还有物种灭绝问题。现今，灭绝范围之广、速度之快，简直可以和恐龙灭绝时期相提并论……

伊丽莎白：然而，要重新积累起足够丰富的生物多样性，让类似的物种诞生，需要数百万年的时间。

安东尼：变化的速度快于社会的适应能力。这就是问题出现的原因……

席里尔：如果我们到达这个"倾覆点"，会发生什么？

安东尼：一说到"倾覆点"，很多人想的是："老天，我们要死了。"我们并不是这个意思。但地球的宜居度会大大减弱。例如，即使我们能将温度上升控制在 2 摄氏度以内，气候变化也会引发更加频繁的自然灾害（暴雨、洪水、飓风、台风、干旱……），水位也会上升……我们可以在美国看到这一点：过去 3 年里，恶劣天气已经导致数百万美元的损失，出现的次数比之前 15 年间还要多……

席里尔：但是，在我读到的提及你们研究的文章里，记者会偏向于告诉我们，由于粮食短缺或者无法适应气温和气候的变化，一部分人类可能会灭亡……这可能发生吗？

伊丽莎白：当我们把气温变化、气温变化速度、物种灭绝速度和人口增长速度等问题结合在一起的时候，我们就知道会有什么样的后果了。比如，地球上增加的人口需要粮食。但与此同时，我们却在大规模地摧毁可以提供粮食的生物多样性……

梅拉妮：所以会产生什么后果呢？

伊丽莎白：一些自然资源匮乏的国家，将渐渐无法给国民提供他们所需的物质与服务（水、食物、能源和由此产生的就业……），或者因太过昂贵而无力进口，于是它们的国民就会开始移民。

移民的到来会使其他国家失衡，而且可能导致族群间的恶意。这种现象已初现端倪。我们脑子里都会有一些移民翻越被封锁的边境，或者在去美国和欧洲途中被淹死的画面……

梅拉妮：这样会引起武装冲突吗？

伊丽莎白：很有可能。无论如何，资源匮乏的国家与资源丰富的国家之间的紧张气氛肯定会加剧。

安东尼：如果我们做最坏的打算，也就是我们既不改变经济模式，也不改变温室效应气体的排放量，并且放任人口继续增长，那么一条条的轨迹一定会非常可怕。如果在这个世纪里，我们仍然保持2005～2010年的出生率，那么到2100年，地球人口将达到270亿。到时候，养活全人类是不可能的。我们已经用去了40%的陆地进行耕种，因此将需要砍伐大部分热带雨林，这样做能让我们赢得一点儿时间，但微乎其微……

伊丽莎白：砍伐森林会让生活在其中的大多数物种灭绝，并破坏产生洁净水的生态系统，失去吸收二氧化碳的树木，因此，气候变化将愈演愈烈……我们在尝试解决一个问题的同时，又加剧了另一个问题。

安东尼：把所有问题结合在一起后，我们发现，它们会极其迅速地将我们引向一个非常不舒适的世界。幸好这些趋势已稍有缓和，但我们还有太多事情要做。我们处于一个需要觉醒的历史时刻，我们目睹这些事情发生，也知道大部分的解决方法。在接下来的15～20年里，我们有很好的机会去行动，但这也需要人们愿意行动……正如华盛顿州州长杰伊·英斯利所说："我们是感受到气候变化之影响的第一代人，也必定是可以为之做些什么的最后一代人。"

梅拉妮：如果我们在未来20年里行动起来的话，还能阻止气候变化吗？

伊丽莎白：就跟车一样，在刹车之后，还需要一定的时间才能停下来。即使我们彻底不再排放温室效应气体，大气也需要足够长的时间来实现自我平衡。所以，全球变暖仍将继续，正因如此，我们才需要提前准备和适应：选择我们将会需要的种子，考量我们的居住环境……

安东尼：比如在旧金山，大部分居民是棒球迷。但是绝大部分人不知道，到2050年，那些棒球场馆就会被淹没。这并不是一种假想，而是一定会发生的事。不管是在佛罗里达、纽约还是世界其他地方，水位仍在上升，海水将继续吞没众多海岸和基础设施。这还仅仅是在谈论温度上升2摄氏度的情况。如果上升4～6度，那么所有问题就不只是彼此叠加了，它们在经济代价和人类生命方面的影响，将成倍增长。

伊丽莎白：不只是储备食物和水的问题。我们现在需要考虑的是，在人类生活的未来世界里，各种资源都可能匮乏，世界面貌将会改变，通常不会相遇的物种也会发生联系，比如不久之后，大褐熊和阿拉斯加北极熊就会相遇……一切都将改变，我们需要为此做准备。

席里尔：你们觉得现在应该做什么呢？你们对国家首脑、公司高管和所有公民有什么建议呢？

安东尼：首先，从现在起到世纪末，把世界人口稳定在100亿左右。也就是说，让高出生率国家的女性能够接受教育（男性也是）、获取避孕措施、享受医疗检查。

伊丽莎白：其次，降低西方人的生态足迹[①]。问题不只涉及地球上的人口数量，也涉及我们惨不忍睹的资源消耗。我们这些发达国家居民消耗的资源，远远多于所谓的"发展中"国家的居民。[6]

安东尼：目标是减少我们这些国家的资源消耗水平，以平衡印度或中国等国家的消耗水平上升，而这一切又都维持在一个可持续的整体内。

第三点，不再使用化石能源，尽可能达到碳平衡。一些研究表明，我们能够在30年内用可再生能源完全代替化石能源。

[①]指维持一个人、地区、国家的生存所需要的地域面积或者指能够容纳人类所排放的废弃物、具有生物生产力的地域面积。

我们达到这个目标的主要障碍是"一切照旧"的逻辑。于是就有了第四点，改变经济模式。

第五点，集中精力，以我们自己的方式，为人类提供食物。目前，市场经济促使人们破坏环境来生产粮食，然后又鼓动我们把种植的1/3丢弃。同时，我们又明明知道养活100亿人的方法。

最后，阻止物种灭绝危机。有很多方法可以采用，例如将自然融入我们的经济系统，并进行全面的效用评估。

所剩时间不多。我们可能有20年时间将所有这些重新引至正确的方向。这是人类的关键时刻。

伊丽莎白：所有人都觉得应该是别人来做这些事。但采取这些行动，需要集体的努力。

安东尼：很明显，问题很严重，但是我们有70亿人。如果每个人都能做出一点点努力，那么这些努力累积在一起就会是很大的改变。

梅拉妮：当你们得出所有这些结论的时候，有什么感觉？

伊丽莎白：害怕……当然，如果大家联合在一起成为一个人类集体的话，我还是非常相信我们能改变世界的。但我极其害怕，万一……我们不采取行动呢。

与伊丽莎白和安东尼道别时，我们既被他们的非凡能量，他们的正直、简单，他们的善良人性所感染，又被他们对我们描绘的那些前景所击倒。20年的应对时间……我的两个孩子今年一个7岁一个10岁。梅拉妮的儿子只有两岁。亚历山大、罗兰和拉斐尔的孩子都不到8岁。这些孩子将直面我们刚才所讨论的危机。正如安东尼所说，他们需要学会适应。但更令人震惊的或许是，我们将和他们一起度过这些时光。多年以来，我们不停地谈论"下一代"，不停地强调行动的必要性，以及留给孩子一个美好世界的责任。但事实上，这关系到的已经不只是我们的孩子了，还有我们自己。关系到已然活在全球变暖、饥饿、各种不稳定生活的噩梦里的全部人类。因为众多研究表明，生态问题、社会问题和经济问题是环环相扣的。其中一些研究还在全球气候变暖和政治冲突之间建立了一种直接联系。[7]另外一些研究清楚表明，资源过度开发、气候异常以及经济极度自由化合在一起，每天使无数成人与孩童死于饥饿[8]。勒斯特·布朗给我们讲解了这方面的情况。勒斯特是世界观察研究所和地球政策研究所的创始人。他的专业是农艺学和经济学，《华盛顿邮报》称他为"当今最具影响力的思想家之一"。他的一生都奉献给了地球生态状况研究，今年81岁的他，是这个领域的权威专家。

与勒斯特·布朗的会面

勒斯特：我们不能继续在这样的道路上走下去，有好几点原因。首先，我们砍伐树木的速度快于它们的生长速度，而且人们过度开发牧场，使它们逐渐变成沙漠，在非洲、中东和世界其他很多地方引发沙尘暴。我们正目击史无前例的土壤侵蚀。给你们一些具体的例子，美国的山羊和绵羊总数为900万。中国为2.82亿。它们毁坏了所有植被，中国西部走向沙漠化。

与此同时，世界各地的地下水已被我们用到濒临枯竭。印度的情况最让人担忧。在印度，没有明确的法令规范地下水的抽取。目前，印度境内共有2600万处于全速工作状态的灌溉井，而这些井已经开始干涸。最近几年，地下水的过度抽取使印度提高了粮食收成，养活了1.9亿人。在中国，有1.2亿人靠着过度抽取地下水生活。但是，当然，过度开采不能持久……这些地区的农业用水和生活用水已经开始短缺。

除去前两个方面，我们还发现了另一个制约条件：光合作用是有限的。我的办公桌上有一份文件，文件里汇集了世界各国的谷物产量。17年来，日本的大米产量未再提高。而作为世界最大的大米生产国，中国的产量只上升了4%，并且很快就会停止增长。15年来，法国的小麦产量稳定，德国和英国也是如此。在美国，玉米的产量也保持不变。

第四个趋势，也是最难预见的，就是气候变化。我们已经知道，温度每上升1度，谷物产量就会下降17%。这个结论来自斯坦福大学的一项大型研究，该研究覆盖了美国的600个县。这并非假设。然而，现实却令人无奈：国际机构关于世界粮食产量的预测（非常乐观的预测）由农业经济学家进行，而不是农学家或生态学家。农业经济学家们仅满足于收集近20年的数据，并以此类推。他们不明白，我们已经越过了某些界限。

以上所有因素合在一起，使提高产量变得异常困难。但我们的需求又很大。全球每年新增人口8000万。也就是说，今晚就有21.9万新增人口要上晚饭桌。明天的新增人数将至少和这个数字持平。同时，30亿人却开始采纳一种更加耗费资源的饮食制度。在印度，一个居民每天消耗大约400克粮食。人能吃到肚里的都这么少，更别提动物了，这样，粮食就很难转化为动物蛋白，而是被人们直接消耗。在美国，粮食的人均消耗量是印度的4倍：1.6千克。其中300克为面包、面条、大米……剩下的几乎全都以肉、鸡蛋和牛奶的形式消耗。中国人、印度人和非洲人也想要达到这个标准……但这不可能实现，因为我们没有足够的资源。最清楚地证明这一点的指数是粮食的价格，从2007年至今，它提高了整整一倍。我认为还会继续上涨。我们应该反过来鼓励消耗资源最多的10亿人少吃肉，并取缔生物燃料，在美国，30%的农作物产量被用于生产这种燃料。由于土壤侵蚀、沙尘暴、工业化和城市化，我们失去了太多土地。这个问题，再加上之前提到的各种因素，使我们面临着一种严峻而又前所未有的形势……

据我所知，史上第一次，尼日利亚、印度或秘鲁的贫穷家庭每周会安排几天不吃饭。比如，星期天晚上他们会聚在一起，然后说："这周我们星期三和星期六不吃东西……"原因再简单不过：他们不再有能力每天都给自己提供食物。在美国或法国，谷物价格翻倍，不会对我们产生多大影响，但在上述这些国家，价格上涨会造成非常迅速且相对广泛的冲击。我这里所说的是24%的尼日利亚家庭、22%的印度家庭和14%的秘鲁家庭。这些问题我研究了50年，大部分时间里，在供给困难的时候，人们会少吃一顿饭。但好几天不吃饭的情况……我还是第一次见到。

席里尔：所有这些问题会把我们引向何方？

勒斯特：很有可能会变成政治不稳定和各种动乱……

席里尔：你在50年里见过不少政治首领，你挂在墙上的照片里就有好几位，为什么他们没有做出回应？

勒斯特：很出人意料，他们当中大部分人都了解正在发生的事情。他们只是不知道如何行动。我们谈论的是巨大的社会变革……在人们甚至没有意识到问题的时候，怎么劝服他们彻底改变生活模式呢？如果有其他办法，我宁愿不改变。我觉得很多人都这样想。但现实是，不管愿不愿意，我们都应该改变。问题是：我们能否在系统崩溃之前改变？我们研究了那些古文明，其衰落大都与食物系统失调相关。比如苏美尔人，6000年前，他们有一种既巧妙又有效的灌溉系统：从河流处挖掘水渠，把水引到内陆。但时间流逝，水淹河岸并漫灌了土壤。随着水分蒸发，水里的盐分便在地表堆积，改变了土壤的构成。土地生产率不可避免地下滑，而苏美尔人却不知道问题出在哪里。对于中美洲的玛雅人，很明显，是焚林耕作和土壤侵蚀减少了他们的粮食产量。玛雅人也从未成功阻止这个现象，他们曾经孕育过繁荣文明的地方，现在已被丛林覆盖。

不同之处在于，如今，史上首次，整个人类文明都处于危险境地。我们不能和世界其他地方分隔开。美国和中国在同一条船上，他们需要共同面对这些挑战。哪个国家都无法凭一己之力稳定气候。不管我们愿不愿意，形势所致，我们的未来取决于我们共同行动的能力，其涵盖范围之大是我们从未经历过的。

席里尔：既然我们能看到这些灾难正在显现出来，为什么却不行动起来呢？这真是让人无法理解……

勒斯特：有一个小小的法国谜题，可以为这个问题作答。这个谜题经常被用来向孩子们解释无限生长是怎么一回事。假设池塘里有一朵睡莲，第一天它长了一片叶子，以后每天它的叶子数量都会翻倍；如果整个池塘会在第30天完全被叶子覆盖，那么什么时候池塘的一半会被覆盖？答案是：第29天。前29天里，我们可能觉得一切正常，我们还有很多时间。然后一天之内，一切都天翻地覆。这是对我们世界的一个隐喻。最近几十年，我们超速发展经济，我们当中的一部分人以为可以这样无止境地发展下去。但这是不可能的。

席里尔：你觉得我们会及时改变吗？还是你对灾难的蔓延感到无力和害怕？

勒斯特：我觉得我们应该都会有点害怕，但我也认为我们有迅速改变的能力。记得第二次世界大战期间，珍珠港被袭之后，美国在未做任何计划的情况下，一夜之间进入战争状态。罗斯福总统宣布我们需要制造6万架飞机、4万辆坦克……简直是天文数字。没有人知道该如何做到。而罗斯福只是简单地修改了国家的首要目标。仅在朝夕之间，他便严禁在美国销售新车。此令一经下达，就不可撤销。汽车公司也明白，如果不想破产，就必须把装配流水线改为造坦克或飞机。最近我去过一次底特律的福特旧厂附近，回忆起当时给我们放映的那些影片……B-24和B-29轰炸机的画面浮现在眼前……我们没花多久就重新为经济定了方向，没用几十年，甚至没几年。而是几个月。既然当时我们成功了，那么现在我们也能冲破任何限制，阻止气候异常。但我们需要另外一个珍珠港，它可能是干旱和大部分农作物绝收，也可能是摧毁重要沿海城市的暴风雨……我们不得而知。我们唯一知道的是人类不能继续在这条路上前进。很快，我们就得改变方向。

梅拉妮和席里尔

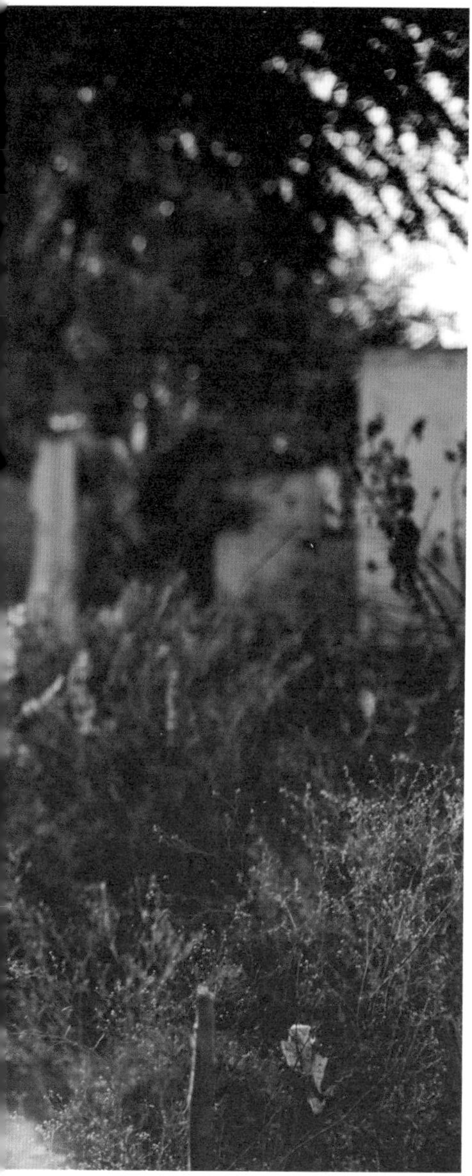

注释

1. 蜂鸟运动（http://www.colibris-lemouvement.org）。
2. 政府间气候变化专门委员会。
3. www.eaufrance.fr/comprendre/les-usages-de-l-eau-et-les/eau-et-agriculture。
4. Nancy Huston, *L'Espèce fabulatrice*, Actes Sud, 2008, P.14。
5. 《自然》486号，2012年6月，52～58页。
6. 一个美国人的生态足迹比一个孟加拉人的生态足迹大14倍。
7. "气候变化将间接增加内战、种族间暴力和暴力游行等激烈冲突的风险"，GIEC2014年第5份报告（http://ipcc-wg2.gov/AR5）。《纽约时报》最著名的社论作者之一托马斯·弗莱德曼，对该论点最具代表性的例证之一进行了数月的调查。叙利亚战争爆发前4年，数十万人死于一场可怕的干旱，之后干旱蔓延至全国范围，造成数百万叙利亚人迁移，200万叙利亚人陷入极度贫困。他们当中大部分人从农村向大马士革和胡姆斯迁移，挤在这两座城市又窄又脏的住房里。面对国民的疾苦，政府的毫无作为引起众多农民的不满并挑起更大范围的反叛情绪。加之几十年的政治不稳、宗教危机和我们熟悉的独裁统治，以及阿拉伯国家革命不断这个大背景，这次的干旱推动了众人皆知的悲剧的发生。而美国的好几个研究都倾向于认为，这场干旱是由气候变化引起的（www.nature.com/news/climate-change-implicated-in-current-syrian-conflict-I.I7027?WT.mc_id=TWT_NatureNews）。
8. 比如：Jean Ziegler, *L'Empire de la honte*, Fayard, 2007。

二 明天的食物

食物是我们需要解决的第一个问题。人口过剩、资源过度消耗、大自然的破坏，这三者合在一起，很可能会让我们中的一部分人死亡。所以问题集中在：如何在再生生态系统和阻止气候异常的同时，养活100多亿人口？

多年以来，社会各界许多人士都在研究这个问题。我们可以把他们给出的答案分为两类：工业型答案，也就是开发最有效的科学技术，并使其标准化，以便在全球范围内迅速推广；整体论答案，也就是尝试理解哪些机制、哪些思想模式让我们走到如今这个局面，哪种新的世界观能让我们走出困境。

工业型答案主要来自权力集中的机构：国家、农产品跨国企业……在销售种子、转基因和植物检疫产品（杀虫剂、除草剂、化肥等）的世界龙头老大"孟山都"的网站上，我们可以读到："世界人口和粮食需求的增长，迫使农业生产到2050年必须增加70%。[……] 在此情况下，为了满足粮食需求，全世界的农民不得不面对以下两种困境：一、提高单位面积产量；二、扩大种植面积。[……] 转基因种植，虽然能提高每公顷土地的生产率，但也会让生物多样性丰富的地区减少甚至消失。[1]"

读到这段话的时候，我们会以为生态卫士、科学家和世界上最臭名昭著的跨国企业之一发现了相同的问题。但他们的不同之处，是给予的答案。最近被世界卫生组织划为"可致癌产品"的农达除草剂，在孟山都网站"保护农作物产品"一栏中尤其醒目，此栏中我们还能读到："在世界人口与日俱增、可耕种土地越来越少的前提下，保持农业高生产率具有战略意义；农药产品[2]在农业中扮演着重要角色，若没有农药，农业生产率会降低60%～80%（数据随农作物类别的不同而变化）（第2092/91条）[3]。"

总的来说，他们的想法是这样的：想要生产大量便宜又"健康"的粮食（但这一点有些神秘莫测，因为许多杀虫剂和除草剂，比如农达除草剂，毒性是很大的[4]），我们就一定要使用改良型种子和一些化学产品来对抗和征服大自然（昆虫、真菌和野草）。关于农业的这种思考方式在第二次世界大战以后的西方十分普及，同时，大规模工业化也得以实现。

与此相反，给出整体论答案的人们认为正是这种行动方式，让农业逐渐破坏了生态系统，造成的结果也适得其反：我们面临无法养活全人类的风险。

那么，真的会这样吗？为了揭开这个谜团，我们去布鲁塞尔与奥利维耶·德舒特见面，他是联合国2008～2014年研究食物权的特派记者。奥利维耶是个言语得当、思路清晰的人，他善于全面地看待问题，而不是将责任一味地抛给任何一方。在为联合国工作前，他在比利时新鲁汶大学和波兰欧洲学院（至今仍在此任教）教授国际法和欧洲法。他也曾是纽约大学和纽约哥伦比亚大学的客座教授。2002～2006年，他曾统筹基本人权理事会独立专家欧洲组的工作，2004～2008年，他被任命为巴黎国际人权联盟秘书长。以上可并不太像一个狂热的生态卫士的经历……

（一）昨日历史：与奥利维耶·德舒特的会面

奥利维耶：1950～1960年以来，围绕农业流传着一番主流言论，总结一下是这样的：因无法跟随人口增长速度，农业面临不能满足需求的危机。因此要不惜一切代价来增加产量。然而在21世纪，此言论已不合时宜：如今我们可以衡量，这种"产量说"在多大程度上加剧了农村贫困、加重了资源压力。我们看到，在这一主流言论的影响下，劣质食品大量涌现，从而增加了健康问题——因为我们优先追求数量而忽视质量。我们急需构思一个新的故事，这个故事必须考虑农业所肩负的新使命和它需要满足的新要求，这些要求已经与20世纪50年代或20世纪60年代的要求不同。

席里尔：你所说的"产量说"指什么？

奥利维耶：就是追求每公顷生产率最大化的农业，尤其指机械化

(拖拉机、收割机等)、石化产品的大量投入(化学肥料、杀虫剂、改良型种子)和大规模灌溉。这种农业已经成为工业化地区的首要模式，而且正向许多发展中国家延伸。

席里尔： 为什么你说我们不能继续在这条路上前进？

奥利维耶： 在我看来，这种农业是非常成问题的。这里面有一系列的原因，尤其是环境方面。首先，我们把在农田上耕种的男男女女换成了机器，致使大量农民向城市迁移。50年间，在发达国家，乡村人口锐减。这种现象也在发展中国家加速蔓延。

其次，我们的农业创造的是价格低廉但质量恶劣的卡路里。我们重点种植大米、小麦、土豆、黄豆……但如果要实现更健康更均衡的饮食，我们需要更多样的食物。

最后，这种农业破坏生态系统。它减少了生物的多样性，它的单一种植模式使土壤变得贫瘠，它滥用化学产品导致土壤和地下水被污染。

席里尔： 如果我们继续在这条路上走下去，会发生什么呢？

奥利维耶： 我们处于一种矛盾的情况中：担心无法生产出足够的粮食来满足增长需求，这种焦虑反过来促使我们投向一些把我们带进死胡同的解决办法。眼下我们执着于增加产量，但放眼长久，我们正在破坏自己依赖的生态环境。如果我们继续走这条路，就得不断地为农业带来的负面影响做出更多的补偿……

席里尔：也就是说，用更多的肥料、杀虫剂，好让土壤继续生产？

奥利维耶：随着土壤的活性物质被破坏，需要通过含氮化肥对土壤进行补偿，即便如此，如今人们也已经不再能维持土壤的生产率。在众多工业化地区，土壤的生产率正在下降。我们处于一种恶性循环之中：农业对石油和天然气的依赖越来越大，土壤在没有这些外部支持的情况下，产量越来越低。

席里尔：然而石油会越来越少、越来越贵，而且石油的使用会导致气候异常。所以这根本就行不通……

奥利维耶：因此才需要改变道路。我们最大的问题是如何开放系统，实现转变。令我诧异的是，政府和科学家们已经达成了一致意见，认为目前的系统行不通，但替代办法却迟迟不见踪影。

席里尔：为什么？

奥利维耶：至少有四道障碍，让农业转型变得十分艰难。首先是经济之锁。农产品低廉的价格给消费者造成假象。工业化农业没有将其昂贵的成本计入价格，这些成本包括它强加给集体的农村人口锐减、土地退化、温室效应气体排放、水污染、医疗花费……如果真要追讨这些成本的话，食物的价格会更昂贵，工业化农业也就会完全不具备竞争力。

第二是社会技术之锁。所有交通、储藏和农业原材料加工的大型基础设施都是由大农商们设计出来为自己服务的。那些践行可持续生产的小农们为了销售自己的产品,只能让控制系统的大农商经手。如此一来,他们便无法获得自己生产出的大部分价值。

席里尔:第三道锁呢?

奥利维耶:文化之锁。我们已经习惯于依赖加工食品。人们下厨、在家吃饭的时间越来越少……这使得我们的饮食习惯完美契合了工业化农业的生产。这是一个很难逾越的障碍。要在农业领域掀起一场革命,我们就得重新思考,把粮食看作文化的一个要素,并且重新审视我们的生活模式。给下厨、准备新鲜食材、与生产者接触让出更多时间。

最后,第四个障碍是政治障碍。在我 2008 ~ 2014 年的任期中,我很惊讶地看到,政府推出的许多政策并不是从人民的利益出发的。这些政策被工业化农业的意愿所左右。因为我们的政府正集中精力发展经济、提高国内人均生产总值,然而,只有践行工业化农业的大佬们才持有关键技术,他们向政府传达他们需要实行的政策,无论在国际贸易还是农业领域。这里就有一个民主的问题。在我看来,民主并不在于每隔四五年投一次票,而是应该有能力去影响日常生活,去重造围绕我们的各种系统,并阻止这些系统落入影响政治的大财团手中。

席里尔：有哪些财团呢？

奥利维耶：现今的系统让很多参与者受益：农产食品业巨头、大型谷物生产商、化学产品供应商，以及为了向农民提供配套产品而和大型种子公司联盟的农业化学公司……以上所有参与者都希望系统一成不变，以维持他们的统治地位。他们对政治家们的影响力过大。

席里尔：那么国际谈判究竟是怎么一回事？国家需要采取什么措施，相关建议就来自这些谈判吗？

奥利维耶：对，但国际谈判只是我们民主系统中的一种盲点。谈判经常在封闭的场所里进行，完全隔离了外部目光的审视，剥夺了公民影响决策的能力，并免去了谈判人员向公众汇报的义务。当一个条例在数月甚至数年的谈判之后终于达成的时候，议会除了通过这个条例外已别无选择，否则就是视谈判人员多年的努力为白费力气。

席里尔：那么，我们要选择什么方向呢？你在任期结束后的报告里提出了哪些建议？

奥利维耶：我们需要书写农业新篇章，而这个新篇章要从农产食品系统的重新本土化开始。国家政策（就业政策、农业政策、教育政策）应该削弱行业性而更加本土化。也就是说，在消费者与生产者之间建立更紧密的联系，在每个地区内生产更加多样化的食物，这样才能让本土尽可能满足当地需求，让本土更具韧性地面对外部冲击，让居民重新掌控他们所依赖的农产食品系统。50年以来，农业一直被推动着往反方向发展。供应链越来越长，政府垂涎国际市场，企业越来越大、越来越集中。我们需朝着分散化前进，让农业回归本土。

席里尔：为什么本土生产自己的粮食这么重要呢？

奥利维耶：依靠进口满足饮食需求或依靠出口作为收入来源的地区，面对外部冲击，都非常脆弱，这些外部冲击包括气候变化、金融市场上能源价格或原材料价格的挥发性[①]增加、难以预测的地缘政治变动……具有面对外部冲击的韧性，就意味着一种更强大的满足当地需求的能力。当然，这并不是说完全自产自销或者自给自足。它指的是：减少对国际市场的依赖，优先当地市场和地区市场。本土生产之所以重要，还有农学方面的原因。在种植单一作物的地区（例如阿根廷或巴西的黄豆产区），土壤恶化，要么不再生，要么比混合种植或轮换种植地区的土壤再生速度慢得多。

席里尔：那么我们是不是也需要像你说的那样，回归更自然的农业？多年来，我们听到的说法一直是，如果停止使用杀虫剂和

---

①指在一定时间内，某金融工具价格变化的标准偏差。常用来量化金融工具的风险，以年度百分值表达。

化肥，我们很快就会陷入饥荒……

奥利维耶：我们要把过渡成本和长远解决办法区分开来。如今，我们处在对（石化产品）投入严重依赖的时期。短期内，断绝对石油和天然气的依赖确实会很艰难，大概需要好几年的过渡期。但长远来看，由于石油和天然气的使用达到峰值，加上气候变化，我们别无选择。我们有很多解决办法，但农民们却了解不深，大众也不甚明了，比如：在种植中混入驱除害虫的作物以取代农药，或者通过种植豆科植物来给土壤增肥，因为它们能吸收空气中的氮，然后将氮元素排入土中，再或者通过混农林业增肥。

席里尔：采用这些办法，我们就有能力养活全人类吗？

奥利维耶：我们完全有能力通过生态农业技术来养活全人类。但这里我要强调一点，生态农业并不是回到传统农业。它不是从高生产率系统和高石化投入系统到低生产率系统的转变。生态农业是未来的农业，是 21 世纪的农业。这样的农业，懂得人类急需高效使用以下资源：土地、水、生物量[①]。同时，它也能够抵御化石能源价格的挥发性增加。

席里尔：有没有数据研究来证明这一点呢？

---

①指某一时刻单位面积内有机物质总量。

奥利维耶：我们有不同的方法计算生产率。通常情况下，我们只调查一种原材料的生产率，比如玉米、小麦或大米每公顷的吨数。在这种计算方法下，生态农业经常不被看好，因为它不是在每公顷土地上只生产玉米或大米，而是强调混合作物的多样性。而如果将这点考虑在内，采用一种不同的计算方法来衡量生产率的话，我们可以看到生态农业的生产率是非常高的。

席里尔：这也是你在任期内宣传的观点？

奥利维耶：对，我想回答这样一个简单的问题：生态农业能否养活全人类？关于这个问题，我撰写了一份报告。我于2011年3月向联合国人权理事会提交了这份报告。我的回答是非常肯定的。我们有关于许多国家的大量研究，它们表明在生态农业运转良好、农民接受适当培训并采取正确行动的地区，每公顷生产率能翻倍。当然，在一个地区行得通的，并不一定能在另一个地区实行。生态农业是一门依靠当地资源的科学，是身居高位的专家治国论者无法强制推行的，而是以一种横向的方式逐步传播。多项研究表明，进行多样化农业活动的小型田地每公顷的生产率要高于单一种植的大型田地。后者虽然能一次性提供数量惊人的粮食，但事实上，它并不是有效利用我们所支配的稀缺资源的最好方法。

席里尔：这是不是意味着，小农们才是养活全人类的主力？

奥利维耶：当今世界，一方面存在着为数不多的、在大面积土地上通过机械化和高端方法耕种的耕作者：他们是最为人所知的，因为他们是国际市场和农产食品工业的供货商。另一方面，还有数量巨大的小农在西非耕种着 2～3 公顷的土地，或者在巴西拥有 10～20 公顷的田地，他们主要为当地市场耕种，几乎不把国际价格变化放在心上，因为他们并不依赖国际市场。小农进行的农业生产，对于发展乡村、减少贫困、丰富当地居民饮食和保持生态系统平衡是很重要的，因为他们主要从事对土壤消耗小得多的农业活动，比如，这种农业不需要大规模灌溉，而大规模灌溉有可能会破坏土地。这是一种值得我们去支持的农业，但目前它却受到威胁。因为更具竞争力的大农商们掌握着市场，他们调低产品价格，使小农走向破产，然后不得不向城市迁移。悲剧就在于，农业的多样性不被承认，而公共权力机关又过分大力地支持大农商，而忽视了小农。

席里尔：他们的比例是多少？

奥利维耶：我们一般估计，有将近 10% 的农业是在 100 公顷以上的大面积土地上生产的。而剩余的 90% 则在小面积土地上进行。这第二种农业关系到 11 亿人口。另有一些数据显示，或有多达 20 亿人依赖这种家庭式农业。

席里尔：但是，我们真的能说，世界上大部分粮食都是小农们生产的吗？

奥利维耶：小农们生产的很大一部分产品都没有计入国家财政，因为这些食物基本上只满足他们自己的需求或者供给他们的社区或村庄。但我们估计人类70%～75%的粮食都是他们生产的。他们提供了人类的大部分食物。虽然大农商们生产的农业原材料数量惊人，但粮食只是其中的一部分，其他部分则用于饲养牲口（这就是全球大部分黄豆的用途）或越来越多地用于农业能源，尤其是农业燃料。

席里尔：你的话让我受益良多。生产小部分粮食的农业工作者获得了大部分资助，而生产了人类75%的粮食的耕作者们获得的资助却非常少？

奥利维耶：小农基本上是公共政策的穷亲戚。因为相比那些大型参与者，他们无法实现大型经济，并在市场上投放廉价产品。而政府想要的是什么呢？尽可能降低每家每户的食物开销以维护社会稳定。在欧盟国家，家庭在食物上的平均支出占其预算的12%～13%。如果将来我们需让他们支付食物的真实价格，这个比例可能就会提高到25%或30%。在政治层面，这是维持不住的。

席里尔：所以我们要怎么做？

奥利维耶：在6年任期内，我走遍世界，撰写关于食物权的报告，我发现过渡应该始于底层。在过长时间内，我们都指望依靠公共政策和政府来进行改变。但真正能引领变革的，是以公民作为承载者的社会创新，也就是小农和消费者以及当地政府联合起来，以找到新的消费和生产方式。政府的角色，应该是陪伴这场过渡，而不是从高处强行指挥。适宜的经济规章和经济鼓励政策非常重要，但应该由公民自己来决定他们想要依赖怎样的农产食品系统。我相信，希望正是来源于此。这也是我对过渡运动非常感兴趣的原因。它们从人民的立场出发，召唤新的民主概念。真正的民主，是下放那些解决办法，是奖励当地的创造性。我们需要朝着这个方向前进，来重建我们的食物系统。

（二）让生产回归本土：都市农业探险

底特律

> 汽车之城一去不返
> 荒芜的阴影
> 投向大火中的小屋
> 腐烂的味道
> 水洼，石膏，腐物

这里是底特律

这里是底特律

　　如人们描述的那样，底特律是一座荒凉的城市。在市中心边缘，几座大厦屹立于宽阔的交通要道之上，这些道路是巴黎最窄大道的两倍，来来往往的车却只有十几辆。其中一些新潮的车辆，仍然光彩夺目。在这样荒芜的景象里，通用汽车公司总部有一些孤独小镇诺克斯堡[①]的味道。走进城市深处，其他更雄伟的楼宇才一点点冒出来，它们可以追溯到美国建筑的大时代。楼宇之中有一部分闪闪发亮。每一小块橘黄色灯光，都透出令人安心的气息。其他熄了灯的，黑黢黢的样子让人绝望。走近才发现，它们的外墙破烂、阴森，凄凉地陷在黑暗之中。上百扇被打碎的窗户，就像一个个黑洞，形成一幅让人揪心的图画。荣耀逝去后的衰败之景丑恶而又迷人。在大楼脚下的广场上，几个人影在晃荡，有时会碰上一群"穷山恶水来的游客"，拖着带轮子的行李箱。典型的美国郊区应该有大片大片的草坪，上面规整地点缀着一些房子，零星立着几棵百年大树，然而在底特律市郊的某些街道上，这样的景色已不复存在，只有满目疮痍的废墟。一半的房子被废弃、破坏甚至完全烧毁。每年万圣节，街区里的一些年轻人就会在无人居住的房子里点火寻开心，而大部分这样的房子都是木质结构。有时候，他们甚至不

[①] 位于美国肯塔基州，一个由起伏丘陵和茂密丛林环绕的小镇。

等房子主人离开，就在人们熟睡的夜里引发火灾。他们迫使邻居们彻底搬离这个多灾多难的地方（反正他们也没了工作），逼着他们把行李塞进还是在底特律黄金时代买来的旧车里。还有些房主自求生路，为了拿到那么一丁点儿保险，故意在自家房子里放火。街区的基础设施也时不时地倒塌。教堂内好像经历了一场飓风：长椅被掀翻，墙壁被损坏，弥撒书散落在瓦砾和一堆家用录像带中。这里的火车站威严而又伟岸，依然保有1913年的风韵，默然矗立在这片荒谬的无人之地。坍塌的医院、学校和厅堂巨大的剧院里，魂魄游走，和火车站落得同样下场。我们在半是惊恐半是惊叹中探索这个城市，不时停下来，钻进楼里拍摄，有时也和那些任由我们接近的居民交谈。我们觉得有些可耻：仿佛把居民们当成被围观的杂耍艺人，我们手上拿着光鲜的设备，租来的小卡车停在街角。

有人告诉我们，这儿有一些农业园，有一些人正在通过农业让底特律重生。可是目前，我们什么都没看到。我们有他们的地址，可以前去探访，但我们原本期盼着被想象中的革命壮景所震撼，以使自己的美好幻想得到鼓舞。而事实上，每一趟旅行都将如此。不会有任何好莱坞式的情节发生。我们总是要耐心地寻求、发掘、揭开神秘面纱的一角，才能让那些人物和地方的力量昭显。

我们要在底特律和泰普菲拉·茹斯丹见面，长久以来，我们都叫她泰普，她的朋友们则亲切地唤她为T。她在拉法耶特街的一个叫"绿色拉法耶特"的小农业园里和我们碰了头。泰普是"绿色底特律"组织的都市农业项目主任。刚进入协会的时候，她不仅想学种菜，更想找到一种重建社区的妙方，从而让每一个居民，特别是贫困居民和非洲裔美国人（占底特律人口83%）重树信心，相信自己能够用双手从事生产并且重建城市。从1950年到现在，曾经的世界汽车之都少了一半以上的常住居民，人口从200万掉到了70万。一连串事件加剧了底特律的衰落：1960年的暴乱造成第一次人口流失，接踵而来的，是"单一经济与工业结构"的倒塌。这是指全体人口仅仅依靠唯一一种工业来促进就业、实现繁荣。国际市场发展起来以后，自由竞争让其他品牌的车辆进入美国，其中不乏物美价廉的车辆，底特律的很多汽车厂被迫关闭。白人中产阶级离开市中心，搬到市郊，然后再从市郊搬到其他地方。政府税收急剧减少，但所辖面积一如既往。债台高筑和不良管理的恶性循环最终让城市加速向破产迈进。接着，"绿色底特律"宣传部主任特里什·胡贝尔告诉我们，居民几乎找不到新鲜食物。购买力直线下降、超市关门大吉，人们不得不靠"垃圾食品"度日。然而，如果说世界上有近10亿人饥肠辘辘，那么有近15亿人饱受过度肥胖之苦。在美国，34%的人口过度肥胖，医疗系统每年花费1600亿美元治疗体重超标引起的众多健康问题，但还是会有几十万人死于肥胖（全球每年死于肥胖的人口为280万）。[5]所以，特里什、泰普和其他十几名工作人员成立了几个项目：一是发展都市农业的

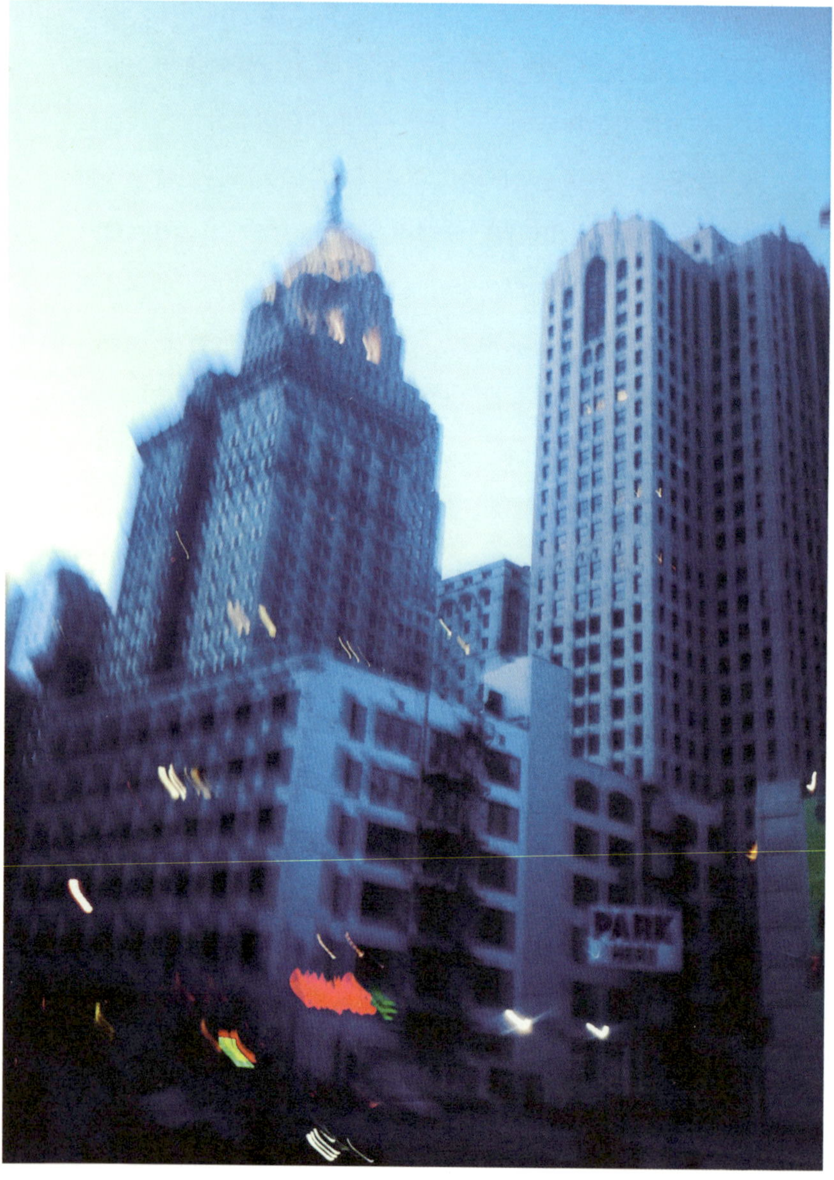
PARK

项目，在城里三个地方进行；另一个是教育项目，在十多所小学进行；最后还有一个再造林的宏伟计划。从1998年开始，项目中1.4万名儿童学会了种水果和蔬菜、食用新鲜和健康食物、呵护养育他们的地球。底特律的年轻人受雇参与公益工程的时间达到45万小时，8.5万棵树被栽下，618名成年人接受培训，转而从事农业或"绿色"工作，1518个菜园搭建起来或得到支持（大部分菜园在学校里）。项目的目标是创建一种新的文化，在这种文化里，每个人都能参与建立一个既坚韧又健康的食物系统。我们和特里什会面的"底特律市场菜园"，仅2014年一年，它的4个温室就栽培了两吨蔬菜，这些蔬菜被卖给当地市场和餐厅，还有667千克蔬菜被分给了一些协会和5名接受蔬菜种植培训的成年人。与此同时，从2004年开始，"绿色底特律"就和其他协会以及附近居民一起统筹一座10公顷公园的修复。现在，公园里的菜园、都市农场和果园（种苹果和梨）正向整个社区提供食物[6]。

"在城市破产和毁坏过后，我们陷入了低谷。如今我们从灰烬中重生，这完全符合底特律的原始精神。这是一座坚韧的城市。"在我们离开之前，特里什这样对我们说道。

在离那里几公里远的地方，我们遇见了肖恩·贝尔纳多，"土地工程都市农场"（由底特律嘉布遣会修士发起的项目）的中流砥柱之一。肖恩出生于底特律一个菲律宾裔家庭。多年来，他带领这个项目履行着它的社会使命。他们的每公顷土地能生产

6.5吨粮食，而粮食的组成也非常多样化：有水果和蔬菜（很多美国人都不认识里面的大部分品种），也有香料植物和草药，还有可食用花朵……一部分食物卖给了"成长中的底特律"合作社，或者供嘉布遣会修士每天向社区里的失业者（"土地工程都市农场"也会培训他们种植蔬菜）提供2000顿慈善饮食，其他部分卖给了菜农小市场和几个医疗中心，或者做成果酱售卖，以便支持这个项目。他们的农业园和"绿色底特律"以及我们参观过的大部分农业园一样，所有产品都是绿色产品。肖恩特别强调："我们的目标是提高社区内健康食物的产量，教会年轻人栽种自己的食物。我的父亲在2010年因为健康问题离世了：糖尿病、过度肥胖、心脏问题。这就是我做这份工作的起因。人们完全依赖工业化的食物系统，而这种系统却不会保证大众的健康和幸福。所以必须让它停下来。现在，我们应该避开所有跨国企业，饿死这个让我们挨饿的系统。在底特律，就像发出政治独立宣言一样，我们决定重新夺回土地，自己满足自己的基本需求。问题不仅仅是让食物变得充裕，我们还要夺回主宰食物、主宰政治和社会系统的权力，我们要变得坚韧、自立。底特律是世界经济危机的发源地。其损毁程度可匹敌经历了卡特琳娜飓风的新奥尔良。我们已经承受了很多年的苦难。如今，我们已厌烦了等待救援。我们不能满足于抵御和应付，而要变得有创造性，去建造一个我们愿意生活其中的世界。因为不会有人来救我们了……"

一些都市农业运动的成员说，现在底特律大约有1600座菜园和农场[7]。其中1400座由"成长中的底特律"的2万名志愿者耕种和维护。该组织的统筹主任之一阿什利·阿特金森认为，他们的任务是："建造真正拥有食物主权的城市，让底特律市民食用的大部分水果和蔬菜都来自城市自身，食物由市民栽种并为市民享用。"更确切地说，他们期望10年之后，本地产品的比例能够达到51%。这意味着要付出十倍的努力。但阿什利却非常乐观："最难达到的，是最开始的5%~10%。我们有超过100平方千米的闲置土地可用来耕种。之前也做过研究，确认这个5%~10%的目标是可以达到的，而现在，它真的实现了！"为了成功达标，"成长中的底特律"依靠每个人自愿在私人庭院、学校或公园里建立菜圃或都市农场。他们提供种子、植物、混合肥料并教人栽种。在培训期间，他们挖掘潜在的领导者，鼓励他们在自己的街区继续发扬光大。此外，他们还组织一些活动以吸引更多的人，并和当地市场达成合作关系，让所有人都能吃到本地食物。

"东方市场"是农业生产者和消费者的重要交汇点，在大部分集市都已消失的美国，"东方市场"是其历史上最大的集市，在将近2万平方米的土地上，汇集了150多个食品销售商。因为除了都市农业运动外，还有一个承包商运动，负责加工和商业化农场产品。其中，"食物实验室"集中了147家商户，这些商户按照"三重底线"方法工作。即，他们没有一味追求利益，

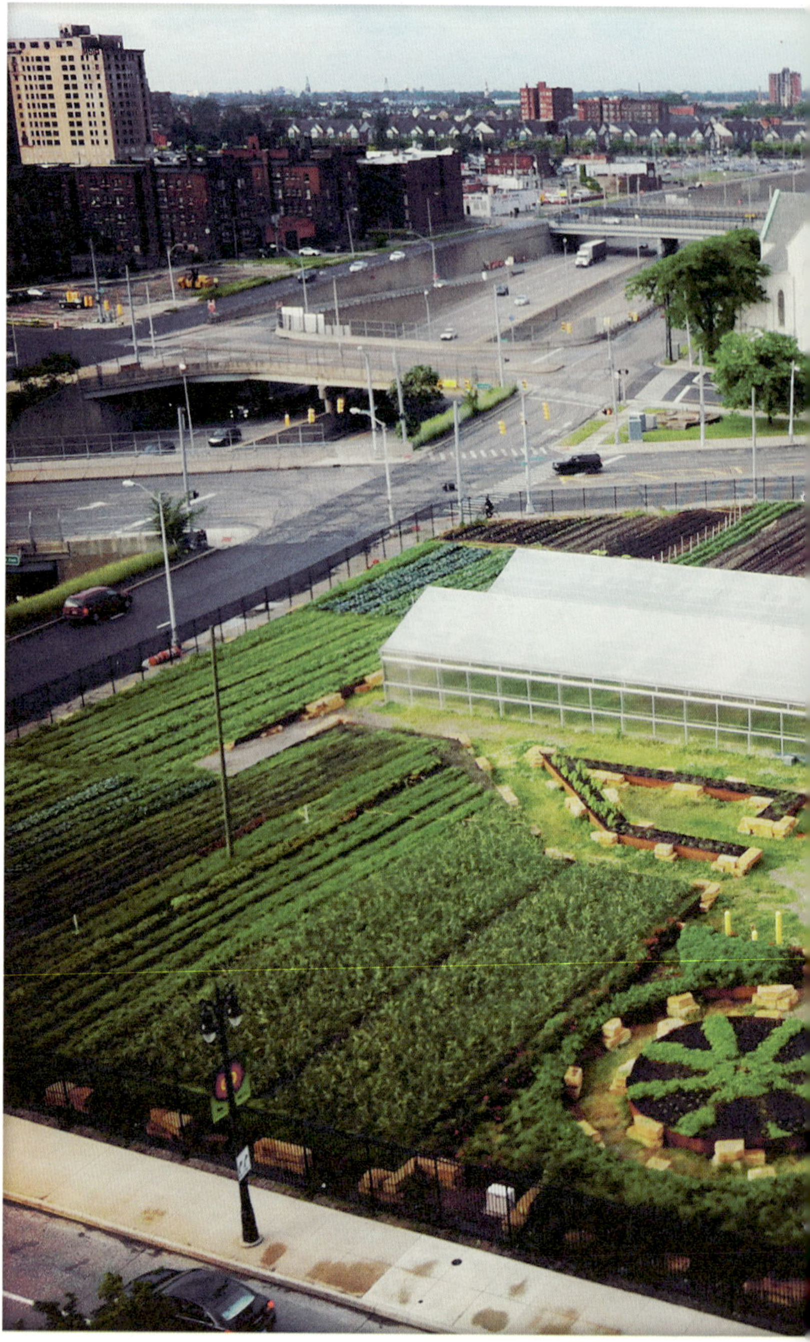

底特律市中心，"成长中的底特律"农场之一

而是按照以下三个准则指导自己的行为:profit, people, planet(经济，社会，环境)。他们当中，有让废弃厨房重新运转、重新学习家常菜基本知识的德维塔，有制作和分发岩浆巧克力蛋糕的法国女孩克洛伊，还有开着小货车在城市里穿行，给最困窘或最偏远街区的人们送去优质食物（现场烹饪！）的"好运连连"姐妹，以及做新鲜街角咖啡的诺安，做煎饼、饼干和素食食品的谭亚。他们想要复苏独立创业，想要在创造就业机会的同时，给底特律人带来可持续的、必不可少的服务。这种把承包看作社会和生态转型最有力模式的思想，源于BALLE[8]网络（参见本书第212～216页），"食物实验室"主任杰西就是这个网络的成员。"底城农场"合伙人马利克·雅克尼也是该网络成员，底城农场是红河公园里一座2.8公顷的绿色都市农场。他认为，这场都市农业运动为复兴城市和重建社区（尤其是一直处于白人精英经济压迫下的非洲裔美国人社区）注入了巨大的潜能，但是都市农业并不足以养活底特律："都市农业是一个时尚的新玩意儿，但人们对它的观感，往往与它要求人们做出的努力脱节。我常说，都市农业在PPT介绍里看起来非常不错，但是它替代不了乡村农业。市中心、郊区和乡村应该联合起来，一起生产食物。在美国境内，食物的产地与消费地之间的平均距离是2400千米。这对环境产生了深重影响。我们应该在离人们生活场所最近的地方耕种，应当回到更古老的城市概念中，也就是说，城市不能只是楼房、人行道和商务中心的堆叠。"

一些北美城市纷纷效仿底特律，把农业安插到写字楼之间：纽约有800座菜园和农场，洛杉矶、旧金山、华盛顿、圣路易、芝加哥、波士顿、西雅图、费城，以及多伦多、渥太华、蒙特利尔和温哥华……总计大约有两万块社区田地。此外，有4300万美国人宣布他们会自己耕种自己的一部分粮食[9]。

我们接下来会发现，欧洲也没有止步不前。

离开底特律，我们又乘坐了几天以来的第三趟飞机。从出发开始，我就有一种感觉，好像除了机场过道之外，完全没有在其他地方步行过。我们的生活里充斥着汽车、公交车、地铁、飞机……我们不停地被一种外在的能量推动着。现在，飞机正掠过密歇根大湖，而我意识到，对于目前所处的地方，我们几乎什么都看不见。我们任由智能手机和GPS导航，却不会打开一份地图来看看自己到底身在何方。如果多数美国人都是如此生活，那怎样才能让他们了解生态系统的脆弱呢？我看着周围的商务人士，他们则紧紧盯着自己的电脑。有个人不耐烦地拉下了遮阳板，不让阳光照进来。他们坐飞机就像我们坐火车一样平常。在5000米高空飞行已经不是什么非同寻常的事情。然而，地球上80%的人从来没有坐过飞机，也可能一辈子都不会坐。空间的虚拟化和对自然环境的榨取，换来从一个冷气机舱到另一个冷气机舱的联程，换来堆放在干净整洁架子上的那些数不清的甜的、咸的盒装食品。飞机下方，铺展着一片一望无际的模糊海洋。几十亿水分子聚集在一起，形成了地球上最富有诗意的事物之一。飞机马上就要降落，我们又会把行李取一取再放一放，像跳着没完没了的芭蕾，又要去体验另外一些机场里的另外一些平庸过道。我想念我的双脚，想念自然。我自问这种感觉要多久才能减轻，或者消失……

托德莫登

托德莫登是英国约克郡的一个城市，虽然规模不大（1.4万居民），却和底特律有着众多相似之处。跟底特律这个大哥一样，托德莫登也仅有一种工业：纺织业。因此跟它的大哥一样，"去工业化"也给了这座城市狠狠的一鞭子。它的失业率高出国家平均水平两倍（底特律的失业人口比例高达40%，这一点托德莫登还是没办法和它相较），恰如底特律，食物是一场改变城市的运动的根源所在。

这场运动在两个普通女人的倡导下发起。她们在自我介绍时，也喜欢说她们是两个"跟其他人一样"的居民，她们的名字是潘和玛丽。潘·瓦赫思特有一头齐耳黑发，精瘦，身形近乎干瘪。她穿着牛仔裤，戴着时尚的眼镜，讲话的时候很大声，口音非常利落。当她清晰地吐出每一个词的时候，我们能感觉到她有在公众面前讲话的习惯，而且她的想法并不是一蹴而就的。她给人一种博览群书的印象，就像那些教师子女一样，他们不会围着金子打转,而是被反复教诲,知识才是首要财富。我想象她有这样的父母。之后才了解到,她的父母是工人,是活动分子,他们从小就给女儿灌输20世纪初合作社大斗争的历史。如今她经营着他们的咖啡厅——合作社,名叫熊咖啡。潘也给她的女儿逐步教授管理咖啡厅的知识。玛丽·科丽尔则是另一类人,至少她给人的印象是这样。她体态丰腴,头发灰白,穿着古怪的花色衬衫,戴着匪夷所思的束发带,下身套着一条过大的牛仔裤,做园艺的时候这身穿戴应该非常方便。她有着海蓝色的眼睛,目光里充满了人情味。潘会和你握手,而玛丽就算不认识你,也会给你一个热情的拥抱。潘会认真讲话而玛丽会生气、欢笑、赞同、让你感动流泪。这个二人组里,玛丽像是默认了潘是比较聪明的那一个,所以她会等潘讲完,才说上几句,哪怕自己持有相反观点。她们俩50岁开外,说话的时候不停打趣,很欣赏幽默感,让人觉得舒服。在熊咖啡,她们讲述了探险是如何开启的。

"7年前,"潘说道,"我参加了一个研讨会,谈论的是地球现状、气候变暖、人类对资源的过度开采,而我想到,很多年来一直有人在谈论这些问题,但我从未见到有人做出行动……"

那场研讨会在伦敦举行,汇聚了全国各郡的代表。潘作为科尔德河谷区的代表参加,托德莫登就在这个区里。她随后告诉我,是城市大学食物政策教授郎廷的两句话激起了火花。郎廷做了一段关于气候变化的演讲,里面的数据和各种关键问题,让潘觉得有些窒息……潘很难将精神集中到演讲上,因为里面所有的信息都抽象得可怕,一如既往……直到郎廷提到他曾经是个养牛的,并开始呼吁听众,鼓励他们停止此类养殖。在最后几分钟,他还说:"不要再种花了,多种点蔬菜吧。"

潘回来的时候热血沸腾,她告诉自己不能再气定神闲地等待,不能再和一堆西装革履的人从一个研讨会闲聊到另一个研讨会。要提出一种简单却强大,能让所有人都参与进来的主张。她的脑海里有个点子,于是赶紧去找玛丽商量。玛丽是托德莫登市的一个兴趣班老师,潘认为她是"世界上最好的社交专家"。她俩在几天内,就发起了一场后来登上国际舞台的运动:不可思议的食物[10]。

她们的想法用几句话就能概括:鼓励居民在城市各处栽种水果和蔬菜,一起照料并免费分享收成。潘解释道:"食物关系到所有人的生活,我们谈论食物、购买食物、喜爱食物或者讨厌食物……它是为数不多的可以和任何一个陌生人聊起的话题之一。"

"不可思议的食物"运动的第二精神支柱,是不要等到获取批准再行动:"我搞过政治,我很厌烦那些提议报告、委员会、投票,它们只会招来更多的报告、战略性文件……所有那些都是废话。如果我们真的关心下一代,就必须换种方式行动。不要老是等其他人替我们做事。"

潘和玛丽决定把所有愿意参加运动的人召集到熊咖啡开会,

主题是："你愿意通过食物，给下一代创造一个不同的未来吗？"她们觉得，要是有5个人来，就已经是一个好的开端……结果来了60个居民，听众挤满了2楼大厅。

"我们讲述了自己的故事，"潘继续说道，"等我们说完的时候，大厅里安静了两秒，接着就炸开了锅。所有人都开始对话。有些人还带来了战争年代拍摄的照片，那个时候的城市遍布菜园和果树。所以我们的主意并不新颖，我们也不想显得很聪明……我们只是问了他们这样的问题：你们还记得自己能做什么吗？还记得我们过去做的所有能在未来派上用场的事情吗？接着，这60个人全都开始讲述自己的故事。因为我们最会做的事，就是讲故事。故事是与心灵的对话，是引发强烈反响所在……"

几天后，玛丽的花园成了第一块实验田，花园沿着一条小路而建，在一段坡道之下。团队拆了墙，把它变成了公共空间。玛丽和她的丈夫摘除了玫瑰藤，种上了卷心菜、薄荷、野果、生菜和茴香……他们还放了一块牌子："共享食物"。很多行人停下脚步，好奇地打探。几个月后，收获季节来临，终于有几个人放心地去采摘一两个覆盆子。

"在有很多行人的道路旁栽种颇有意思。这种地方比较脏乱，我们要免费清洗，但也没有申请许可。玛丽手头的种子一辈子都种不完，我们和志愿者一起播了种。1年后，市政理事会在那儿安装了公共长椅，方便市民在园子里休息。我们从未主动找市政要过任何援助。不提要求，通常是明智的决定，尤其是和政府部门打交道的时候。因为一旦提出要求,他们就会觉得自己应该否决。而如果有什么事让他们动容,让他们可以自由、自愿地加入的时候,他们就会感觉良好。"潘笑着说。

时间一个月一个月地过去,团队不断壮大,征服了整座城市。"我们选择了几个地点,正好在几条街的中间,这样人们就能将我们的行动看得一清二楚。"玛丽趁机说道。因为他们的策略是,先建几个园子用来宣传,引发议论。渐渐地,这几小块原本非常零散的地变成了一条条满是菜圃的大路,整段整段"食物景观"显露出来。生物化学博士尼克·格林曾是一名企业家,如今是一位农民,他也是运动的倡导人之一。他身材矮小圆润,脸被浓密的络腮胡遮住,头上戴着一顶帽子。他那既轻柔又带着重鼻音的声音,听起来像是从托尔金小说里走出来的人物。但更打动人的,是他身上散发出来的幸福感,那种对自己在应该在的地方、做着应该做的事情的深切满足。

"起初我没有去参加他们的集会。但最后我成了'最优园丁'。我从超市里买了些小果树,当时我就在想:这些树,我要种在哪里?然后就有人对我说:如果你继续种果树,我们一定支持你。所以我就继续种树。不久,有人告诉我,团队需要有人负责筹集资金。我就做了4年出纳,四处筹钱,这个项目也壮大了起来。事实证明,这是件好事,是值得为之花费精力的。这次经历改变了我头脑中的一些想法。如今,我不再自寻烦恼,不再为世界形势、为什么都不会的年轻人或者为浪费忧虑。因为我自己

尼克·格林在他的"不可思议的农场"里

在做着积极的事情。我所做的一切,都是为做下一件积极的事情考虑的。"

在尼克的带领下,当地居民在城市各处栽种:学校院子、市政府花园、火车站前、医院(药草园毗邻醋栗树园,醋栗树园又挨着全是樱桃树的停车场)、警察局(玉米、笋瓜和洋百合在这里茁壮成长),甚至在就业中心,所有失业者都可以从那里带走番茄、笋瓜、甜菜、苹果或洋葱。7年间,他们在城市的各个角落种下了1000多棵果树。

"现在,我们利用这些树来培植新的树木:每年我们有500~600株灌木是通过插枝法培育的。一些送人,其他的会卖掉。我们一共培育了3000或4000棵树,其中有1000棵树是栽种的。这是对未来的巨大投资。现在树木都长高了,所有人都可以享用它们结出的果实。今年夏天,从医院走到警察局的路上,我一直在吃樱桃。"

尼克还开玩笑说:"刚开始在城里栽树的时候,我们都还不知道自己在干什么,但三四年后,我们已经在计划认真培训年轻人,生产大量的粮食,让农村人重新劳作起来。"

这个小团队挨家挨户地去敲门,最终赢得了离市中心仅10分钟路程的一片沼泽地。尼克对这个项目激情满满。他成立了"不可思议的农场",这是一家教学生和年轻人种植,培训农业学徒,让他们成为真正农民的公司。它也是植物的苗圃,同时给城里的餐厅提供食材。几年间,尼克推行混合种植原则,大大提高了生产率，并培养了几百人。和底特律的马利克一样，"不可思议的食物"的创始者们也认为需要在都市和乡村之间建立紧密联系。

"我们现有的农业类型，是一小撮人和一大批机器的模式。在这儿，我们想形成相反的模式：更多的就业，更多的农场……地球上大部分人是靠小型家庭农场养活的，这些农场的生产率通常都比大型农场高得多。工业化农场做得最完美的一件事，就是赚钱。但未来我们需要的不是钱，能让我们生存的也不是钱，而是食物。所以我们要让人们占有土地、耕种土地……"尼克咕哝着。

"不可思议的农场"每公顷土地可以生产相当于14吨的食物，而尼克觉得这离最优生产率还很远。然而，他们已经成功地证明，就算在艰难的条件下，凭借适合地形和气候条件的技术，也能在人们认为并不适合种植的地方，收获大量粮食。（托德莫登周围大部分土地都很湿润。7月的一天，在连续晴朗了两天后，我们在城里的小路上散步，我把玛丽叫到身边，指着一些看起来有点病恹恹的作物对她说："可能要浇点水了……"显然，我是想着纪录片的拍摄效果，关心蔬菜的颜值。玛丽转过脸对着我，似乎并没有懂我的意思。我用了好一会儿来判断自己的问题是不是真的很蠢，还是她没听懂我蹩脚的英语，之后我大着胆子说："你们从来不浇水吗？"这次，她的脸上露出微笑："不浇，这儿天天下雨……"）

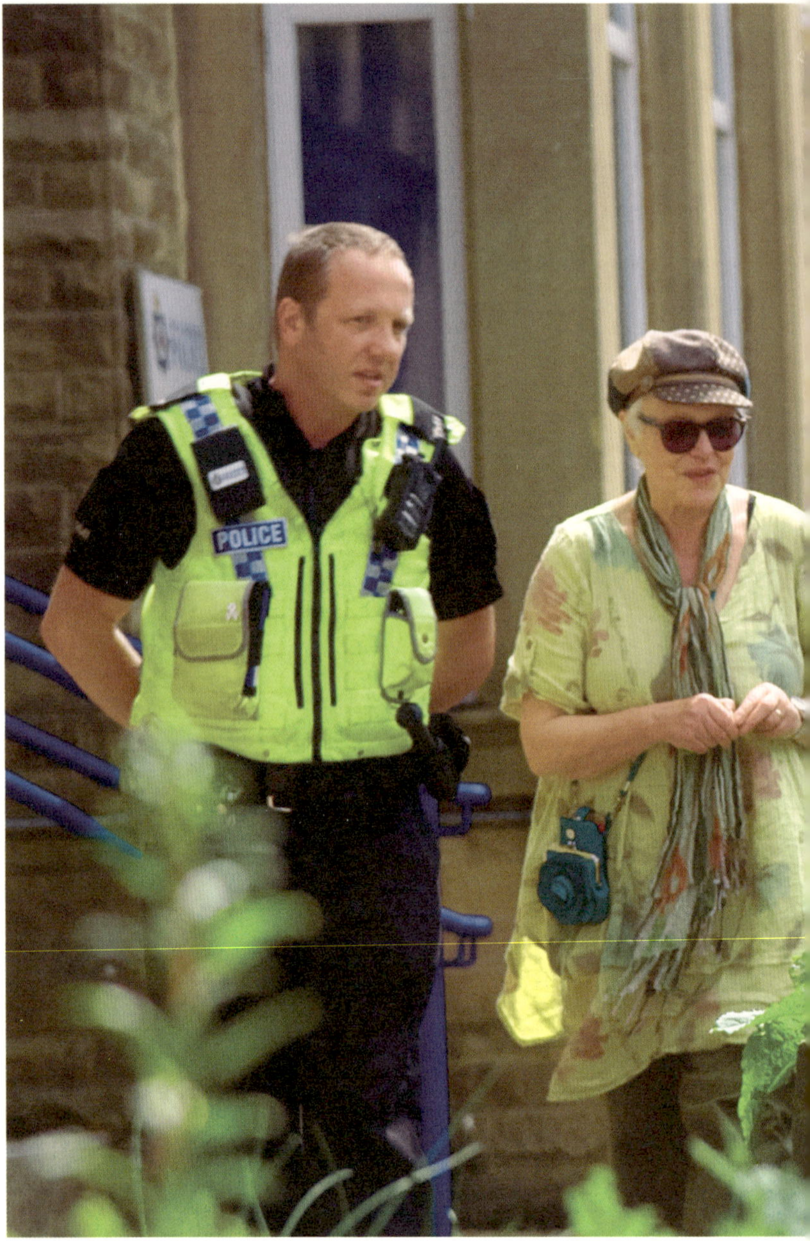
POLICE

艾丝黛尔和警察格雷格在警察局的种植地前

尼克的"不可思议的农场"在几年内培养了几百人，还建立了一些分支机构。广场上、屋檐下的集市里，屠夫、面包师、菜农重新卖起了本地产品，城里餐馆的菜肴也由本地食材烹制而成。多亏了那些宣传园以及潘和玛丽的拼劲，整座城市才得以讲述一个新的故事，一个西约克郡的小城重新夺回食物系统的故事。他们的种植槽远远称不上主要的食物生产地，但它们却是更大范围内洗牌的导火索。自此以来，83%的居民表示他们购买的食物中，有一部分是本地生产，尽管英国仍是一个食品产量少于食品消费量50%的国家。而更不可思议的事情还在后头。

小团体决定绕过当地政府部门，而正如潘预言的那样，是这些部门自己转身走近了居民。在经历了最初的诧异后，它们开始和这些私自占领人行道的家伙对话。"我们告诉有关人士：我们不想要你们的钱，但是当我们遇到困难的时候，就会需要你们，到时候能不能找你们帮忙呢？他们接受了这个请求。几年后，我们发现我们需要的是用来栽种的土地。虽然我们已经取得了一些零零散散的土地和街角，但仍然需要更多的地方。我们想让1.5万人看到他们怎样自己养活自己，怎样独立思考。"这股热潮惊动了行政部门。托德莫登所属科尔德河谷区的公共事业部主任罗宾·塔德纳姆手里拿着相关文件，被这项事业所打动。几周时间里，地区内（20万居民）所有闲置和不可修建的土地都被录入数据库，并上传到网络。从此，想要耕种其中一块地的居民只要拍一张照，提交申请，然后交一笔象征性的费用,就能得到土地的开发权。科尔德河谷区对这个项目十分满意,甚至想把它出口到英国其他行政区。"土地不是政府的,它属于人民,"罗宾一字一句地说,"我们应该让人民重新获取它的所有权。如果政府部门不参与进来,那我们就会一直面对相同的情况:支持运动的团体和协会尽最大的努力,不断斗争,不断上门申诉。各地政府应该互相交流,说服中央政府,这是未来人类要走的路。我们在和一个叫作'本地'的组织合作,这个组织负责在全国范围内推广我们的项目。公共部门不能再像过去40年那样,抓着管理权不放,请些专家来告诉人们什么是最好的选择……我们已经没有多少自然资源和时间了,人民变了,人们的寿命更长了,需求也更高,想要更多地掌控自己的生活……而且他们是有能力的!那么,为什么一直以来,我们只看到问题而不去找解决方案呢?"

正如潘见证的那样,"不可思议的食物"的历险"是所有人都喜欢的故事,一个与心灵、与头脑对话的故事"。人们喜欢它,希望在自己生活的地方使它再现。先是在英国,80多座城市跟随托德莫登的脚步。然后在法国,在弗朗索瓦·鲁耶和让－米歇尔·埃赫冰的倡导下,400多座城市和村庄行动了起来。尼日尔、澳大利亚、俄罗斯、阿根廷、墨西哥、南非、菲律宾……超过800个地方采用了共享食物的模式。其中一些项目才刚萌芽,但种子已经种下,故事也不可避免地流传开来。有的项目也自称"不可思议的食物",有的则不叫这个名字,"但这并不重要,"玛丽说,"我们这个理念不以赚钱为目的,我们又不想打造商业帝国。重要的是,普通人想要参与这个运动,想要汇聚在一起,想要增强他们的能力。我们既没有政府的权也没有它的钱,但我们拥有美好事物的力量!"她高声说。

托德莫登孜孜不倦又平易近人的导游艾丝黛尔·布朗,一周接一周地接待来自世界各地的访问团:印度、韩国、美国、摩洛哥、阿根廷……今年,日本访问团来过3次,他们参照约克郡"食物绿色通道"模式,启动了几个"食物渠道"项目。在艾丝黛尔看来,他们借鉴的不是食物种植,因为种植很简单,每个人都可以做到;他们借鉴的是如何建立一个团体,因为当麻烦找上门的时候,突围靠的是一起面对、分享和互相照顾的能力。

托德莫登的本地食物系统发展起来,菜圃旅游业也全面爆发,自从有了种植槽以后,不文明行为和破坏公共设施的行为减少了18%。潘满怀希望和骄傲地说:"我们丧失了相信自己能改变世界的能力。有时我们似乎忘记了是我们建立了目前的系统,建立了经济和金融,建立了社会模式……是我们让这一切运转起来,并相信自己做出了最好的选择。如今,我们的系统出现了故障。如果一个系统无法维持,那么就要建立另一个!这并没有那么难。只要找到往正确方向思考的方法,我们就完全有足够的精力和能力。但我们却总是忘了这一点。我们抚养了一代受害者,一代感觉自己无可给予的人,一代不知道从哪儿做起才能让世界更美好的人。但如果大家从最小的事情做起,比如食物，那么这代人就不再会害怕。他们会一点一点地重新定义自己的生活空间。当人们在后花园或大街上种粮食的时候，当这微不足道的行为汇入整个社区的行为之中，当它能让人们汇集、分享的时候，信心就会回来。所有这些人又开始相信自己，感觉自己什么都能做到。"

我们第一次踏进托德莫登的时候，还觉得这座小城的经验微不足道。当时我们尚不相信南茜·休斯敦所言故事的力量，也不相信食物的力量。然而在历史上，这力量早就经受过考验。1943年，2000多万美国人栽种了自己的"胜利菜园"，生产了美国30%～40%的蔬菜。在法国和平丰裕时期，私人自产量达到7%。所以，我们可以窥见奥利维耶所说的21世纪的故事，一个生态系统下可再生的、生产食物的农业的故事，将会通过大量公民重占土地来实现。剩下需要确认的就是联合国报告和尼克所提到的：生产率的承诺。为此，我们去诺曼底参观了全球最前途无量的蔬菜农场中的一座。

（三）别样的生产方式：朴门永续农业的奇迹

如果你想知道未来农场会是什么样，那就要花一天工夫去查理和贝琳·艾尔文－格鲁耶夫妇家看看。[11] 经常参观传统蔬菜农场的人，在那里会获得一次相当震撼的经历。2012年9月，梅拉妮想要看看明日社会的样子,我就带她参观了这座农场。毫无疑问,这儿正是让我们产生拍摄此片的想法的一处地方。第一眼看去,贝克-艾路安与其说是一座农场,不如说更像一个菜园。不同作物按照不同的形状和颜色安置,有的排成一排,有的排成一圈,几片池塘与草场相邻,几座曼陀罗花园,一座温室,一小片树林。这里丝毫不像传统农业那样整齐地规划,然而,每一微米的布置都是经过深思熟虑的。

查理和贝琳跟尼克一样(也和后文的罗伯·霍普金斯一样),实践着朴门永续农业。朴门永续农业是一种"受大自然启发的人类设计系统",查理这样解释道。它致力于重建生态系统中丰富的多样性和互相依赖性。每一种元素都会对其他元素有利,而其自身也会从整体中获取养分。这是一种循环模式,不产生任何废物。应用朴门永续设计理念的领域很多:城市(尤其是过渡型城市)、公司、经济、能源……应用到农业中,它的原则既包括几世纪以来世界各地农民所创的最有效的做法(在土堆和架子上种植、施堆肥、重视树的作用、多样互补、采用畜力),也包括近50年来生命科学教给我们的一切知识。朴门永续农业的目标是重现大自然几百万年来的运行机制,这种机制在演化过程中没有耗费石油、没有土地作业、没有机械化,却产生了丰富的生命。即使在养分贫瘠的地方,也是如此。朴门永续农业通过在群落生境、植物、昆虫和动物间建立紧密联系,能使曾经寸草不生的地方重现繁盛。如查理所说:"朴门永续农业的成果，使我们得以想象人类社会的未来，那将是基本物质（而非新奇玩意）富足、排斥浪费的社会。"

多年以来，实践朴门永续农业的耕种者们想要理论化这种对自然的模仿，他们提出永续农业的一般原则，并且从未间断地试验和丰富着这些原则。"生态系统运行的原则之一就是多样性，"查理如是说，"自然界里没有单一种植，植被总是互相联系的。"因此，在这座农场植物最密集的地方，一块不到1公顷的土地（农场总面积为4.3公顷）上种了1000多个不同的品种。这与工业逻辑背道而驰，多样性恰恰是工业优化过程中的一道障碍。另外，朴门永续农业的土地永远不会裸露在外而被阳光晒干或被大雨冲刷。作物非常稠密，土地常被稻草覆盖（稻草、木屑、芦苇秆……它们能保持水分、保护耕地，并通过自身的腐化让土地更肥沃）。永续农业耕种者们还注意到，自然环境中的一些土地多产得惊人。为了再现这种土地，他们采用了几条策略。首先，他们帮助土地寻回密集的微生物群（各种各样的蚯蚓、细菌、昆虫、蘑菇，它们能让土壤通气，给土壤带去活力，就跟我们肠道里的菌群一样）。为此，他们施一些混合肥料和有机物质（比如残留的稻草），也会利用绿色肥料（比如豆科植物，可以帮助土壤储存氮元素）和树木。因为，正如查理所说："世界上几乎所有的可耕种土地都是森林产生的。树根在地下带来有机物质，菌根、小蘑菇寄居其上，与树根形成共生关系，是土壤肥沃的重要保证……"作物经常被果树围起来，果树为作物提供阴影和凉爽。其次，查理和贝琳十分精心地照料着这片土地，对他们来说，土地是"所有农业的根本"，而现代农业却趋向于忽视这一点，只把土地看作倾倒各种合成产品的基地。贝克-艾路安农场最常用的技术之一就是土垄种植。主要形状有圆形土垄或者宽略小于1米、长几十米的"永续"土垄。在贝克-艾路安，大部分圆形土垄是弯曲的，因此形成很多环形曼陀罗花园，看上去非常漂亮。

"这种系统源远流长，几千年来，中国人、希腊人、印加人、玛雅人……都使用过这种系统，"查理说，"理念就是重新仿效自然，自然界的土地从来不会被耕作，也从来不会裸露在外。我们把可耕种土壤堆在一起，然后尽量不去耕作。土垄是永续的。我们获得了非常肥沃、非常松散、非常深厚的土壤，土壤里微生物的活动也不会受到干扰。我们种下作物，然后用稻草保护土地，稻草会年复一年地腐化，不断地给土壤带去养料。"按照这种方式，田地更多了，除草的需要却大大减少（因为土地有稻草覆盖，也因为不翻土，杂草种子就失去了重见天日的机会），土壤侵蚀没了，浇水少了（土壤自己会保持水分），土壤更热，活动更快，表面从不被踩踏，就能够更密集地种植，因此生产率可以增加到10倍。"在美国，45年来，人们仔细研究了土垄种植的生产率，约翰·贾文思的研究尤为突出。这些研究得出的数据是非常惊人的：增加土壤浓度、改善土壤环境，其产量能比相同面积的土地多6倍、7倍、8倍，甚至对于某些作物来说，能提高30倍。贝克-艾路安农场的种植方法结合了各种优良做法，我们所有作物的平均生产率提高了10倍。"

这些不同的实践需要用到一些手操工具，它们简单却又十分巧妙。其中就有永续农业大师之一艾略特·科勒曼发明的精确播种耧。用它可以在80厘米宽的平地上播种26行蔬菜，而拖拉机只能种3行。播种耧还能混合播种不同蔬菜。"我们就像巴黎19世纪的老菜农一样，把2、3或4种蔬菜种在一起，一年能轮换8次，也就是说在同一片菜地上，一年能种8次。而有机农业的平均轮换数为一年1.2次。我们致力于汲取各类小物种的精华。你想想，如果你能在1平方米的土地上种8次菜，就相当于有了8平方米的土地。而我们只是把对土地的照料、混合肥料、水和除草压缩在一起……到最后，这反而更有效率！"

得益于菜农们无与伦比的智慧，整个19世纪下半叶，巴黎（约180万居民）的蔬菜曾完全自给自足，甚至还出口到英国。那时每块田的平均面积为4000平方米，每个农民的种植面积为1000平方米，他们的蔬菜每年也轮换8次。这与如今一个农民负责几公顷的土地，作物轮换次数却少得可怜的局面相去甚远。当时那样惊人的产量，总计需要600公顷的土地面积。为了全年供应蔬菜，菜农们采用了另外一个窍门，而查理和贝琳也迫不及待地借鉴了这个方法：热层。"这是一种老技术，利用的是粪肥分解时产生的热量。我们做了一大堆粪肥方块，高50～60厘米，从1月份开始，土地的温度就自然而然地达到25～28度。

这个热度会持续一个半月,更有利于作物种植。1月初造的热层,到1月底就有收成。在这片热层上,今年我们已经种了五六轮了。到最后,剩下的就是下一季的混合肥料……"

显然,所有这些技术都组合在一起才能得到优化,就像贝琳带我们去的温室里的情况一样。"这儿就有一个热层,但现在正值夏天。它潮湿、稠密、肥厚,里面有很多蚯蚓。那些在冬季早熟的作物就充分利用了粪肥分解时的热量,到了春天,热层就会变成肥沃的有机物质,保持水分。这样,作物几乎不需要浇水。这种技术实在太巧妙了。在这片热层上,还有一个夏季作物共荣的例子:我们把罗勒种在番茄下面,然后在番茄上方种了葡萄。番茄是一种藤本植物,它能挡住阳光,刚好罗勒喜阴,这两种植物也都不太需要水。罗勒的味道比较浓烈,它就像绿巨人一样,驱赶不受番茄欢迎的昆虫。如果不吃罗勒,而罗勒又开始抽薹的话,我们就用它来护根,也就是说用罗勒来覆盖土壤,保持土壤湿润,让有机物质能持续分解。番茄上方的葡萄,形成一道屏障,发散水汽,这对下方的植物来说,是非常有益的,尤其是在像今年夏天这样比较炎热的季节里。而且,锦上添花的是:我们还能吃葡萄。所以,我们农场里的一切都在生产,但是每一株植物的目的并不只是生产,还要对生态系统做出贡献。朴门永续农业的妙处就在于此:每一个元素都有好几种功用。"

在距离温室几十米处,查理带我们进了混林农业园,"这是对自然森林的模仿,但里面所有植物都是可食用的。"像野生森林一样,这里的植被也是分层次生长,最上方是果树,而浆果植物或小果子植物离土壤更近。"在这个地方,我们实现了零耕作,没有石油,不浇水,不用化肥……非常节省!这儿长出了极其丰富又好吃的水果,而且这还是一小片完全自主的生物多样性的绿洲,它能存储碳,创造自己的土壤……每年,不管天气是好是坏,干旱还是多雨,这里一直很茂盛。"

树木在农场中的地位非常重要,有在上文提及的原因,也有食物安全方面的原因。在查理看来,人类把食物依托在一年生(每年都需要再次播种)植物上,是一个错误:"目前,人类主要食用20多种植物,我们60%的食物是小麦、玉米和稻米,而它们都是一年生谷物。在人类漫长的进化史中,当我们还是史前人类,还在大自然中打滚的时候,我们吃的主要是水果、浆果、树叶和草根:多年生植物。我们的机体就是为这类食物而生的。而我们现在的食物主要依靠谷物、肉类和奶制品,这既不利于健康也不利于环境。我们的食物范围缩小了,丧失了多样性,这是高度有害的。建立一种可持续的文明,就必须更多地获益于水果,而不是一年生植物。树木长盛不衰:李子树、苹果树、梨树的寿命可达50或60年,甚至百年。一旦被种下,它们就会年复一年地提供食物。"

在把这些做法和技术一点一滴地组合在一起后,贝克-艾路安小农场的收成令人震惊,而他们连一滴石油或农药都没用过。

为了证实这些做法有效,查理、贝琳和国家农学研究院以

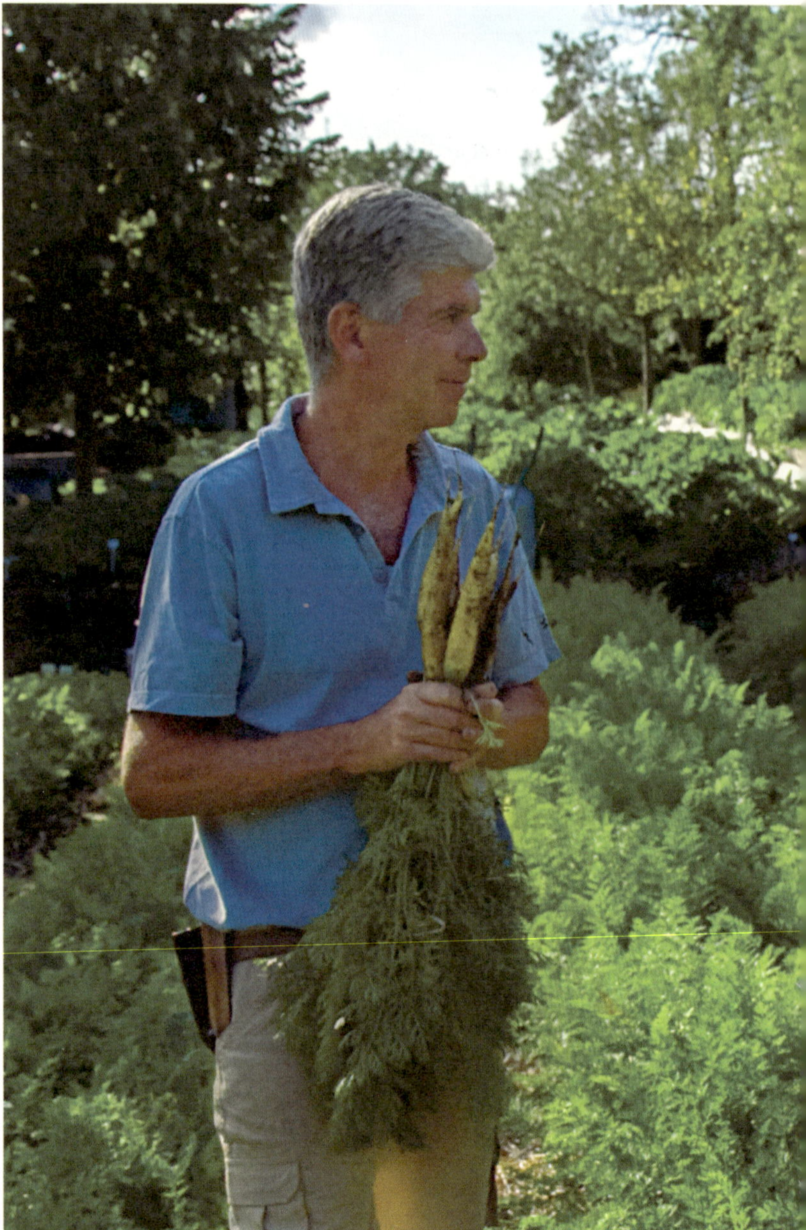

查理和贝琳在平地的收获季

及巴黎农学院进行了 3 年的研究。最终结果已于 2015 年春天公示。结果显示可持续农业是可能的，在 1000 平方米土地上获取像样的收入也是可能的，5.6 万欧元年营业额和约 2000 欧元（甚至可高达 2500 欧元）月薪也是可能实现的。"我们的营业额相当于那些在 1 公顷土地上耕作的同事所获得的营业额，有时比他们还多。这证明，通过在一小块土地上进行纯人力劳动，我们能生产出相当于拖拉机在大 10 倍的土地上耕作的成果。"这种"优异表现"就是查理、贝琳以及世界上众多朴门永续农业种植者们开始瞥见的农业新篇章的发酵粉。对查理来说，"我们能想象一个到处都是微型农场的社会，它们遍布城市、城郊……给社会带来真正的食品安全，它们在本地生产，供应当地社区，还能让风景更优美。拥有几百平方米小花园的人，在家就能做兼职农民，不需要任何前期投入。这种形式的农业，不仅有经济盈利，提高菜农的生活质量（他们就在大花园中心工作），给消费者和星级大厨提供他们梦寐以求的优质产品……还能为疗愈地球贡献力量。因为我们让土壤再生，保护生物多样性，吸收碳物质……这种方法的意义可不是为了好玩把什么都最小化。而是我们发现，如果把蔬菜种植集中到一小块空间，我们就能重新规划土地。在 1000 平方米土地上生产通常在 1 公顷机械化土地上耕种的东西，我们就能节约 9000 平方米的土地。我们可以用这些省下来的土地种几百棵树，养一些动物，建混林农业园、蜂巢、池塘，还能造房子……也就是建起一座面积为 1 公顷的微型农场。它会更加繁荣,成为一个宜居的小宇宙,拥有极其丰富的生物多样性。农场自己生产肥力,树木、栅栏、池塘、动物排泄物里到处都是生物群。这是一个真正自主且有韧性的系统。如今,进入我们口中的每一卡路里,都要耗费 10～12 卡路里的化石能源。简直荒唐。我们知道,明天或者后天,石油就会变得稀少而珍贵,我们不能再从大老远的地方进口食物,气候问题也会越来越多。但是我们所有人都要继续吃饭。发明一些不需要石油就能吃上饭的方法,实践一种纯体力农业,一点也不是新农人的突发奇想。对于养活未来人类,其必要性攸关生死。另外,观察现今的地球,我们会发现大部分农民没有受过任何机械培训,他们都是用双手劳作。朴门永续农业汲取了大自然给我们提供的生态系统的精华,对养活整个本地人口有着重大意义。"

(四)农业新篇章

除去贝克-艾路安农场的经验和奥利维耶·德舒特的报告,以"生态农业"(习惯叫法)的生产率和它养活全球的能力为对象的研究如雨后春笋。

正如学者、农学家杰克·卡普拉在作品中写的那样:"所有在几百万公顷范围内,调查真实农场真实收成(而不是还原农学的实验性收成)的国际研究都毫无例外、毫无争议地得出一致结论。在气候不够温和的国家——对应地球上3/4的国家和几乎全部人口，生态农业[12]的收成高于传统农业。世界上生态农业收成低于传统农业的地方只有加拿大和欧洲。为什么会这样呢？在欧洲和北美，农民们不能因地制宜地进行多样种植（播种规章约束了他们），也不具备组合种植和混林农业（一些先行者正在开发，但还有很多事情要做）的知识，更不能发展人力密集型系统（因为整个税收体系的建立有利于机械化而不利于就业，它形成了一种严重扭曲的竞争，这一点和就业充分的农业截然不同）[13]。"

鉴于贝克-艾路安农场的成果，卡普拉认为"欧洲生态农业收成较低"的结论有待商榷，这座农场或多或少满足了他描述的必备条件（但付出了多少努力！）。

至此，我们知道，养活100亿人是可能的，方法就是使生态系统再生，保持土壤和树木中的二氧化碳，通过改变农业模式、引导立法朝着鼓励生态农业和永续农业的方向改变，在西方重造百万就业机会。以及，大幅减少食肉。

但目前，就像奥利维耶·德舒特说过的那样，我们优先追求的是短期内的经济增长，是跨国农产食品和农业化学公司的健康。我们任由他们控制庞大而又集中的食物系统，但理智和道德要求我们在每一片土地上建立自主的生态系统。事实上，要做到这点，我们必须改变整个社会模式。而首先，这个社会模式应该摆脱对化石能源的依赖，趁着一切还为时未晚……

注释

1. www.monsanto.com/global/fr/actualites/pages/les-ogm-nuisent-a-la-biodiversite.aspx。
2. 杀虫剂、除草剂、杀真菌剂等。
3. www.monsanto.com/global/fr/produits/pages/les-produits-de-protection-des-cultures.aspx。
4. 法国国家癌症研究所指出:"杀虫剂在慢性病(癌症、精神错乱、不孕不育)的发展过程中,可能扮演着重要角色,尤其是职业性暴露的情况下。100万~200万法国人处于职业性暴露的环境中。"
5. 世界卫生组织(OMS),过度肥胖和体重超标-摘要,311号。
6. www.greeningofdetroit.com/what-we-do/urban-farming/
7. 而在我们1年之前访问时,也就是2015年7月3日,底特律只有84座菜园。
8. Business Alliance for Local Living Economies(本地生活经济商业联盟)。
9. Bénédicte Manier, *Un million de révolutions tranquilles*, LLL, 2012, P.118。
10. Incredible Edible。
11. 参观时间、培训、活动见 www.fermedubec.com。
12. 包含朴门永续农业。
13. www.changeonsagriculture.fr/la-bio-peut-elle-vraiment-nourrir-le-monde-aII3788336。也可以阅读Jacques Caplat, *L'Agriculture biologique pour nourrir l'humanité*, Actes Sud, 2012。

二
明天的能源

关于能源过渡，有很多研究，也存在不少激烈争议。对全球变暖持怀疑态度的人和美国能源工业集团的头目毫不犹豫地说："要让地球成为宜居之地，化石能源必不可少。[1]"法国人克劳德·阿雷戈尔则宣称："目前没有气候难民，气候难民是不存在的。[2]"他们的言下之意是，改变能源来源的迫切性可能被夸大了。还有那些号称"石油和燃气的传统储备足够用到本世纪末[3]"的人，简直让人无语。我们将和能源工程师提耶里·萨洛蒙一起深入讨论这些话题，他是2013年法国政府组织的能源过渡论坛的专家组成员，也是"负瓦特"协会的主席。提耶里是一个和蔼可亲的人，具有媲美英国人的冷幽默。他执着地认为，要实现能源改变，周密的计划必不可少，而他已经证明了这些计划的有效性。因此，10多年间，他和一个由30多位工程师组成的团队合作，构建法国能源过渡方案，这个方案几乎精确到了2050年之前的每个小时。他们聚沙成塔，创建了超过百万份excel文档，为的是尽可能精准地算出，我们能做什么以及该怎么做。他向我们坦言，政府部门的决策模式简陋得令他目瞪口呆，"不宜公开"。而科学家要把工作做得比政府部门精细百倍，大众才有可能倾听他们……目前，越来越多的人听取了他和他的同事们的意见。就在我做记录的时候，他刚刚为法国最重要的日报之一《解放报》撰写了封底版内容[4]。

（一）昨日历史：与提耶里·萨洛蒙的会面

席里尔：我们在刚刚经历的旅行中，明白了如何改变农业模式，最后我们被带回到石油这个问题上来，它似乎存在于我们生活的方方面面……

提耶里：我们的世界围绕着所谓的化石能源构建。其中当然包括石油，也有煤炭、天然气。它们在我们的日常消费中、在地缘政治地图上无处不在。比如，石油保证了98%的出行。确实，农产品系统也完全依赖石油。

席里尔：化石能源的主要问题，总结下来有哪些呢？

提耶里：主要有四个问题。很明显，首先是在提取和排放过程中产生的污染和气候异常问题。颗粒物和温室效应气体的排放，现在已是众所周知。其次是随着资源的逐步耗尽，会导致物价上涨。甚至可能是暴涨，尤其是因为石油是一种被大量投机操作的资源。第三是地缘政治冲突。化石能源分布在数量非常有限的国家，所以，这些能源的归属就成为地缘政治的关键。我们可以从化石能源——尤其是石油——的角度来综观在乌克兰、伊拉克、叙利亚等地发生的事件……最后，此类能源丰富的假象造成大众对可再生能源的排斥。化石能源浓缩、高效、易于使用，而且唾手可得，还可以不断充实统治阶级的钱袋。反其道而行是极其困难的……

席里尔：我们能完全摆脱化石能源吗？

提耶里：在2000年初，我们就开始研究这些问题。研究越深入，我们就越确信，我们能够摆脱。另外，我们还估算了向新能源过渡将给我们带来的巨大利益。不仅仅是能源上的利益，还有对社会结构、政府管理以及未来世界产生的利益。

我们为法国起草了一个方案，该方案显示了从现在起到2050年，完全向可持续能源转移的可行性："负瓦特"方案。它处理了所有供热、电力和出行的需求……这是我们20多位专家10年的工作成果。

席里尔：它得出了哪些结论呢？

提耶里：在一两代人后，我们可以实现这个目标，但我们必须一丝不苟地减少能源消耗。这就是"负瓦特"这个词的意思。"负瓦特"就是在保持可接受的生活水平的前提下，我们可以不消耗，从而可以不生产的那部分能源。我们不能总是想着"兆瓦特"、想着"越来越多"。未来能源的最大矿藏，是我们靠节约积攒下的矿藏。

席里尔：这座矿藏代表着什么？

提耶里：它代表着50%～60%的世界能源消耗。所有关于这个问题的严肃研究都得出同样的结论。而且我们对法国的研究也再次证明了这个结论：我们生产的能源有一半都被浪费了。问题是从某个角度来说这些"负瓦特"有点儿像塑料海洋：我们看不见它们，然而它们却无处不在。比如，在城里开着载重1300～1500千克的车，运送一个体重为70千克的人，这样做，真的合理吗？地铁里每一台视频屏幕所消耗的电量为普通家庭的两倍，安装这些屏幕真的理智吗？然而，我们被告知总共有100万台这样的屏幕……几年前的一项计算指出，在欧洲范围内，有6～7个核反应堆仅仅用于供给运行中的电子仪器，其中有两个在法国。还可以举出很多例子……问题出现了，但我们习惯了视而不见。

席里尔：怎样节省所有这些能源？

提耶里：我们必须按照需求来思考，这是"负瓦特"的运行基础。我们还要给这些需求建立评估表，把它们分门别类：绝对必要的、一般必要的、多余的……最后是有害的，而且这个评估表应该取得法律地位。

席里尔：个人行为不足以改变吗？

提耶里：不够。就算所有人都节能，也不够。当然节能是必不可少的，但更重要的是我们如何取舍。当我们只须点击几下鼠标，就能坐着飞机飞到地球另一端，而且飞机票钱比带我们去机场的出租车车费还便宜的时候，就有什么东西不对劲儿了。我们会向大气排放 2～3 吨二氧化碳，而这对我们自己的钱包毫无影响。显然，我们可以说"我可不会去世界另一端"，但事实并非如此，我们有家庭关系、有欲望……我们须将能源消耗的外部影响和结果纳入我们行为的整体。在这些问题上，我们需要达成世界性的规范，不能仅仅在一个国家的范围内颁布法令。这是我们让能源消耗转向的唯一方法。

就像其他社会课题一样，我们需要集体智慧。例如在交通法规中，我们制定了一些激励政策、规章和条例，用来告诉我们可以做什么和不可以做什么。有游戏规则在。有了规则，我就可以开车，并且相信："我可以活着走出这辆车，我要遵守的又不是丛林法则。"因此对于"负瓦特"，我们需要一起制定能源方面的集体游戏规则。在法国，我们已经接受了一些十分严苛的规定，比如对于车辆的规定，而且这些规定产生了卓越的效果。每年交通事故死亡人数从 2 万减少到 4000，这个结果并不是无足轻重的！对于烟草的规定也是一样。社会也接受了，尽管在规则下达之初，所有人都想着反对。除了制定规则，还应叫停能源的过度消耗，或对其征收重税。

席里尔：我们应该主要在什么地方节省呢？

提耶里：在法国，说到能源，我们经常会把它和电力混为一谈，但电力（家用电器、冰箱、电脑、照明用具）只占了我们20%的需求。比重最大的两项是热量/空气调节（广义的卡路里：热水、暖气、工业用暖、冷气、冷冻链）和出行（人和货物的运输）。这两项总共占了我们80%的能源消耗。然而在法国，99%的辩论都围绕电力展开，尤其是将会确保我们实现能源自主的核电……事实却更为骇人[5]。2011年，我们进口了价值710亿欧元的石油和天然气，这项预算超出了医疗部、教育部、青年和文化部所有预算的总和。

席里尔：那么首先应该做什么呢？

提耶里：首先考虑建筑。如今我们可以造出零能源建筑，它们自己生产供自己消耗的能源（得益于太阳能电池板）。我们要发扬这种建筑。但这还不够。此类新型建筑只占全球建筑的1%。凭借新型建筑来改变能源图景，将需要100～200年的时间，所以我们要改造现有建筑。目前，我们正经历一种怪异现状：同样的用途，一些人需要消耗多出其他人4倍的能源来取暖。如果我们的街上行驶的是每100公里消耗5升汽油的车辆，我们不会接受其他一些车辆行驶同样里程却要消耗20升。我们会觉得这很反常。然而在建筑领域，目前就是如此。我们急需一场既高效又广泛的革新。

尽管起步看起来很难，但我们可以取得一石三鸟的效果：它有利于未来的房客（对于他们的钱包和健康来说），有利于经济和就业（因为翻新建筑，可以促进当地就业，而不是让人在其他遥远的国家工作30年），也有利于地球，因为能源消耗将会减少至原来的1/3～1/4，化石能源将被可再生能源代替……从经济方面来说，这场革新也远非幻想。2011年德国公共投资银行公布的一项调查表明，2008年开启的建筑物翻新项目成本为47亿欧元，但这些新兴项目带来了88亿欧元的税务收入。另外，由此创造的数十万就业岗位，也省去了40亿欧元的失业救助金和社保金……项目的收入高出成本3倍。

席里尔：那么出行呢？我认为只改变车辆燃油是不够的，还需要重新规划土地……

提耶里：这两件事都是必要的。与其先思考工具（车辆），不如先想想需求：我真的需要出行吗？娱乐出行有哪些？被迫出行有哪些？然后再通过制定策略来回应这些需求。策略有很多，从公共交通到私车拼车。

席里尔：一旦实现节能，我们能否通过可再生能源进行足够的生产活动呢？

提耶里：能，这也是我们整套方案的全部意义所在。首先推行能源节制和能源效率（由此，在法国，我们可以减少 60% 的需求），然后再来看剩下需要生产的。我们拥有一座非凡的核电站，它离我们 1.5 亿公里远，能让我们拥有地球需要的所有能源，也能通过光合作用让我们拥有所有物质：我们的老朋友太阳，它向地球投放的能量，是人类消耗能源总量的 1 万倍。问题在于如何获取和转换这些能量。

席里尔：可再生能源在法国这样的国家是怎么生产的呢？

提耶里：法国得天独厚。虽然利用得不多，但它拥有大量可再生能源：欧洲第二丰富的风能资源；从北到南，大量的太阳能；丰富的深层地热资源；巨大的生物能（不仅在森林里，还在所有生产剩余物中）；充足的水电资源、海洋能……我们将混用以上所有资源，在优先生物能的情况下，进行满足我们剩余 40% 需求的生产活动（当我们省去了 60% 的需求后）。

奇妙的是在能源和食物之间建立联系，而这种联系就是农业。为此，我们结合"土地农业"[6]另一个名为"Afterres"的方案做了一项工作，以便对土地整体情况有全面的认识，并试着回答以下问题：明天我们的盘子里能有什么吃的？要种什么粮食？对国土有什么影响？用什么可再生能源？同时我们也尝试找到生产和消费的契合点。有一点已经确定无疑：减少肉类消费刻不容缓，肉类生产太消耗能源和空间了。

席里尔：有没有国家已经开启能源过渡了？

提耶里：德国、丹麦、奥地利已积极展开能源过渡。在瑞典，可再生能源比例达51%（而法国仅有11%），这一成果尤其得益于对碳征收重税，高达每吨100欧元。而这并没有妨碍瑞典成为高度发达的国家。我们的总体印象是，进行能源过渡的国家在经济运行方面，要好于其他国家。20世纪80年代，德国曾经非常郑重地思考过能源问题，并且制定了大量方案。这一切在民众中、在各党派之间建立起一种极其强烈的共识，也让工业家们行动了起来。两列火车高速运转起来：一列是可再生能源的火车，已经取得了巨大成效；另一列是能源效率的火车，工业也奋力为未来市场做准备。在德国，一天中的某几个小时，已经有超过一半的电力消耗是由可再生能源保证的。

席里尔：是什么让这些国家和我们国家有所不同？

提耶里：可能是因为他们头脑中没有那么多集权观念。我们国家非常集中化，一切都要经过领导、经过全知全能的总统，我们总觉得部长或高官要处理所有事情……我们很喜欢在全国范围内强制推行一些没有经验的事，而结果很可能惨不忍睹。我认为在我们改变思维方式的条件下，过渡是行得通的。"过渡"这个词很有意思，它不是一种模式，而是一种过程。我们从一定数量的地区性小实验开始，这些小实验于政策夹缝中施行，如果实验成功，它们就能被不断复制，而如果它们经受住了考验，我们就建立标准以便朝着这个方向迈进。这场运动有趣的地方就在于，它发生于底层，然后高层在其中穿针引线以使其普及。

席里尔：有一个生态运动[7]断言，要减少二氧化碳排放，就不得不依靠核能，而且我们的时间所剩无几。在"负瓦特"，大家是怎么看待这个问题的呢？

提耶里：我们对于核能的看法非常简单：当我们从头到尾审视整个核能行业，从在尼日尔提取铀直到将废料永埋地下——永久性填埋废料，这可真是自命不凡啊！——我们会发现整个行业链充斥着缺陷，而它们可能导致悲剧事件的发生。法国辐射防护和核能安全研究院的报告表明，一起普通的核事故会产生3000亿～1.5万亿欧元的损失。这还不包括人力、生态和心理损害……这些数据并非来自反核能生态主义者，而是由政府中心部门发布。我们维持核能工业，完全就是冒着巨大的风险（不多不少，国家经济的一场大崩溃），然而我们还在为核能辩解，认为从统计数据上看，风险非常微小。但那些数据干扰了我们的判断。对于一只在圣诞节会被吃掉的火鸡来说，从大数据上看，风险微乎其微。从1月1号到12月23号，一切都一帆风顺，它被喂得膘肥体壮……但12月24号一到，严重的问题就来了。可是在此之前火鸡看不到这个问题，因为从过去的统计数据上看，它刚刚经历了生命中最灿烂的时期，没有出现过任何问题。

既然直到现在什么都没有发生,那么明天也一样不会。而核能就像这只火鸡一样。法国有58座逐渐老化的核反应堆,这增加了发生严重事故的可能性。我们认为,鉴于现有技术,我们必须摆脱核能。发展核能这条路会把我们带进十分危险的死胡同。未来20年内,对旧核电站进行翻新和修复将需要巨额投资,如果很好地利用这个时机,把这些可观的金额用于投资可再生能源,那么我们就很有可能摆脱核能。就业问题也一样,我们不会引起新一轮的下岗退休,而是会在可再生能源领域创造就业机会,同时保留必要人力来负责拆除和安全等方面的工作。

席里尔: 在法国,"负瓦特"方案将对就业产生哪些影响?

提耶里: 15年内,在创造和摧毁两大项目中,会净增60万~70万岗位。创造活动主要是翻新建筑、发展可再生能源和促使能源系统重新本土化。摧毁活动主要是在核能和汽车工业领域。

席里尔: 这些数据从何而来?

提耶里: 来自法国国家科学研究中心下属的CIRED[8]进行的一项研究。还有其他关于"负瓦特"方案的宏观经济学研究。法国不仅不会崩塌,我们甚至可以说,国内生产总值反而会增长!

席里尔: 所以说能源过渡既能创造就业机会,又对地球、对健康有益,而我们却迟迟不行动……真奇怪啊!

提耶里：我觉得人类面对可见事物，比如地震、战争，有能力做出巨大的反应，但我们却不相信石油正在耗尽、气候正在变化。假如二氧化碳分子会改变大气的颜色，我们肯定早就做出了反应。然而，面对那些预测，我们实在应该感到惊恐。GIEC对2050年或2100年做出了灾难性的预测，但灾难不会止步于此。温度会继续攀升，上升8度甚至15度。这关系到人类的生死存亡。心理学家、艺术家、市场营销专家必须找出人类对环境变化集体视而不见的原因并提出解决方法。

席里尔：那政治人物呢？在法国，您参加了很多关于能源过渡的政府讨论，是什么妨碍他们做出改变呢？

提耶里：我看到他们非常害怕改变。我觉得这很奇怪，因为我反而害怕不改变。政治选举前的大部分宣传演说，都以改变为核心理念。可是一旦真的要实行，就完全开展不下去，就卡住了。其中常常有体制的原因，而体制又和某部分人、某些公司和财团的利益叠加在一起……这就让保守主义者、获益于不改变的人和只考虑未来几年的人结成了联盟。然而时间是非常重要的问题。"负瓦特"方案提出了未来35年的方向。35年很长，但对于人类史来说却很短。不幸的是，政治的时间通常是5～6年，工业的时间是两年，金融的时间是1毫微秒[9]……我们需要发掘能够让我们重新转入正确时间系统的力量，而不能只满足于看到明天早上会突发的状况。很多家庭仍在为孩子思考未来，思考两代人之间的文化和财产转移问题。这些继承的概念在某些生态主义者的圈子里可能显得保守，但它们是极其深层的动力，要依靠它们去推动一些行为和论说。

席里尔：我们在发掘的另一种强有力的力量，就是"故事"。明日能源世界将是什么样子的，您能描述一下吗？

提耶里：如果我要讲述一个并非科幻小说（在工作中我们严禁一切科幻）的故事，那么明日能源世界可能是这样的：2050年，某个普通家庭居住在一栋囊括数个共享元素（空间、设备、花园……）的集体住宅楼里。这栋楼房要么被翻新过，要么就是新型楼房，无论是哪种情况，它实质上都不再为暖气消耗任何能源，但仍会消耗一点能源用于热水，所有的电力设备耗能都非常低。得益于太阳能电池板，它产生的能量与它消耗的能量持平。因为有智能电表，这个家庭可以随时一台电器一台电器地查看自己的能耗。家庭成员通常乘坐公共交通出行，但也不全是（公共交通不可能全面普及，因为成本巨大）。在城市地带，他们可以使用一辆载重量为200千克的小型电力汽车，这辆汽车为多人共享，甚至为多人共有。要去科蕾兹看老姑妈，他们就会租用一辆混合动力汽车，车在城区主要使用电力，剩余时间则使用可再生甲烷气。甲烷气将由一个加气站网供应，其模式就是我们熟悉的石油加油站的模式。这个家庭消耗的电力将会大大降低，但它却可以保留我们现有的出行元素，也能达到同样的出行里程。而且这个家庭的出行活动会更具社交性、更少受限（尤其是职业需求的限制）。得益于光伏发电、风力发电和生物能发电的混合，这个家庭将会生活在一个几乎所有电力都来自可再生能源的国家。存储问题也会被解决，尤其是通过能够储存分子的气体存储[10]。能源生产将会更加分散化，由社区、公司和消费者团体（合作社形式）管理。风力发电站也属于以上所有参与者，而它产生的收入将用来为最后一批老建筑进行隔冷隔热处理。最终，国家用来向迷人的普京先生或海湾国家购买能源的钱就会减少。每年700亿欧元就不会再流向国外，而是用于投资本国经济，创建有用的公司、创造就业……

席里尔：到时候我们还会有大型能源公司吗？还是能源生产会完全分散化？

提耶里：还是会有能源巨头，由他们管理重大设施。例如，海上风力发电（对此我们会有大量需求）。与近海石油技术类似，它的实施会异常繁重（另外，这也是对石油业和造船业进行循环利用的好办法）。但也会有很多更加扎根于本地的企业。诀窍就是让这两种企业并存，让中小型企业不被大型企业吞并。在这方面，德国的模式就很有趣，它是一种大型企业与扎根本土的中小型企业有着重要合作关系的模式。

(二) 可再生的岛屿

我们神采飞扬地离开了"负瓦特"设立在巴黎的小办公室。既然一些研究和方案指出了今后摆脱化石能源的可能性,我们便开始调查已经走上这些道路的城市和国家。就像对我们感兴趣的每个话题那样,我们想实地调查,看看一切是否进展顺利。在我们选择的地方,我们找全了提耶里·萨洛蒙提到的所有元素:混合可再生能源的多样性,减少能耗和生产可再生能源的配合,要行动起来的紧迫感……在旅行过程中,数盏理念之灯将逐渐在我们的视野中变得明晰:多样性、自主、韧性、合作。

我们也注意到能源高度过渡的地区通常是一些岛屿(比如冰岛、佛得角、留尼旺),或者半岛(比如丹麦、瑞典)。岛屿在地理上受限,可能比其他地方更加脆弱,因此能源自主的需求也更迫切。正是因为这些限制,很多岛屿成为大陆未来策略的实验室……

冰岛:地热和水电

6月的冰岛日不落。或是有不到1小时的黑夜。我躲在酒店的房间里,尽力用窗帘遮严窗户,却仍惊叹于刚刚经历的奇幻景象。现在是晚上11点,外面却依旧阳光四射。凌晨4点,当我再次睁开眼的时候,感觉日光完全没有什么变化。时间不再按惯有的方式流淌，它好像铺展开来，增多了。大自然无处不在。雷克雅未克虽然是世界知名首都，但它只是一座中等规模的城市（12万居民），立于冰岛这个野生又原始的国家边缘。在这座岛上，需要先尽力生存，然后再考虑丰裕。这个国家的能源方针，似乎和我们无法忽视的一种感觉紧密相连：身在冰岛，就是身在无人之地……这正是1973年石油危机爆发后，冰岛政府决定出台能源自主条款的原因。石油价格可能上涨，供给问题也许会增加，因此需要切断对石油的依赖。虽然当时的预言并没有在接下来的20年里完全应验（20世纪80年代和90年代，石油价格在1979年飘升以后，又再次走低），但如今我们可以认为，冰岛人早于其他地方的人35年，看到了形势的变迁。他们在那个时代的忧虑，如今已成为全世界"能源过渡主义者"的忧虑。

为了达到目标，当局决定利用岛屿的自然资源。其中两种自然资源被选中。冰岛是座火山岛（据统计，有200座火山），温泉是当地人和世界各地游客的一大享受。因此，应该可以回收这些热量。冰岛还有欧洲分布最广的大型瀑布和众多冰山，1/10的领土被其覆盖。它们位于海拔好几百米的高地，是很多流量汹涌的冰河的源头。河流惊人的流量，加上起伏不平的地形，其中的能源潜力非同寻常。几十年来，在这两个领域建造的基础设施，已经使这个33万人口的小国取得了可再生能源占比87%的傲人成就[11]。混合能源的总体构成为69%地热、18%水电、11%石油和2%煤炭。具体来说，地热站通过大型管道（最

雷克雅未克附近的地热工厂

长的管道为63千米)为城市供给能源,保证了岛上90%的(集中)暖气供应和27%的电力供应。水电保证了10%的供暖和73%的电力。占比13%的石油和煤炭主要用于车辆和渔船的运行。所以,正如冰岛国家能源权威机构国家能源局主任古力·约纳森说的那样,接下来,冰岛能源过渡至关重要的一点就在于解决出行:"这是我们的下一个目标。我们积极采用可再生能源生产碳氢燃料。我们已经有了电力汽车和以产自废弃物的甲烷为燃料的车辆。我们建造了一座吸收空气中二氧化碳的工厂,再加上氢,就能产生可以和石油混合的甲醇。我们有一批氢动力汽车,在雷克雅未克还有几辆氢动力公交车。以上所有技术都已投入实践,但仍相对昂贵。它们需要改善和传播。我们认为,20年后,我们可以普及这些技术,创造无化石能源的未来。"

事实上,冰岛生产的能源,远远超出它的需求。因此,很多企业在这些"矿藏"中看到了发展机遇,纷纷来到冰岛。其中有一种工业发展特别迅速——如今冰岛73%的电力都被极其耗能(且不环保)的铝工业吸走。而冰岛政府认为只要改善技术,他们还能生产出更多的能源。从此,冰岛成为世界顾问,帮助世界其他地区利用地热取代化石能源。

"众多发展中国家潜力巨大,"古力继续说,"比如在非洲,在东非大裂谷,我们可以为肯尼亚或埃塞俄比亚这样的国家生产15吉瓦的电力(相当于二十几座小型核电站)。如今,世界上40%的石油用于满足基本需求,比如热水或居住。在所有拥有地热的国家（比如瑞士、德国、法国、意大利），我们完全可以进行能源替换。地热也不是唯一的解决办法。将地热和其他可再生能源混合，可以把我们对化石能源的使用降低至不危及气候的水平。"

留尼旺岛：太阳与农业能源

留尼旺岛的主要问题和冰岛类似，但他们的能源发展情况却不如冰岛领先。目前岛上能源的总体构成是35%的可再生能源和65%的化石能源。留尼旺对石油的依赖依然严重：柴油承担了一半的能源需求。一次罢工或一个供给问题就可能让留尼旺的经济在几天内崩溃。"如今，一家垄断企业控制着能源供给，它也因此重权在握。我们的工作就是打破这种垄断，让能源生产更加多样化，"留尼旺省省长迪迪耶·罗贝尔解释道，"我们的目标是从现在起到2025～2030年，通过可再生能源，实现能源自主。"但留尼旺岛还面临其他限制。冰岛的人口密度为每平方千米3人，而留尼旺这个热带小岛的人口密度却非常大。由于有火山和受保护的自然公园，岛内只有海岸线上适合居住，而那里已经挤下了超过90万人。到2030年，海岸线上的人口将达到100万。因此，他们需要找到在有限面积内建造住房、生产食物和可再生能源的方法。另一方面，他们还必须解决可再生能源不稳定的问题（因为阳光和风的变数很大，太阳能和风能的产出不具持续性），目前，可再生能源禁止超过总能源构成的35%。

2007年，一家法国中小型企业"Akuo"对这个问题的探索有了些眉目。这家公司在世界各地发展可再生能源。它把自己的解决办法称作"农业能源"。想法很简单：既然难以在生产食物和生产能源之间做出选择，那么不如在同一时间、同一地点进行这两项活动。他们做的第一项实验是太阳能电池板与作物间作，而间作作物又能利用光伏设备的阴影。他们栽种的是香料，因为尽管这项尝试鼓舞人心，但可以利用的空间太过狭小，不能大量种植粮食。第二项实验是蔬菜大棚。这项实验的效果更佳。土地用于农业生产，而一半的棚顶用于生产电力（另一半闲置，让阳光进入大棚）。起初，农民对这项实验犹豫不决：他们看到的大多是实施过程中的限制条件。因为必须改良种植方法。但一旦找到解决办法，实验就体现出好几个优点。大棚保护作物不受飓风或极端天气（在热带地区相对频繁）影响，还能收集雨水，让实验田实现水资源自主，而以上所有优势，都不费分文。Akuo公司向农民们象征性地收取1欧元费用，为他们搭建大棚。作为交换条件，Akuo获得棚顶的开发权。绿色农业生产者、农业局局长让－贝尔纳·贡提耶的12个大棚可以供养岛上600个家庭，也就是2000人。2014年贝吉萨飓风过境的时候，大棚纹丝不动，而众多农田被摧毁，损失了全部收成。这个系统也能让那些无法获得土地的农民安下家来。Akuo向农民收取

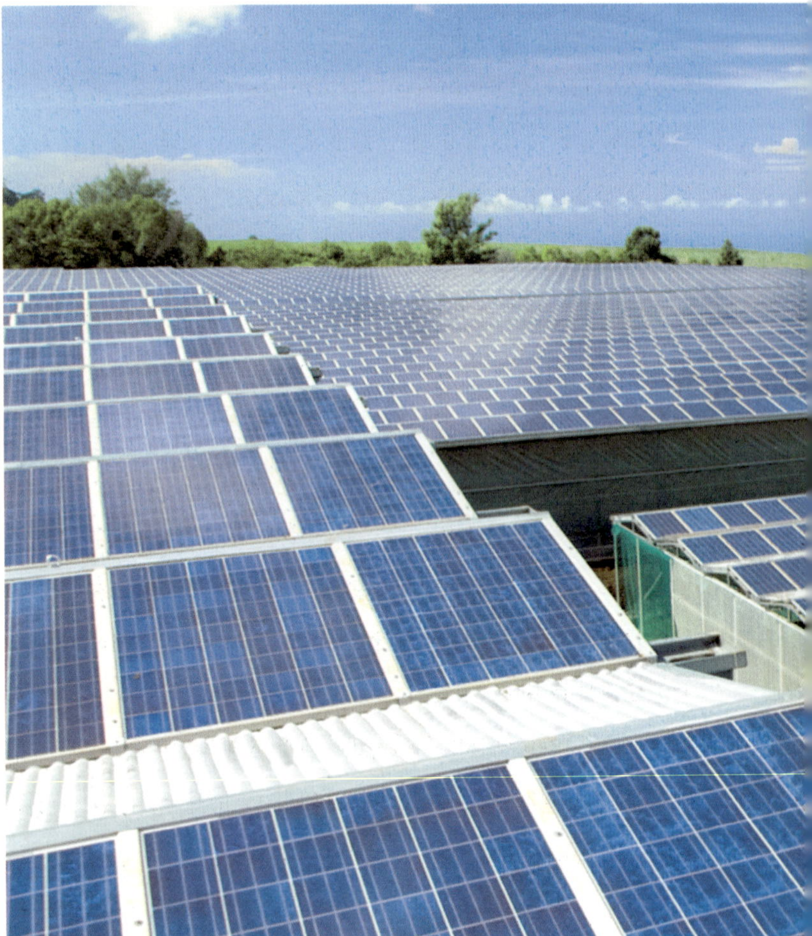

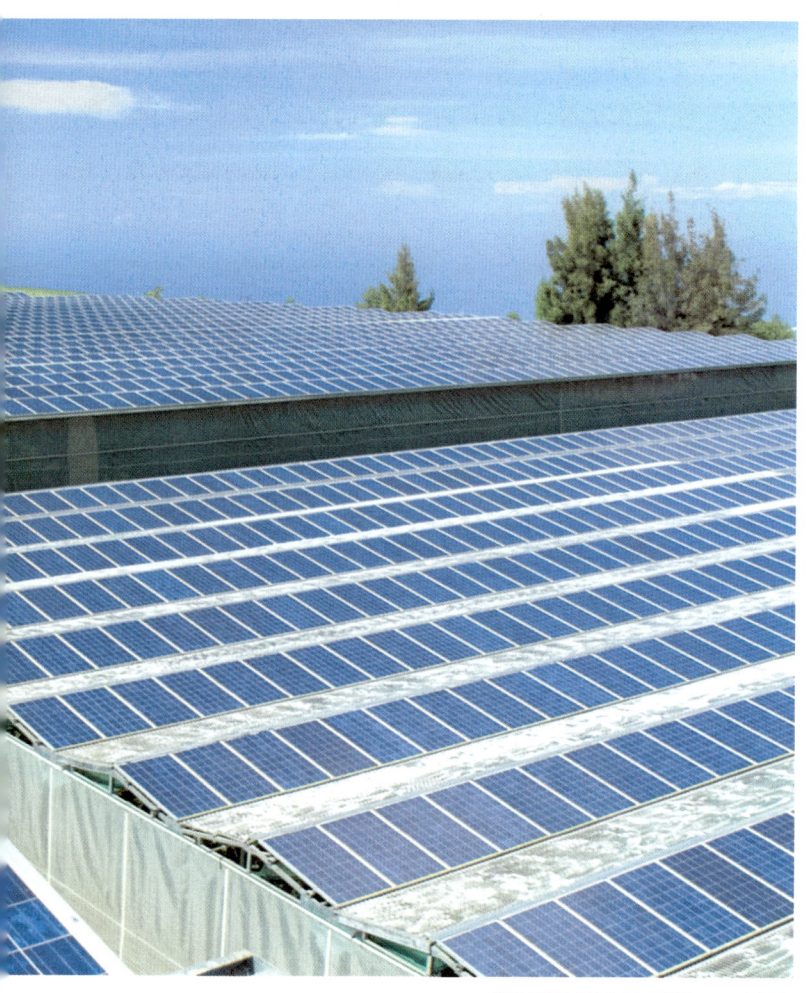

莱唐蓬附近的大棚，供给 515 户家庭

象征性的1欧元,出让土地的使用权,换取20～40年的开发权。"我们让农民们享受到企业的财政能力,"Akuo的创始人、董事长埃里克·斯科特一字一句地说道,"在未来几十年里,我们的关键点有两个:食物和能源。我们要让各地区在这两方面实现自主。而土地成本是主要障碍。但如果在这两个领域之间建立合作,我们就有希望实现目标。"

这个理念前景远大,Akuo正尝试在大多数闲置空间复制这种模式。例如在岛上主要的拘留中心——勒波尔监狱。得益于和省政府及狱政机构的合作伙伴关系,Akuo公司将环绕监禁中心的工业废墟变成了生产和再就业中心。自此,这里出现了上方安置有太阳能电池板的蔬菜大棚,附近还有一片林园、14个蜂巢和一座太阳能发电站。新的空间不仅点缀了囚犯视野中的景色,而且提高了他们的生活质量。他们中有几十个人,经常被请去工作,还能接受实用技术培训,为未来就业做准备:有机蔬菜种植、养蜂、太阳能电池板制作……"能在高墙外跨出新的一步,真是太好了,"帕特里克告诉我们,他入狱3年了,而在过去的20年中,他已经进进出出了好几次,"进监狱之前,我们有家庭,有时还有工作、房子,而大部分情况下,我们一出监狱就什么都没有了。所以有工作非常重要。"目前,培训名额仅被提供给最积极、最有能力再就业的囚犯。帕特里克的儿子也被拘禁了,但他还不能参加培训。从2009年起,他们培训了37名囚犯,其中8名刑满释放后,在自己的领域找到了工作。

未来20年，他们的目标是让240名囚犯再就业。

Akuo也希望利用这块新实验田进行能源储蓄，储蓄在能源过渡中非常关键。于是，9兆瓦的太阳能电池板就和9兆瓦的电池连在了一起。9个装着蓄电池组、长得像小型工地铁皮板房的盒子，环绕着太阳能电池板，让发电站源源不断地给勒波尔市（3.6万人口）提供1/3的电力。在建立之初，它是世界上同类电站中功率最大的一座。正如领导这个项目的安娜·勒莫尼耶解释的那样："很多岛屿的混合能源中，可再生能源的份额已经很大，但大部分时间里，这些能源并不稳定，比如风能和太阳能。在留尼旺，只要可再生能源份额超过30%，法国电力公司就会切断一定数量的发电站，以避免它们影响电网的稳定性。如果我们想超过这个份额，就必须能够储蓄能源。"在大多数情况下，蓄电连接电网，而Akuo的团队进行了一项前所未有的创新实验：直接将发电站和电池连在一起。因此，当云遮住太阳时，储蓄系统就能立即接管并保证能源稳定输出。"为了可再生能源占比达到100%，"安娜继续说，"我们需要50%的稳定能源，以保证能源持续输出，比如生物能、水电、地热或潮汐能，以及50%非持续能源，比如可以储蓄起来的太阳能和风能。"如提耶里·萨洛蒙提到的那样，储蓄方法有好几种。Akuo选择的方法，是靠一般用于电力汽车的锂离子电池实现。"这些电池含有碳、镍、镁和可循环锰电极，以及极少量的锂离子。在此类发电站中，当一组电池的蓄电能力变为初始蓄电能力的80%时，它就被视为寿命终止。然后，它们会被用于其他对于蓄电能力要求较低的领域（比如电力汽车）。最后，电池供应商召回、拆卸并回收利用这些电池。"法国政府注意到了这个理念，准备在法国其他岛屿及法国本土，还有面临同样问题的其他众多热带地区，对其进行推广。

如果我们还能争辩说，冰岛和留尼旺都是人口相对较少的地区，那么我们现在就要改变级别，去丹麦和瑞典，它们分别有560万和1000万人口。这两个斯堪的纳维亚国家，官方都宣称要在2050年达到100%可再生能源的目标。瑞典已经在2013年实现了51%这个份额，丹麦为36%。然而更让人振奋的，是这两个国家的某些城市所定的目标。哥本哈根和马尔默，这两个相距几千米的城市，是我们接下来的目的地，它们希望在2025和2030年达到二氧化碳排放和吸收的完全碳平衡。

飞行时间还剩4小时。我回顾着过去18天的拍摄，想从中找出自己收获了些什么。一切过得太快……我们只能肤浅地了解与我们会面的那些人的生活。然而，离开他们，我却如此悲伤。这些带给我们强烈震撼的经历，仿佛已然超越了时间。从留尼旺回来以后，我们停了一星期，缓了口气，然后我一个人出发前往哥本哈根，团队的其他人将在第二天和我会合。在飞机上，我深深地陷在自己的座椅里，看着周围的人。所有人都看着屏幕。要么是座椅后面镶嵌的屏幕，要么就是自己手中的平板电脑、手机或电脑。巴黎的地铁里，也是同样的景象。飞机里只有成排低着的头、弓着的背、聚精会神地盯着屏幕的眼睛。他们完全忽视自己的邻座。这种对屏幕的渴望，好像没有任何东西能够缓解。屏幕永恒。在屏幕上，我们的眼睛和手指能够无尽地漂移，它们填满我们生活中所有的间隙，抹去了我们去幻想、去观察、去无聊的那些时刻。直到我们疯狂。更多的空间，更多的时间，更多的限制，在互动、知识和聊天的海洋里，机械地度过一个又一个小时。我也得每天面对电子邮件、短信，听金属和玻璃做成的手机上的留言。它们加速了我的时间，让我在各种会面和工作会议之间，无法喘息。它们对于我这样的工作狂来说，无异于移动办公桌：一个永远对繁重工作和各种交流开放的空间。智能电话取代了沉默。屏幕的引力对我而言几乎无法承受。它们召唤着我，将我拉离人群、物体、气味和声音，使我头昏脑涨无法判断，同时又刺激着我的神经系统。在屏幕前，我感觉不到自己的存在，也不再有烦恼。图像让我眼花缭乱，让我思绪万千，却不把我引向明确的方向。我的意识变弱，什么都不想做，除了呆呆看着画面从眼前流过，任由一个又一个网站跳过。我成了符号、想法和模式的储藏间。有时我感觉似乎能把自己的全部生命都投放进这个平行世界，一部部电影、一篇篇文章、一个个视频看个不停。而我真实的存在俨然成了在不同的屏幕沙滩间的一连串过渡。要是在此之外还沉迷于在线游戏，享受经历别样人生的亦真亦幻之感，那我可能会完全迷失。有时，我感觉一天又一天的时间被虚拟世界腐蚀，这让我害怕。于是，我寻找回到具体事物的方法：做饭、园艺、修理东西。在这些抽身出来的敏锐时刻，另一件事也让我恐惧：如果我这么依赖、沉迷于屏幕，那么很有可能其他人也是这样。数据也证实了这一点：法国人花在智能手机、平板电脑、电脑和电视上的娱乐时间，平均为每天 3 小时 50 分钟（随着智能手机的普及，我觉得这个数据被低估了），而花在这些东西上的工作时间更是多出好几个小时。几年前，我做了一项计算：一个人每天用屏幕工作 7 小时、娱乐约 4 小时，那么他生命中将有 20 多年的时光是在这片薄薄的反光玻璃前度过的。再加上每晚睡 8 小时，他将有 25 年在睡觉中度过。也就是在 45 年里，他要么在屏幕前，要么就在床上。留给他做其他所有事情的时间不到 40 年：购物、洗衣、吸尘器清洁、做饭、乘坐交通工具、缴费、把车送修……那么还有多少时间用来幻想、在大自然里行走、读诗、感受风、欢爱、创造、体验不寻常的关系呢？我们注意力和精力的很大一部分，不正在从政治、教育和生态这些重要问题中转移，以便在多彩又娱乐的屏幕世界里自我安慰吗？我们不该有所思考吗？

（三）哥本哈根：首个二氧化碳排放达到碳平衡的首都

哥本哈根整个郡的人口为 200 万（市区内 57 万），哥本哈根市政府投资了近10亿欧元用于安装100座风力发电机,并在供暖、空调和能源生产系统中,尽全力抹除石油和煤炭的踪迹。为了让民众接受风力发电机,也为了消除他们"不要建在我家附近"[12]的心理,市政府采取了非常具有丹麦风格的做法:合作风力发电园。

20世纪80年代末,一个公民小团体决定向大众宣传生产可再生能源的必要性。他们组织了很多公共集会,并向国有企业DONG Energy公司靠近。1996年,合作风力发电园项目"米德尔格伦登"在哥本哈根海域启动。2000年,风力发电园正式问世,里面共有20座风力发电机,其中10座为8700位个人所共有,另外10座为DONG Energy所有。当时,它是世界上最大的近海风力发电园,生产哥本哈根市4%的电力。汉斯·索兰斯是那个小团体的一员,如今他是这个发电园的主管。"如果我们想让大众接受风力发电机,那么市民就需要从一开始便加入到这个项目中来,并且要对电力生产带来的利润感兴趣。利益和管理都应留在本地。"事实上,合作社成员投资购买风力发电机后,每年他们获得的利率为6%～7%。这个利率要高于法国的定期存款利率。此后,政府明令要求每一个在丹麦发展的新项目都要包含至少20%的当地公民股份。这对于企业家和当局来说,无疑是项目成功的保证;而对于居民来说,则是民主的保证。到2025年,随着100台新涡轮机的加入,风力发电将生产哥本哈根市几乎全部的电力。很快,电力也将可以转化为甲烷、通过电力汽车电池储存，因为在大风天，丹麦能够生产出大于自己消耗量的能源，例如2015年7月，由风力发电园供给的能源达到了该国总需求的140%[13]。多余的能源被出口至德国、瑞典和挪威，这些国家目前有能力通过水电系统储存能源。而当风力变小，丹麦电力供不应求的时候，它可以从挪威进口水电。汉斯认为，依靠各个国家拥有的可再生能源的多样性进行地区间合作，是通向未来的一把钥匙。

同时，市政府向能源企业施压，让它们把煤炭或燃料工厂转型为"绿色"工厂。正如"哥本哈根2025计划"统筹员约恩·阿比德加所说，"我们已经决定向可再生能源过渡，因此企业别无选择，只能听我们的。大部分企业用生物能代替煤炭。哥本哈根市最大的工厂之一已经彻底完成转型。第二间工厂会在四五年以后完成。"约恩所说的"大工厂"并不是浪得虚名。我们去了阿维道尔工厂，它就在米德尔格伦登园区对面。我们被工厂的各项数据深深震撼。通过燃烧从欧洲邻国进口的林业废料和当地农民在收割之后送来的废旧木托盘和稻草，工厂为130万户家庭供电，为2万户家庭供暖。这座工厂是世界上最高效的工厂之一：94%回收来的废料被转化成能源。而在世界范围内，该转化率普遍为50%左右。

更广泛地来说，哥本哈根市的整个供暖系统正在逐步转型，以摆脱化石能源。短期内，混合使用生物能和不含塑料的废料燃烧的能量，已经能将化石能源在供暖系统的使用比例降低到

米德尔格伦合作风力发电园

58%。中长期内，地热会取代煤炭和燃油。然而，如提耶里·萨洛蒙强调的那样，节能也是必不可少的，尤其在这种极其耗能的领域。在像丹麦这样寒冷的国家，供暖耗能十分可观。

主管生态和城市规划的副市长莫滕·卡贝尔认为，能源转型需要投入巨资，这是必不可少的。"我们升级了哥本哈根许多建筑物的隔热水平，建立了集体供暖系统。作为本市居民，我觉得成果就是少交了不少暖气费。我在市中心有一套 100 平方米的公寓，每个月只交 60 欧元暖气费[14]。上个月新来的德国同事根本就不相信。我告诉他，市政的这笔开销也许算大，但钱会回来的！成本与利润关系的分析显示，我们将获得很大的益处。"总之，为了达到哥本哈根制定的目标，这一步在所难免：丹麦 40% 的温室效应气体排放源于建筑物。另一方面，很多生态街区已经建成（例如在旧港），或正在建设中。建筑物的方方面面都被设计得尽可能环保：最大化隔热、植物屋顶、太阳能电池板、垃圾处理……

温室气体排放的另一主要来源是交通，针对交通，哥本哈根也制定了一项计划。市内 43 公里的自行车专用道、自行车高速公路、非机动车辆桥已经让哥本哈根成为自行车使用者的天堂。为"智能城市"项目工作的艾尔莎·克洛潘伯格向我们解释说，每 5 个人中，有 4 人家里拥有一辆自行车（只有 1 人拥有汽车），41% 的市民每天使用自行车出行，几乎就是一半的哥本哈根人。这些数据让我们这些巴黎人不禁陷入思考……不管是上班、购物、送孩子上学,还是下雨、刮风或下雪,任何事似乎都阻止不了哥本哈根人使用自行车。车头装有储物箱的货运自行车可以运送大体积物件,而用篷布遮盖的小拖车能把买来的物品送回家,带座舱的自行车或双人自行车则可以让使用者带小孩出行(小孩满 6 岁后就能使用自己的自行车了)。我们问艾尔莎,自行车的使用会不会受糟糕天气的影响,她忍不住咯咯笑起来。所有市民的包里都装着雨衣、雨裤,以备暴雨时穿戴,如果天气冷,"我们就穿上大衣!"她带着几分玩笑的口气告诉我们。几年来,每逢大雪,市政府都会首先清理自行车道,网上的照片证实了这一点,自行车从未受阻滞……艾尔莎以及所有和我们谈论这个话题的人,都认为这是再正常不过的事情。在大多数情况下,自行车是最快的(不会堵在路上,也不用浪费几个小时去停车……)骑自行车有益健康,成本低,也更得心应手。市政府的经济调查也证实了这些个人猜想:得益于自行车,每年医疗费用节省了 2.3 亿欧元;和行驶相同路程的汽车相比,自行车使用者行驶的每一千米能给集体带来 16 欧分的净社会盈利。而在行驶时间方面,不同国家不同城市完成的调查证明,在少于 5 公里的路程内,自行车的平均速度和汽车一样甚至更快[15]。

从更大范围来说,哥本哈根市建立了互相联结的"绿色"交通网。火车、地铁、公交车、船和自行车一同运转,让市民能够在 80 公里半径的区域内不依靠汽车,自由出行。我们和艾

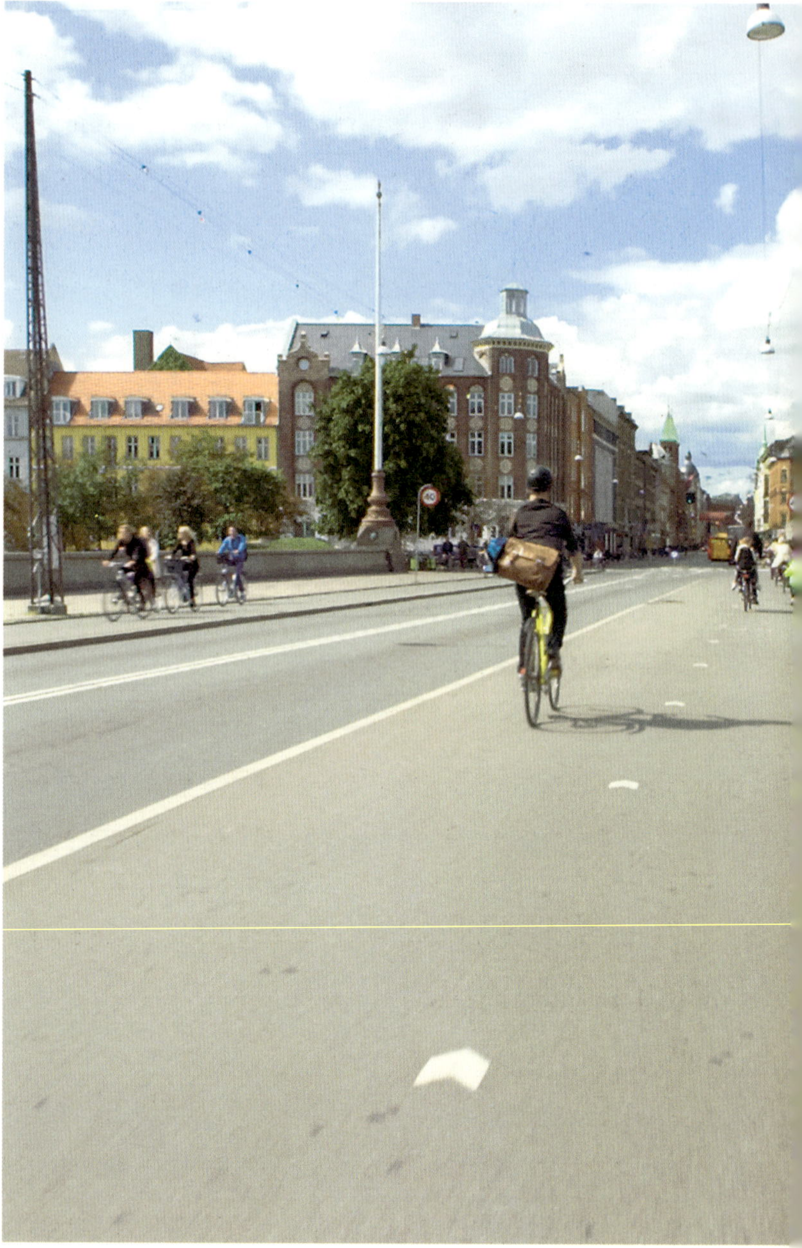

艾尔莎在路易斯王后桥的自行车专用道上

尔莎一起测试时，明白了自行车是联结不同机动交通工具的基本元素。为了方便自行车在火车站上下楼梯以及在港口进入水上巴士，人们修了轨道或坡道。在火车里，有专门放置自行车的车厢；在地铁里，有自行车专用空间。去市区沙滩，只须把自行车放入地铁，然后坐七八站，再骑5分钟自行车……"这个系统，可以让我们稍稍拉大车站间的距离，也使我们避免了过于繁重、过于昂贵的基础设施建设。我们就是这样优化每一种交通工具的。"艾尔莎告诉我们。结果是：汽车只负担市内33%的行程。但市政府想走得更远，想在2025年把这个数据降到25%。市政府会以直截了当的方式达标，正如莫尔滕告诉我们的那样："当然，我们这儿也有很多财团，说我们摆脱不了汽车。然而我们可以，而且我们正在摆脱。因为我们必须这么做。这不仅是为了生态，也是为了解决交通堵塞。在哥本哈根，如果所有人都选择乘坐汽车出行，那么我们根本就不能保持通行。"市政府做过一项计算，在同样的时间和空间内，一辆小汽车只能载运1个人，而公交车能载运4~5个人，自行车能载运6个人。时至今日，在大哥本哈根区，每天浪费在交通堵塞中的时间仍有19万个小时。如果没有现今的体系，这个数字还会更大。尽管小汽车仍将占据25%的行程，市政府的目标是替换它们的燃料。

哥本哈根市已经拥有40多辆电力汽车和15辆氢动力汽车，它们的表现证明了这些技术非常有效。市政府鼓励汽车制造商让这些科技不仅能为大众所用，而且更为廉价。同时，市政府建造了电力汽车站网，虽然还在雏形期，却已能保证使用者在全国出行。对于约恩，此事必须登上"总日程表"，它涉及所有参与者："这些措施的费用非常昂贵，我们无法独立承担。因此我们制定了一项投资计划，以动员企业家、投资人和个体。哥本哈根市每投资1欧元，就会发动100欧元的私人投资。"当我们问到他们如何成功引资的时候，约恩给出的答案可能会让环保主义者震惊："我们创建了一些良好的、有吸引力的经济模式，给他们讲了些好的商业故事。在处理环境问题的时候，我们一定要证明自己有出色的商业计划，因为财务部、银行和投资人最终关心的，是商业计划。我们做了大量工作，来证明我们的模式非常稳固，而它们也确实是这样。为此，我们动员了国家最优秀的智囊团，和大学、商校建立了伙伴关系……"结果就是：根据美国的一项调查，面对气候变化，哥本哈根市是世界上韧性第一的城市[16]。

莫滕认为，哥本哈根气候峰会谈判失败加速了哥本哈根市的转变："2009年的气候与环境峰会是一场真正的灾难。从中可以看出，政治领袖没有权力，因为他们没有意愿。他们不是真的想改变社会。在我看来，政治勇气和合作是首要问题。在哥本哈根，我们想朝着这个方向前进，居民推动着我们。很多最近的变化，比如从汽车过渡到自行车，都来自居民，而不是市政府。他们开展游行，和我们对话，他们自己引领了一些项目，而我们跟随了他们的脚步。就其他一些情形而言，是我们推动了这场运动。我们不能什么都依靠政治人物，如果想要改变，就要一起行动。"正如和我们会面的其他参与者一样，他也认为，以市或大区为单位进行过渡，是非常有可行性的。"在很多地方，国家政府对气候变化无所作为，但城市却积极行动。比如在美国或加拿大，尤其如此。我觉得城市就是世界的新领导者：国家做得失败的地方应该由它们接手。我们没有选择。别人问我：只是为了达到碳平衡，你们怎么就舍得做那么多的投资呢？而我回答：你们怎么能容忍自己什么都不做呢？看看我们周围的世界，没有其他办法了……"

（四）马尔默：未来的生态街区

哥本哈根的邻市，瑞典的马尔默也发生了同样的变化。马尔默就在连接两座城市的大桥另一端。我们去了生态街区波依，这里是世界各地建筑师、政治人物和环保主义者参观得最多的一处地方。2001年，市政府决定在西港的旧工业废地修建数千民居，以证明在节约自然资源和能源的情况下，人们也能舒适地生活。在市政府的设想里，目标是通过可再生能源，实现100%能源自主。1000幢第一期楼房在2001年建成，其能源消耗量为每年每平方米100千瓦，也就是瑞典楼房平均水平的60%。最近一期楼房（因为街区在不断扩建）的消耗量仅仅为

50千瓦。楼顶被植物覆盖，并安装了太阳能热水器。电力由一台足够为1000套公寓供电的风力发电机提供，供暖由集中式系统保证，这个系统还可以吸取地下90米处的钙石中蕴藏的常温水。楼房一部分为集体楼房，另一部分为独栋楼房，但每一座楼都别具风格。与很多现代街区截然相反，我们在波依街区还发现了一些小街小巷。在生态街区工作了近15年的市宣传主任丹尼尔·斯克格告诉我们："建筑师卡拉斯·当从欧洲中世纪老城吸取了灵感。他想知道为什么这些老城如此舒适，并发展出了自己的理论。在小街小巷交织成的网中，我们永远不知道自己会遇见谁，不知道老朋友会不会出现在街角。于是，城市里就有了很多不期而遇。他想创造同样的感觉。"马尔默的城市设计也以多样性和功能性为重。所有细节都必须考虑到，以便于人们摆脱汽车。步行15分钟、骑自行车5分钟就能到市中心（街区拥有长达8千米的自行车道），还有依靠生物气体运行的公交车，每10分钟发车一次，驶向市中心。楼房里的商铺：咖啡馆、餐厅、健身房、理发厅和小绿色产品超市，在我们见过的最漂亮的商铺之列。街区外围有几处停车场，里面有太阳能电池板供能的汽车充电桩。

在建筑物周围，有许多绿化带，还有积蓄雨水的沟渠。"在明日之城，感受四季，欣赏树木和水流，是必不可少的，"丹尼尔继续说，"瑞士医院的研究表明，病人如果能接触大自然，就会痊愈得更快。"

在楼房里安装的智能水电表，随时告知居民他们的水电消耗，并为他们提供减少耗能的方法。水龙头、冲水器上安装的节水器和节省电力消耗的插座，都能帮助居民减少耗能。所有垃圾都被收集起来，分成可回收垃圾和可以生产生物气体的食物垃圾。

建筑师科德·斯耶和玛丽亚·拉尔松在这个街区居住 11 年了。他们在这儿建了 3 幢楼房，包括他们目前居住的这幢。科德凭此获得了瑞典建筑公司的卡斯帕·萨琳奖，这是瑞典国内最权威的奖项之一。"着手这项工程的时候，我们正好 30 岁，基本上是入住郊区别墅的年龄。但我们的想法是，把我们的私宅放到市区。"目前，这对夫妻和他们还很小的女儿住在一幢 5 层楼房最顶层的一套公寓里。我们坐着小电梯直接到了他们家。水泥地板打过蜡，环形大玻璃窗面朝大海。极简主义的装修风格加强了人对空间的感受。在阳台上，一截纽约式楼梯把我们带到楼顶花园。我们在那里拍摄了整个西港开阔的全景。"我们在这儿比在独栋住宅耗能更少，更容易以可持续的方式生活。我们没有汽车，有需要的时候，我们和其他居民共享一辆车。我们经常坐火车，也可以把自行车带到火车上。骑自行车让我们更了解距离的概念，而且还能保持身形！"为了向我们证明他刚才所言，科德拿出了他的可折叠自行车，猛然把车打开，然后在公寓里转圈。接着，他把自行车塞进电梯，让我们跟着他出去。我们一直走到了街区第二期，那里住着尼古拉、欧娃和他们的两个孩子。

二期楼房脚下的海岸显得有些灰暗，这里的楼房也没有波依中心的楼房漂亮。街区第二期的建筑比较统一，楼房的风格有点像法国现代城市的风格。但这些楼房较为便宜，市政府希望它们能带来更多的社会群体的混合。科德解释说，一半的居民为业主，另一半为房客。一套65平方米的公寓，月租在900欧元左右。不是天价，但也不是人人都住得起。在瑞典算中上水平。在这些方块楼房中间，欧娃和尼古拉的那栋小房子格外引人注目。不仅是因为它本身矮一些，还因为它旁边有一座透明塔，里面填满了暗色管道，塔顶还有一台小型风力发电机。科德把它叫作"教学塔"。"我们没有把能源藏起来，反而在墙里、楼顶和水电表上展示着能源。这是一种使能源变得更真实的方式，好引起居民注意……"这里的电力由风力发电机和楼顶的几个太阳能电池板供应，暖气由之前提到的集中式系统供给，植物废料（来自我们后面会提到的小花园以及食物垃圾）会被丢进生产生物气体的搅拌机里。楼房拐角处有一支蓝色的小喷枪，用来给汽车充电。在未来，可能还能给电动自行车充电。总之，这是科德的梦想。车库的门后，一辆电力汽车停放得当，连接着墙上的插头。墙内还安置了其他蓄电设备（除去汽车的之外），用来存储由太阳能电池板和小涡轮机产生的多余能源。尼古拉告诉我们，他长久以来的梦想（鉴于法国多家杂志和多个节目关于这个问题的报道，他不是唯一赞同这个观点的人），

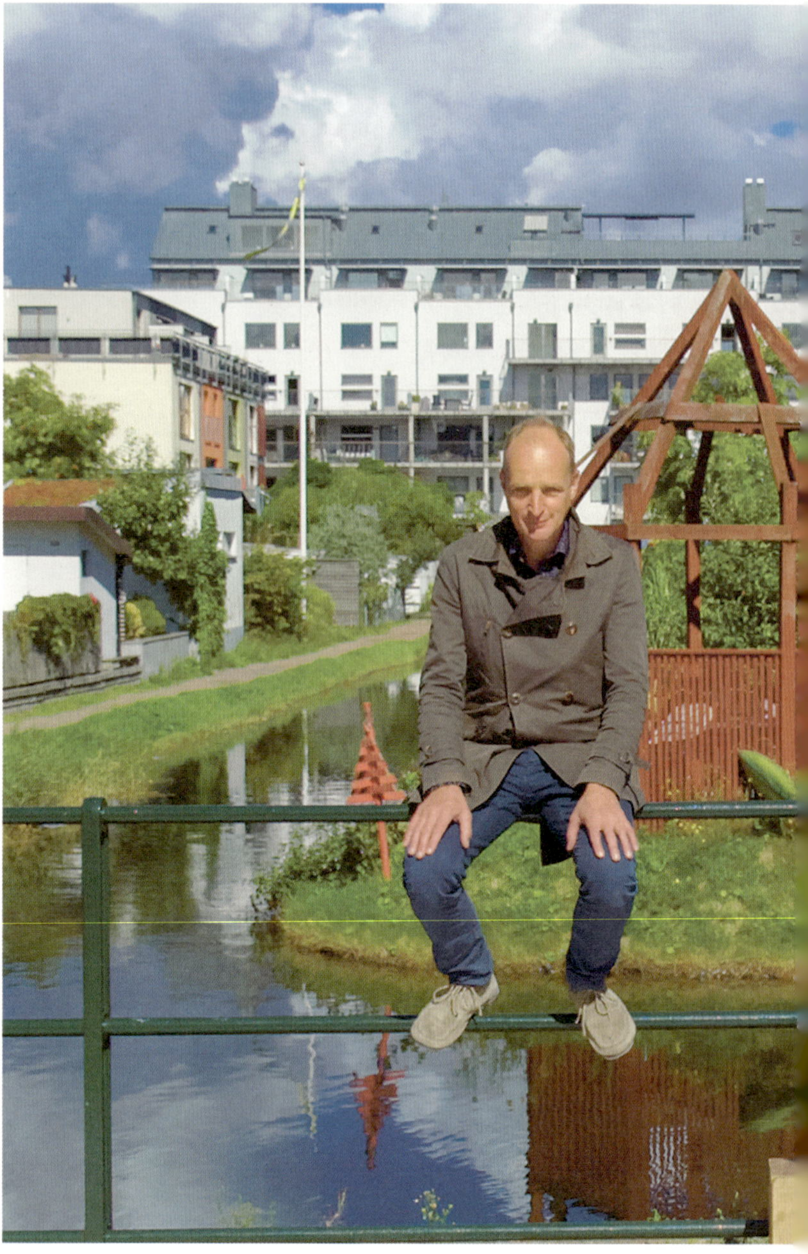

波依街区内，建筑师科德和他的可折叠自行车

就是建造自己的房子，并且让它100%能源自主。为此，他迫不及待地向我们全面介绍了业主的生活："当我们谈到生态生活模式的时候，总是会联想到温度在15度左右的潮湿洞穴，在里面永远别想脱掉羊毛衫。我可不信。这儿有隔热（隔冷）效果比墙壁还要好的巨大落地窗，有靠太阳能热水器加热的游泳池，我们一年中有一半时间能在里面游泳，还有保持恒温的温度调节机，让我们将能耗降至最小值……"欧娃和他是同一个思路："为什么我们明明有其他方式，却还要浪费能源呢？我们很多朋友有了孩子后都搬到了郊区，但我感觉自己没有准备好。在这里，我们亲近海洋，绿茵遍地，可以步行去市中心……我们想要的都有了，而且是可持续的。"当我们问科德，对于生态建筑师来说，尼古拉家修建游泳池是否合理，他完全没有感到一丝不快，而是告诉了我们他的想法：建筑师就是要想尽办法让人们在家里住得足够舒畅，不再飞到世界另一端去度假。虽然这并不适用于所有人，但值得一试！

在哥本哈根和马尔默的旅行中，我想起了自己认识的所有环保主义者，比如我的朋友伊万[17]，还有皮埃尔·拉比。皮埃尔认为（大）城市就是一种异端邪说，一只八爪鱼，一头妖怪，它无休止地生产人工风景，吸收劳动力和资源（让农村变得人烟稀少），使人类彼此间变得冷漠，没有特征，贪恋娱乐，越来越和大自然疏远，不再了解我们赖以生存的大自然。我听见他们的声音，预想他们看了我的纪录片后的评论。他们也证明了，我们能建造出能源自主的轻型住宅，更贴近地面、树木和农田的住宅。例如黄杨村[18]的22栋房子，它们的框架为当地木材所搭建，砖是用当地的泥土和稻草做成的，在冬天不开暖气的情况下，室内温度也不会低于16度（虽然阿尔代什省塞文山脉的冬季非常寒冷）。用周围森林里的木头燃起火炉，能在冬天供给额外的热量。太阳能电池板提供电力。菜圃里产出的蔬菜供24位居民食用，一位农民面包师做面包，一所学校陪护孩子……皮埃尔和伊万认为，这样的社会结构要比大都市坚韧得多，大都市依赖稠密而又复杂的网络，依赖通过货车进行的日常食物供应。生态村庄这样的社会结构才是更适合抵御未来危机的方法，而且它们的生态足迹十分微小。建筑物完全由自然材料建成，这些材料从群落生境中借取，也能在不留下破坏痕迹的情况下，回到群落生境中。在哥本哈根，我们有幸和建筑师、城市规划师扬·盖尔一起讨论这些话题（和其他很多话题），他是如今被称作"哥本哈根化"（把城市还给行人和自行车）的城市之父。他是《人民的城市》[①]的作者，法语版翻译成《人性层面的城市》[19]，而盖尔对这个译名表示无法信服。他的成就不止这些，我们还能列出其他事迹，例如让时代广场的一部分成为步行街，让莫斯科的一个街区全部步行街化，哥本哈根的城市化灵感也来源于他。和所有持重的优秀建筑师一样，他只穿黑色。在拍

---

① 中文版译为《人性化的城市》，中国建筑工业出版社，2010年。

摄影像的前一天，他特意去理发店理了发，让自己看起来"更帅"。他目光狡黠，有着智者的幽默。我们在运河的小桥上一起度过了美好的时光。这条运河刚刚被整治、去污，以便接纳居民。如今，人们可以在河里游泳、划船，可以在河岸野餐、骑自行车、玩滑板……简而言之，生活就在这里。

（五）与扬·盖尔的会面

席里尔：在生态环境运动中，有一个流派认为，我们可能不应该住在城市，城市无法可持续发展，我们也许要回到土地，回到乡村……对此您有什么看法？

扬：我个人认为，我们没得选。世界人口增长得非常迅速。我们已经有 70 亿人，很快就会达到 90 亿。想让所有人有房可住，最理智、最省钱、最具持续性的办法，就是住在经过精心设计的城市里，而不是分散于乡村或郊区。但我们应该让它们好过那些保持 20 世纪模式的恶劣城市。

席里尔：但我们不是应该限制居民人数吗？当 2000 万人挤在同一个城市……

扬：有时甚至是 3000 万……

席里尔：……这会产生很严重的问题，比如食物供应、污染、与大自然脱节，以及单一化的问题……

扬：是的，我们能在中国、印度和巴西这样的一些国家看到这些问题，以上国家的城市扩张迅速。我认为，关键在于细分。我们有必要建立自立自主的社区，居民在其中能找到他们需要的所有服务，能参加文化活动、接受教育和医疗，在大部分时间里，他们在社区内出行只需要步行或骑自行车，社区内的暖气与水电消耗都更加合理，而不是独立供暖，还能共享所有设备（汽车、物件、家用电器等）。在这些社区，我们要重新引入大自然和农业，以及集会、交流和休息的空间。

席里尔：追根究底，我们为什么要住在城市？不仅仅是合理性的问题吧？

扬：人类聚集在一起并建造了城市，是为了能够充分地见面，并一起发展文化。在文明的发展过程中，城市扮演了重要角色，而我认为这将继续。城市是一个沸腾的、思想交锋的地方，也是接纳差异的地方。

当然，如今我们可以通过数字技术，在不见面的情况下进行交流。但是包含在见面中的各种肢体和人际关系的可能性，在社会发展中起着基础作用。间接交流永远也代替不了面对面的话语交流。

席里尔：您认为，应该把城市还给人民，就像你的书的标题一样？

扬：完全正确。在20世纪下半叶，出现了两个重要的运动，它们毁坏了城市的内部生活。首先，是大量汽车进入城市，填满了所有空间，把居民逼退到人行道上。其次，是大规模的建筑现代化和城市现代化，我们依照美国模式，在郊区修建了数不胜数的独幢楼房，而没有去修路和广场。所有的工程都是为汽车而建造。20年来，一个反对运动正在兴起，准备重夺城市。我们修建城市的目的，不是让汽车和城市规划师幸福，城市需要让它的居民幸福生活，我们必须为此而努力。

席里尔：用什么方法呢？

扬：首先，把公共空间还给居民。我的工作室已经做过很多这方面的工作，比如在澳大利亚、新西兰，还有莫斯科、伦敦、马尔默……所有想要变得更有吸引力、更宜居、更持续的城市……多年来，我们和哥本哈根大学进行了多项研究，制定了最优战略。现在我们正在传播这些战略。我们把纽约时代广场的一部分变成了步行街。它就在百老汇附近。交通被切断的那一天，时代广场上到处是人！现在纽约大概有50个从汽车手里夺走并还给居民的广场。这些广场非常受欢迎，因为在现代社会，我们需要集会见面的地点。

席里尔：作为城市规划师和建筑师，你怎么设计一座人民的城市?

扬：我要向你揭露一件事。通过最近50年的研究，我们发现，如果我们修更多的路，就会有更多的交通。很难以置信吧？然而如果我们修更多的自行车道和自行车基础设施（自行车停车库、自行车上下楼专用轨道、火车里的自行车专区……），10年以后我们就会有更多的自行车使用者。同时，如果还能整治道路、广场、运河河岸，在这些地方引入公共生活，人们就会像纽约人一样，重新适应道路。在城市整治中，我们面临以下选择：要在路上看到更多的车还是更多的人？

席里尔：你揭露的事，确实很惊人！（笑）

扬：我还没说完！我们开始意识到现代城市规划对健康非常不利。每天坐在电脑、电视前或者车里，会导致很多病症。因此，就连大型健康组织都建议，城市的规划应当尽量鼓励人们步行或骑自行车。

席里尔：当然，走路或骑车比交医疗费要划算得多……

扬：对于一个城市来说，没有比建造基础设施，用以鼓励行人和自行车使用者更划算的项目了。地铁、有轨电车、公交车和汽车的基础设施成本非常昂贵。自行车和行人越多，成本就越低廉。

另外，我们知道，这对于社会的包容性来说，也很重要。

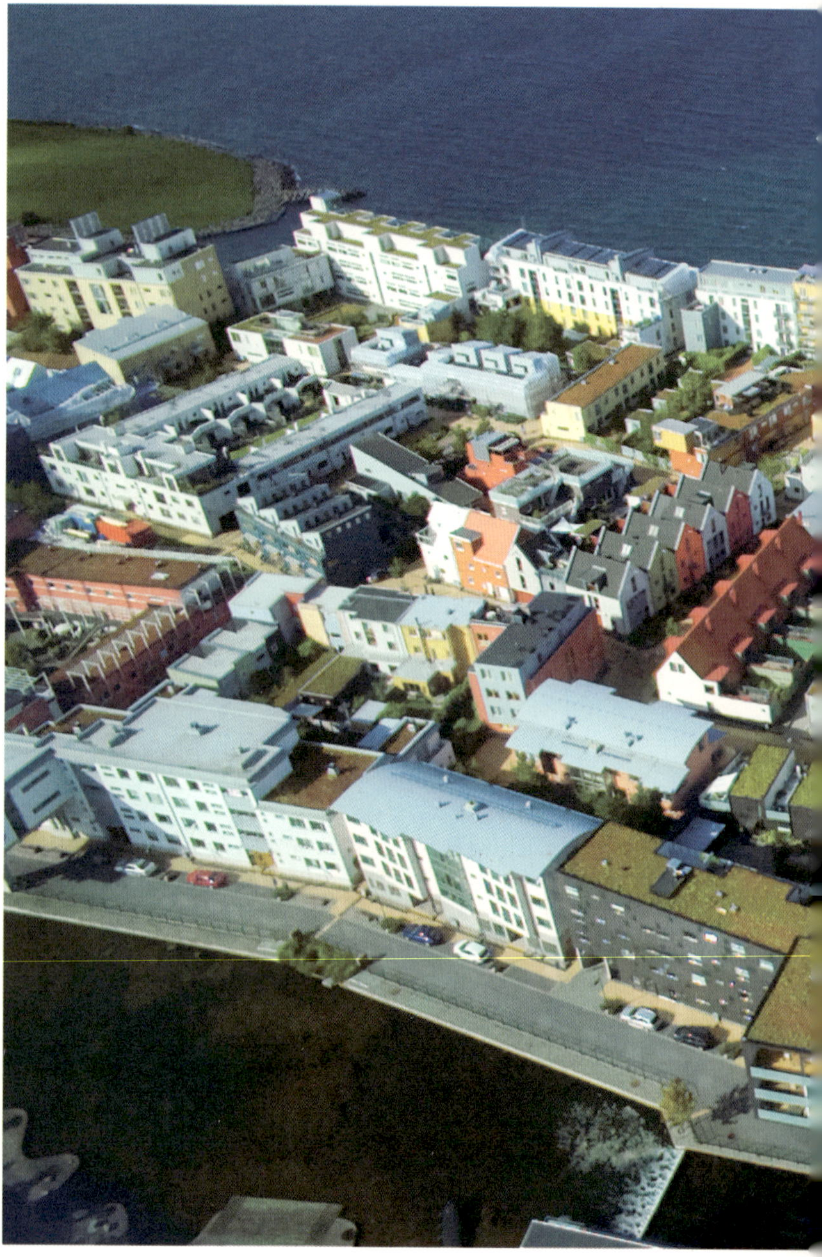

波依的一部分，房子的风格各有千秋

在这样的城市，我们会感到安全，可以相识、结伴，而不是待在自己家里，害怕他人。在家里看电视电影、煲电话粥是不够的。在城市里，我们可以接触多样性，利用我们的感官，更贴近万物，彼此学习。

这些整治带来的间接利益非常可观。城市会更加有生机、更持续、更安全、更健康……所以，我们在等什么呢？

席里尔：哥本哈根是不是把城市还给居民的好例子呢？

扬：当然是。值得称赞的是，这个趋势开始得很早。从1962年起，哥本哈根就开始把汽车赶出主要街道。当时所有人都说，这肯定行不通，我们又不是意大利人，说我们永远也不会对公共空间投资。然而，哥本哈根坚持下来了，第二年我们就变成了在咖啡厅露台上晒太阳、在步行道上闲逛的意大利人。很快，我们也想把其他街道变成步行街，渐渐地，哥本哈根转变了。越来越多的居民意识到，这变化给他们带来了高质量的生活，我们更爱自己的城市了。交通、噪音、气体……一切都适宜有度。

席里尔：你觉得这能在全世界、在所有文化里运作吗？

扬：我认为，一种文化越不发达，就越需要照顾城市居民，制定便利穷人出行的政策。短期内，穷人买不起车，但他们可以有和火车站联通的良好的公共交通、良好的人行道和自行车道……

席里尔：在像中国这样的汽车数量飙升的国家，应该怎么办？

扬：中国也发生了一些有意思的事情。近几十年，随着经济增长，上海和北京曾试图禁止自行车在市区行驶，认为它们阻止了进步，与此同时，汽车大量涌入城市，产生的结果，大家心知肚明。但如今，趋势反过来了，自行车重回潮流。我的公司参与了上海市中心的重新规划，市政府希望在市中心修建秀美的公共区域、小而窄的街道和自行车道……

席里尔：是我们看待进步的方式变了吗？

扬：昨天，进步就是汽车、高楼大厦。今天，我们更多考虑的是幸福、健康……质量代替了数量。一旦即时需求被满足，人们就会开始自问什么才是"美好生活"。当我们再看看迈阿密和洛杉矶的城市旧模式，那种充斥着汽车交通的模式，我们可以试着自问："这真的是人类可以做出的最好的东西吗？"

席里尔：在城市居民幸福指数榜上，哥本哈根和温哥华名列前茅，你的战略好像已经成功了……

扬：是的，这50年来，我起床的时候都觉得，城市每天都在变得更好，我的孩子们将生活在比我所了解的城市更美好的地方，这样的感觉很棒。有那么多城市，情况却正好相反。

席里尔：所以，你付出了这么多心血，是为了你的孩子们和住在这里的人们的未来？

扬：当然。我是建筑师。对我来说，建筑存在的目的就是改善世界。先是我们塑造了楼房、城市，然后它们再塑造我们。我们建造的东西影响着人们的日常生活，这是很大的责任。看看我们在20世纪60、70和80年代的郊区造出来的水泥堆引起的后果。如果建造出一些像美国很多地方一样的城市，人们根本摆脱不了汽车，那么所有人都会使用汽车，这是不可避免的。如果城市里满是汽车、噪音和污染，人们就会更烦躁。反之，如果在街角修建歌剧院，那么就会有更多的人去听歌剧；如果建公园，那所有人就会跑到公园里去，其他情况也是一样。我们要自问，我们想要子孙们在什么样的环境里成长……

现在是凌晨1点，我结束了一天繁重的拍摄工作，刚刚吃完迟来的晚饭。我们又一次没能经受住诱惑（至少是我们中的某些人），一边喝啤酒，一边谈天说地，而明早我们将为此付出代价。我回到自己的标间，里面有我的标准床位，我把自己的标准门卡插进墙上的小缝里取电，一瞬间，电从六七个源头喷射而出：天花板上、床头柜上、浴室里、小书桌上……我栽倒在床，把鞋子踢到角落，打开电脑查看信息。2014年4月，当发现众筹进展良好，而且很多国家的拍摄期是2014年夏天的时候，我们几乎是头脑一热，就决定出发。我们想在2015年年底，也就是巴黎世界气候峰会COP21的时候发布纪录片。况且，11月份的农业，也不是很适合拍摄……在整个拍摄过程中，我每天晚上花很多时间来为下一段旅程做准备：确认地点、准备会面、制定路线、和当地的联络人确定日程安排……同时，我也在"脸书"上传自己当天拍摄的片场照片，以便资助者们了解行程。那天晚上，在浏览信息的时候，我看到《卫报》2008年发表的一篇詹姆斯·拉伍洛克的文章（他是生态学的权威之一，气候变暖的预言者，盖亚理论之父，该理论把地球看作有生命的生物体，有着和我们一样的免疫系统）。一位在旧金山的朋友转发了这篇文章。

我最初只是泛泛而读，接着便被深深吸引。老狮子（如今96岁，发表这篇文章的时候90岁）没了信心，放弃了竞赛。按照他的说法，我们早就无可救药地超过了气候变暖的临界点。如今大势已去，做什么都于事无补。2020年，极端气候现象将会变得很普遍。2040年，欧洲气候将会一团糟。英国的一部分会被海水淹没，而欧洲南部情况将更恶劣。我们将接收数百万气候难民。装风力发电机没有任何用处，我们需要为生存做准备。这和我们刚刚经历的一天有着天壤之别。那么多男男女女兢兢业业地工作，想要改变这个星球的未来，可能根本就没有去想他们的努力会不会白费。当然，拉伍洛克并非圣贤。他甚至说过一些蠢话（在我看来），他为核能辩护，认为它是及时制止气候变暖的必要元素。不过，鉴于他在20世纪70年代的那些预言大部分都已成为现实，我们不禁相信他所说的，赞成他说的某些要点。尽管怀着诚挚之心,我们还是成了自己舒适生活和无意识行为的囚犯。我甚至能在所谓的"最积极"的环保人士身上看到这一点:非政府生态组织主席去新西兰潜水或钓鱼;人们眼中的那些热衷于环保事业的斗士,经常吃美味的牛排(或者一个大汉堡,比如在我成为完全的素食主义者之前,我们就多次在拍摄过程中吃汉堡);很多朋友在最新版苹果手机发布之后,就马上买了,然后跑来道歉(因为他们觉得,你是环保人士,向你道歉会显得有礼貌);我自己也经常一边买李维斯牛仔裤或苹果电脑,一边批判帝国主义跨国企业,还给自己找借口买一些在世界另一端生产的没用衣服。在骑自行车就很方便的情况下,我还是会开车去跑那几公里。这个世界上的一切都太简单、太具诱惑力。浮华让我们迷失自我。几年前,我非常喜欢贝赫唐·梅厄斯特的一本书《逆喻政治》[20],书中得出了同样的结论:我们可能永远都无法逾越的主要障碍,就是舒适生活的压力。今晚,我决定关上电脑,在这个毫无生气的房间里,躺在那张确实非常舒服的双人床上,重新思考一番。直到晨曦初现,天空好似被我们的下一个主角照亮。

(六) 没有垃圾的城市:旧金山的史诗

旧金山是我们团队大部分成员儿时的梦想之地。来到这里,他们便细数、重温起自己心目中的那些"神话"：《迷魂记》《警网铁金刚》和《上海小姐》等电影巨作，"城市之光"书店的"垮掉的一代"作家团体，科波拉大厦，卡斯特罗区和哈维·米尔克的社会运动，"斯莱和斯通一家"乐队以及"杰斐逊飞机"乐队的音乐……

但如今，旧金山却因另一件事而闻名。在几年间，它成为全球"零垃圾"处理技术最尖端的城市之一。此项目的市政统筹员朱莉·布里昂认为，"零垃圾"处理的目的在于减少、再利用或回收整个城市产生的垃圾。在每天有1000万吨垃圾被丢弃的世界里[21]，这样的举措所具有的基础作用可想而知。垃圾场、河流、森林、海洋，到处都充斥着西方社会的废弃物。在非洲，一些城市在全市范围内回收我们不用的旧电脑、电视、汽车，它们污染了水源和土地，让儿童中毒……同时，我们生产的1/3的食物被丢进了垃圾桶，不仅不为有需要的人充饥，反而在不经过燃烧的情况下，填塞垃圾场……为了解决这一问题，旧金山实施了世界上最具野心的举措。其目标是到2020年，100%的垃圾都能被降解或回收。2014年，大旧金山地区已经达到80%这个卓越的成就，其中包括生活垃圾、公共工程和企业垃圾。[22]

策略显而易见：让垃圾回收变得简单而必要。3种垃圾桶的安置，让垃圾回收变得简单：绿色用于可降解垃圾，蓝色用于可回收垃圾，黑色用于所有垃圾。旧金山每个家庭都拥有家用的小垃圾箱，然后小垃圾箱的垃圾会被倒进对应颜色的大垃圾桶里。所有餐厅、加油站或公共道路上都有一样的系统。你上完卫生间会洗手？那么你的擦手纸就会投进绿色的垃圾桶。你在街上吃香蕉？一样的。以此类推。至于如何保证必要性，如朱莉所言："技术层面上来说，不进行正确的回收或降解，就会被处以100美元罚款。"回收或降解，这是法律！而在实践中，旧金山更注重经济鼓励。垃圾清理收集按照重量收费，在黑色垃圾桶（收集所有垃圾）里倒的垃圾越多，付的钱就越多。反之，回收或降解的垃圾越多，垃圾清理费就越少。在这一规定下，旧金山希尔顿酒店每年因垃圾处理得当而节省了逾25万美元。与朱莉合作的政府机构，自项目实施以来，也节省了300万美元的可观数额。为了从根源上减少垃圾，尤其是遍布沙滩、最后与第七大陆[23]相连的塑料，旧金山于2007年禁止使用塑料袋，同时规定，商铺里的"环保"袋子，无论是纸袋还是生物降解淀粉袋，都需要付费。在实际操作中，只要去市里一家大型购物中心转一圈就会发现，即使大部分商铺都配合工作，但并不是所有人都执行指令。朱莉深感烦恼，时时刻刻监督他们是非常困难的。朱莉他们面临的新挑战，是在公共场所禁止售卖塑料瓶，这一规定已于2015年2月出台。"我们不需要塑料瓶，"朱莉肯定地说，"自来水又好又健康，我们只要有一个水壶，就能在家里或城市的各个水池里接水。"

当塑料无论如何还是被使用，然后被扔进正确的垃圾桶后，它就被带到了"再生态"的工厂，这是一个管理市政垃圾的合作社。垃圾首先由十几位工作人员进行初次手工分类，然后通过机器再次分类。阿亚娜·班克斯是他们中的一员。和同事们一样，她的时薪是 22 美元，而美国的平均工资水平是每小时 7.25 美元。给垃圾分类不能说是她的梦想，但她在其中找到了一些意义："它改变了我的家庭文化。我们意识到了环境是多么重要。我以前从来没想过，我们扔掉的东西会污染种粮食和含有水的土地，虽然这一切是如此符合逻辑……"当我们告诉她，在法国我们只回收塑料瓶[24]，不回收其他形式的塑料时，她惊讶地睁大了眼睛，说出了响亮的一句"什么？"，然后爆发出一阵大笑。幸好我们不是容易生气的人……"我们回收所有形式的硬塑料——塑料薄膜和塑料袋是不可能被回收的，""再生态"的发言人罗伯特解释道，"我们使用光学扫描仪对它们进行分类。来看看它是哪里产的……"我们靠近了机器，罗伯特开心地向我们指了指出产国：荷兰。垃圾在传送带上移动，扫描仪根据它们的颜色深浅和密度大小，喷出小气流把它们分进两个不同的分类区。简单，但也要能想到……罗伯特又进一步说道："垃圾回收和降解产生的工作岗位要比垃圾填埋和焚烧产生的岗位多 10 倍。这个数字巨大。对于像西班牙或希腊这样失业率高的国家，当地生态就业是重要的可发掘资源。在美国，如果每个城市回收 75% 的垃圾，这比旧金山的回收率要低，但也能产生 150 万新的工作岗位。在加利福尼亚，就是 12.5 万个新的、永久的、当地的就业岗位……"我在脑子里迅速地算了算（也用了手机），我试着把查理说过的食物重新本地化后产生的当地就业、提耶里的能源过渡产生的就业，以及垃圾回收产生的就业都加在一起。总共为150万[25]，而美国的总失业人数超过350万……失业问题也是所有竞选者和民意调查里所有法国人关注的焦点，这么看来，有一些方面我们还没有去开发。"所有城市都尝试进行更多生产活动，"罗伯特继续说，"但回收和降解就代表着一个从自己的资源出发、产生新就业的机遇。这是思考角度的根本改变。在这里，我们看着垃圾的时候，看不见废物，我们看见的是纸盒、玻璃、塑料、可降解物。我们看到的是资源。"

当地农民非常明白这一点。因为蓝色垃圾桶会被送到旧金山港的工厂，绿色垃圾桶则被送到城外，里面的食物残渣和绿色垃圾（草、树枝等）会转化成可降解物（混合肥料），这是罗伯特最喜欢的材料。在转化的11个步骤里，数吨回收物被分类（去除非有机物）、碾碎、切割、过滤，直到生产出质量过硬的混合肥料。在开始的几个步骤里，食物残渣和植物废料被分开处理。一辆铲土拖拉机把它们倾倒在长长的传送带上，离心分离机把它们分成两类：小块垃圾和大块垃圾。小块垃圾从大洞里成堆掉下，而大块垃圾继续在传送带上移动，"再生态"的工作人员从中去除塑料袋、易拉罐或乱入的网球鞋。然后一台轰鸣的蓝色碾磨机将大块垃圾（比如树枝）吞入，最后吐出来一堆碎屑，类似小块垃圾堆。接下来，所有垃圾被混合在一起、掺入水、摆成一道50米长的垄。机器对这种海绵状的材料进行通风并翻转。之后还有几个步骤。开始变得像混合肥料的垃圾堆被排成一行,它们挥发的气体首先被吸收二氧化碳的木材(可降解)过滤,然后才可以释放到大气中去。现在只需要对材料进行筛滤,让它越来越细小。"这是植物的要求,"罗伯特铿锵有力地说着,"它们希望降解物颗粒能够非常细小,方便根部吸取营养。"接下来几周内,这些材料还会经常被送回机器,继续掺水。目前,降解物温度达到70度。发酵过程中,有害微生物死去,有益微生物生长。罗伯特跪在降解物里,抚摸着它们,尽管烫手但还是继续抚摸,以去除表面的颗粒。他把手伸进像沙一样细致的黑色物质里,把它们捧了起来,放到鼻子前。"有农场的味道……在只有这么大的一片土地上(他给我们指了指他膝下的一片圆形空间,大概不超过50平方厘米),就有着比整个地球上的人类还要多的微生物。它们给土地带去了生命。"

处理结束后,"再生态"会获得高质量的混合肥料,卖给当地农民。为了提高肥料的效率,"再生态"还能根据需求,在肥料里加入矿物质。农民或葡萄种植者可提出申请,让专业人员分析他们的土地成分,确定土壤到底缺少什么元素。"再生态"则能在9种土壤改良剂(生石膏、泥沙、米糠、巨杉木屑……)的帮助下,提供特殊的对策。"微生物的活动能激活矿物质,让它们为植物根部所用。"罗伯特向我们解释道。而肥料收入有助于支持整个行动:"我们的售价是每立方码9美元,而我们的

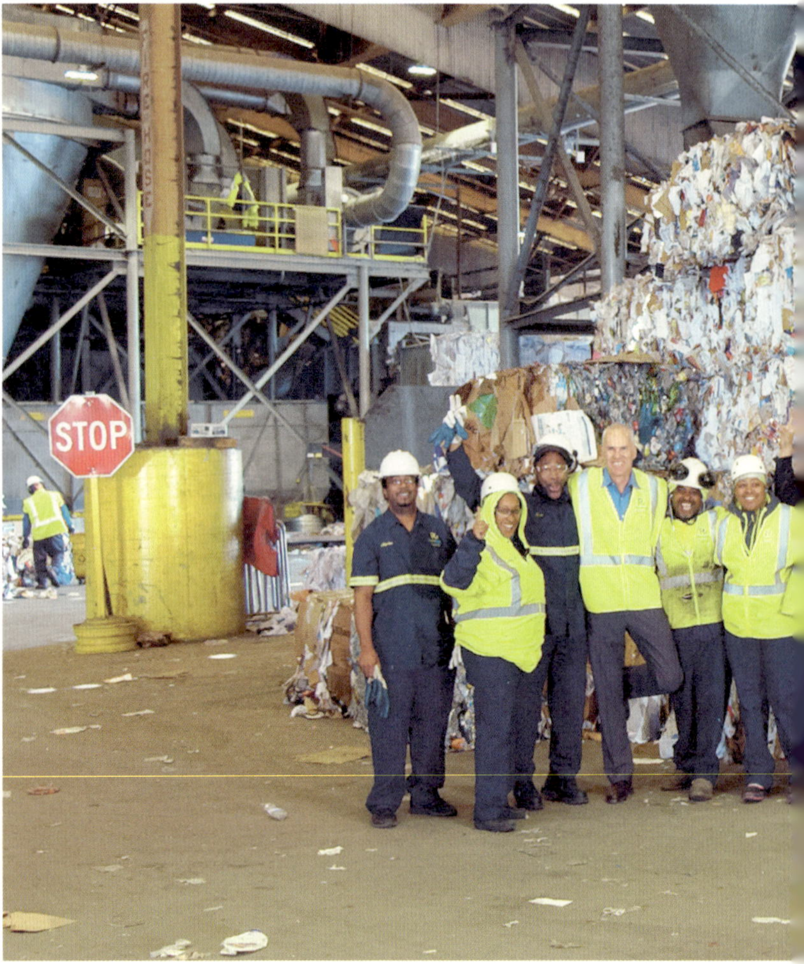
STOP

罗伯特（个子最高）和几个"再生态"的同事

供应永远赶不上需求。这是我们可以用垃圾做到的最好的事了。混合肥料给土壤带去营养,还能节约水资源(充满腐殖质的土地能保持双倍于自身重量的水分,这在很大程度上减少了灌溉的需求),储存大气里的碳元素……"罗伯特交给我们的一份研究表明,如果加利福尼亚1/4的牧地被混合肥料覆盖,它们就能吸收整个州3/4的二氧化碳[26]……"我们把一个很古老的事物——肥料制作,和一个很现代的事物——垃圾回收,结合起来。这正是我们构建未来的方式。别再焚烧或填埋食物了,那么做太荒谬。我们要做混合肥料!"

位于纳帕谷的蒙特维拉酒庄主人达夫·维拉也持同样看法。我们跟随罗伯特和运送肥料的货车,来到了达夫的葡萄园。他对这个项目赞不绝口:"土地就像一座银行。每次收获的时候,你就会取出矿物质、有机物和细菌……而我们不能一味地取,有时还需要存。只给土地注入硝酸盐、钾、磷[27]是不够的。我30年前这样做了,但我的收成最终却下降了。我需要投入越来越多的化肥。直到15年前,我开始使用混合肥料,'再生态'的肥料我已经用了10年。混合肥可以再造土地的血液——腐殖质。土壤因此变得更加均衡,植物也更加健康,它们很少生病,收成也非常稳定。我们需要从错误中学习,以便自我改善……"我们问他,是否认为这个方法也适用于其他地方,他的态度非常坚决:"所有城市都应该降解垃圾。把垃圾扔掉、填满垃圾场是很荒谬的行为,因为农民们都需要垃圾。我就是农民,我需要降解垃圾！"我们要从"为了丢弃而生产"的体系中走出去。这个体系让罗伯特愤慨不已："花费钱和能量从土地里抽取石油——经过数百万年时间才形成的石油，然后用它生产塑料产品，这些产品使用一两次后就被扔掉，之后被填埋在垃圾场里或通过焚烧永久销毁，这是多么疯狂的行为！通过回收和再利用，我们可以减少对石油的依赖、减少成本、减少生态足迹。其他材料也一样。铝制易拉罐几乎可以无尽回收，而抽取山里的铝，既破坏大自然，也消耗了大量能源！我们还应该替换包装上的塑料薄膜。我们应当利用美元的力量，停止购买这些材料。企业家们也应找到可持续的解决方案。"

莫滕关于城市是世界的下一代领导者的预言，似乎在旧金山有了一些回响。旧金山的处理方式已经传向四面八方。美国1000多所大学和300多座城市仿效了该降解项目。加州的118个司法机关下达了塑料袋禁令。每天，市政府都能接到从欧洲到南美的世界各地的电话。最近，罗伯特去过法国里昂和南特。"在南特，人们告诉我，他们非常注重环境保护，然后他们带我参观了他们的焚烧炉。参观回来后，我和六位官员一起吃饭，隔壁桌有一对夫妻在吃螃蟹。我问这些官员，螃蟹壳扔掉后会去哪里。当然是进焚烧炉。我告诉他们，在我小时候，学校的书本里有一幅画，画中的美洲印第安人在地上挖洞，把鱼刺放进去，然后把鱼刺盖住，种下玉米。因为他们知道鱼刺可以帮助玉米生长。在旧金山，我们什么都没发明，我们只是记住了以前学到的知识。"

成功进行能源过渡，就意味着节省能源和原材料，通过回收利用，以及可再生能源的多样性，生产我们真正需要的东西。正如农业一样，我们遇见的能源过渡参与者也认为，将生产方式和分配网络局部分散，对于当地取得自主，是非常必要的。

我们的脑子里开始有了一幅新世界的画面：在本地生产和消费我们大部分的食物和能源，是面对接下来几十年危机的关键所在。

但在我们的调查中，新的话题出现了。经济和金融在我们的对话里变得无处不在。哥本哈根的莫滕、留尼旺的埃里克和旧金山的朱莉，认为它们是无法绕过的杠杆。而其他一些参与者却认为它们是社会转型的主要障碍。一方面，能源过渡成本高昂，很多国家表示没有能力融资。另一方面，就像提耶里和奥利维耶说过的那样，为了保持最大限度盈利的体系，跨国企业和财团（总之是那一小撮有着控制权的人）一直有着决定性地位。加拿大就是一个很有名也很不幸的例子。阿尔伯塔省油砂（黏土、水和沥青的混合物）中石油的发现，让加拿大有了1.8万亿桶石油储藏量，现有技术水平可以开采其中1700亿桶。它代表着世界第三大储藏量，简直是天上掉下来的巨大馅饼，可能会给加拿大带来上万亿的收入，而且已经向相关石油开发商提出了4000亿的投资需求。这个石油工程不仅带来了彻底的生态灾难，还是加拿大自1990年以来温室效应气体近乎全部增长部分（约18%）[28]的罪魁祸首。更糟的是，很多研究指出，如果加拿大将矿藏开发进行到底，全球温度上升控制在2摄氏度以内的希望将不复存在。出于以上两个原因，加拿大退出了京都气候条约，而且经常在世界气候峰会期间阻挠议程。不管地球能否承受气候变化的灾难性后果，不管大自然是否被破坏，加拿大已经创造了15万个就业岗位，而且还有大笔钱要赚……

注释

1. 亚力克斯·艾普斯坦在 2012 年和比尔·麦克本的一场辩论中提出（http://www.youtube.com/watch?v=o_a9RPoJ7PA）。
2. www.dailymotion.com/video/xbeml4_claude-allegre-climato sceptique-07_news（2：19），然而联合国 2012 年数据显示，每秒钟就有一个人因气候原因迁移，也就是说，每年会产生来自 82 个国家的 3200 万气候难民。在 2050 年前后，将会达到每年 2 亿难民。
3. 盖那迪·夏马尔，俄罗斯石油工业联盟主席，http://fr.sputniknews.com/french.ruvr.ru/2013_10_21/Fin-de-l-epoque-du-petrole-bon-marche-0366/
4. 2015 年 8 月 12 日，www.liberation.fr/terre/2015/08/12/chaud-effroi_1362529。
5. 据全球机遇协会（Global chance）公布的数据，算上阿海珐（Areva）集团进口的铀，法国能源自主率仅有 9%（www.lemonde.fr/les-decodeurs/article/2014/10/02 transition-energetique-10-chiffres-pour-comprendre-le-debat_4498694-4355770.html#EgZMtC2xoWetgH9z.99）。
6. 法国农业工程师组织。
7. 主要参照詹姆斯·拉伍洛克关于核能的声明。
8. 国际环境与发展研究中心。
9. 讽喻高频率交易。
10. "power to gas"（电转气），或者 P2G，也就是将电转化为甲烷。电通过电解水转化为氢气。氢气又能通过萨巴捷反应和二氧化碳转化为甲烷。接下来，甲烷很容易被储存或直接用于天然气供应。(http://fr.wikipedia.org/wiki/Conversion_d'électrictié_en_gaz)。

11. www.statice.is/Statistics/Manufacturing-and-energy/Energy。
12. 英文为"not in my backyard"态度，或者 NIMBY。
13. www.theguardian.com/environment/2015/jul/10/denmark-wind-windfarm-power-exceed-electricity-demand?CMP=share_btn_fb。
14. 同样面积的公寓，法国人平均每月需支付 175 欧。
15. 参见 Olivier Razemon, *Le pouvoir de la pédale*, Rue de L'Échiquier, 2014。
16. www.triplepundit.com/2011/06/top-10-globally-resilient-cities/
17. 伊万·圣－日尔，我和他一起创办了《改善法》杂志，他自己创办了《生态房》杂志，这本杂志在生态建筑爱好者中很受欢迎。
18. 由皮埃尔的女儿索菲和她的伴侣劳伦·布克一起发起的生态村。
19. N. Calvé 译, Écosociété, 2012。
20. La Découverte, 2009。
21. www.planetoscope.com/dechets/363-production-de-dechets-dans-le-monde.html。
22. 法国消费者协会 2015 年一项调查表明，在法国，75% 的垃圾没有被回收（www.lefigaro.fr/societes/2015/04/23/20005-20150423ARTFIG00086-les-trois-quarts-des-dechets-ne-sont-pas-recycles.php）。
23. 由直径小于 5 毫米的微型塑料组成的巨大整体，浮于海洋表面或深达 30 米，在北太平洋逐渐扩大，面积为美国的 1/3 或法国的 6 倍。

24. 实际上，在法国，我们回收 7 种塑料中的 3 种：PET（1）、PEHD（2）和 PP（5），但我们在生态包装公司的分类指南上能读到："如果没有大范围内实行的分类规定，那么只有塑料瓶和塑料管能被回收。为谨慎起见，请将其他塑料和生活垃圾一起倾倒（塑料罐子、袋子、盒子、薄膜……）。"

25. "联结的地球"诺曼底分部的一项研究估计，食物重新本土化会创造 60 万个就业岗位（www.reporterre.net/Chomage-On-peutcreer-600-000），法国国家科学研究院为"负瓦特"做的研究估计，能源过渡会产生 68.4 万个就业岗位，而加利福尼亚靠垃圾回收产生的就业，按照同比例算到法国，就是 21.5 万个新的岗位（目前只有 3 万个岗位，www.actu-environ-nem-ent.com/ae/news/soutien-emploi-recyclage-france-rapport-cgeiet-cgedd-20332.php4）。

26. 主要参见罗道尔研究所的研究。

27. 包含合成肥料的氮磷钾复合肥。

28. www.ec.gc.ca/indicateurs-indicators/default.asp?lang=fr&n=FBF8455E-I。

三
明天的经济

如今，经济是政治决议或公司决议中最常提及的学科。俨然是第一要务。因此，在当今时代，理解经济变得空前重要。但奇怪的是，没有人真正理解经济。和任何人（业内人士除外）谈论贸易平衡、货币创造机制、通货膨胀、经济增长弹性，都很可能引起头痛。这还算好的，最坏的情况是，你的对话者会礼貌地转过头去，因为他更喜欢谈文学、电影、科学、医疗、运动、园艺、厨艺或者天气。然而，以上所有话题都不能像经济那样影响人类世界的进程。我们团队里的所有人都在哀叹，觉得这可能是最麻烦、最不适合拍摄的一部分。我把大家带到我的好友皮埃尔·拉比[1]家，他令人感动、魅力非凡，不被诱人的理论所影响，而更倾向于直切重点。我们的小队伍度过了非常愉悦的时光。这是一位身高不足一米六、祖籍阿尔及利亚的农民，他不断摆弄着自己那沾满污泥的背带，永远光脚穿着草鞋。和这样的人谈论世界经济，我们感到莫名兴奋。

（一）昨日历史：与皮埃尔·拉比的会面

席里尔：在你看来，为什么我们就是无法实现那些我们所需的改变，以使人类能经受住未来的震荡？

皮埃尔：我认为我们混淆了我们的才能和智慧。毋庸置疑，我们拥有深厚的才能。人类大脑极其完善，它能创造绝妙的机器，比如现在你们正在用来拍摄的这个。但这些功绩合起来却没能构成一个智慧的系统，因为我们破坏了我们赖以生存的基础：水、土地、树木……我一直在说，如果有外星人研究我们，他们应该会十分躁狂，他们会无法理解："为什么人类会做这么多东西，却又这么愚蠢？为什么他们让这个美丽的星球变成战场、屠杀场和毁灭之地？"

席里尔：这个问题提得好……我们为什么要这么做？

皮埃尔：对我来说，这个世界体系的谬误之一就在于著名的"无限的经济增长"，我们一直把它当作所有弊病（失业、贫穷等）的解决方法，但事实上它才是我们的主要问题。"无尽的增长"这个想法，让人类变得贪得无厌，我们没有把地球看作一个真正的奇迹，一块失落于恒星沙漠中、孕育着美好生命的奇观绿洲，却把它当成一座取之不竭的矿藏，直至最后一条鱼、最后一棵树。如果我们把地球史按比例缩至24小时，那么人类就只存在了2

分钟……当我们看到在这么短暂的时间内,我们对地球影响之巨大,就会意识到我们行为的荒谬以及人类身上的责任。然而眼下,我认为人类历史进入了黑暗时期。

席里尔:在旅程开启之初,我们就发现故事对我们人类有着巨大的影响。那么这"无尽的增长",是否也是故事之一呢?一种引诱我们、让我们最终参与其中的神话……

皮埃尔:这显然是个基于谬论之上的神话。逻辑上来讲,我们不能在有限的现实里,建立一种无限增长的体系。如果我们有其他星球,那我们可以对自己说,一旦这个星球资源耗尽,我们就到其他星球上去。但事实并非如此。

席里尔:你如何评价这个神话?

皮埃尔:这是一个普罗米修斯式的神话。一个造物,却想成为……神。拥有科技、科学的人类,自以为是高级物种,能够超越自然,命令自然,让大自然为自己服务……我认为,正是我们与自然世界的决裂产生了决定性的影响,它使我们走到目前的境地。但我们忘了一个细节:人类需要自然吗?需要。自然需要人类吗?不需要。我们应该基于这一明显的事实去思考。几天前,有人来采访我,谈论水的问题。我对她说:"女士,您是水做的,我也是水做的。您不是在调查某个我们的身外之物,而是在调查我们生命的一个重要组成部分。"我们太过经常地把大自然看作外部事物，把它称作"环境"，但我们就是大自然！不管愿不愿意，我们都是哺乳动物。当然，人类很特别，是一种有思维能力的存在。能感知时间、空间，知道自己会死，知道自己在地球上的存在只是暂时的。这是很难承认的现实……也是我们所有烦恼的根源。我们为此而狂热地寻求安全感。我们通过宗教、统治女性和儿童、武装升级、国土防御、战争来寻求这种安全。当然，还通过积累。

席里尔：消费主义？

皮埃尔：不断生产和消费。这完全是人类才会有的活动！动物行为和人类行为之间的不同就在于，狮子只会在饿的时候捕捉羚羊，它这么做不是为了毁灭它、储藏它或把它卖给朋友。它不会弄个仓库，然后说："你们不用再去狩猎了，我多的是羚羊。"而人类的捕食，则绕不开积累。只有一个目的：赚钱。金钱在所谓的文明社会中，是基本元素，是一种保持一切的能量。获得金钱就增强了我们的安全感和力量。金钱已经成为主要的统治工具。

席里尔：这会有什么后果？

皮埃尔：人类的这种捕食作为一种生存模式影响广泛，不仅毁坏自然，还产生了巨大的不平等。经济学家普遍认为，世界1/5的人口消耗了地球4/5的资源。一方面，我们有着极度富有的人群，但他们消耗了大量镇静剂来补偿自己的痛楚；另一方面，我们也有被遗弃的人群。另外，对于利益的无度追求，让我们的世界迈向统一化。这一范式产生于欧洲，而欧洲也是首个受害者。在十六七世纪，欧洲仍然有许多民族，有各自的穿衣、进食方式，各自的故事、传统和语言……在这种多元文化中，我们引入了单一文化。我们通过殖民，让单一文化不断扩大。因为如果欧洲只停留在自己的领土之内，它就无法生存下去。这个模式需要大量的资源，需要在全世界囤积土地、原材料和劳动力。但这种过度追求是无法无限推广的。我们总是说，如果所有人都像美国人那样生活，那我们就需要7个地球[2]，但我们只有一个……

席里尔：所以这不仅仅是人口问题……

皮埃尔：当然不是。比如，人们常说饥荒是人口过剩引起的，这个观点让我生气。我们不能让那些什么都吃不到的人为饥荒负责。我们知道地球上1/3的食物最后被扔进了垃圾桶，而且有很多农田被用来生产生物燃料。我并不因此而支持人口扩张，但我们需要更加严谨，需要和神话故事诀别，这些神话故事编造得如此天花乱坠，以至于一部分人都觉得它们就是真实了。

席里尔：你的意思是，西方人积累财富只是徒劳，我们并没有因此而获得幸福……

皮埃尔：我们怎么可能幸福？西方把金钱变成时间的标尺，有了著名的"时间就是金钱"一说。真是句特别可怕的格言……如果我们接受了时间就是金钱这个理念，那就没什么好说的了。决不能再"浪费时间"，而需要"赢得时间"，狂热由此产生，而生产力工具（例如现今的数码科技）的发展还在不断增强这种狂热。

席里尔：那该怎么办呢？

皮埃尔：重新找回永恒、自然的韵律。正因如此，我对菜圃有着毫无保留的热爱。我在菜圃里找回了真正的时间。我可以骂骂我的番茄苗，慢慢等待它成熟。一小粒番茄种子能产出好几吨果实。一粒小麦，经过不断繁育，能养活人类。这太神奇了！生命的力量能集中在一粒种子里，但它需要时间生长、成熟。在过于激烈的社会中，我们创造很多工具来支持这种"赢得时间"的狂热，而不是去质疑它。就生活法则而言，我们彻底衰落了，尤其是在那些与大自然不再有联系的人们居住的城市里。正是大自然带来耐心、节奏和永恒的韵律……以现在这种方式生活，我们不仅牺牲了原材料或资源，也牺牲了自己欣赏自然美景的能力。我们不仅污染、毁坏，还收缴了我们自己赞叹的事物。对我而言，生态即神奇。

我很喜欢一个关于狂热和"永远赚更多"的想法的小故事。故事讲的是，一位刚刚打完鱼的渔夫，船停靠在一片沙滩上,渔网在船上晒着,他在一旁休息。一个面色严肃的人经过,他看着船说:"天哪,你这个时候应该去打鱼啊!""为什么?""当然是为了赚钱养家,你待在这儿睡午觉,只会一事无成。这只船是你的吗?""对啊。""哦,好小的船……""是啊,它……""你应该买条大船……""然后呢?""然后你就可以捕更多的鱼!""然后呢?""你赚的钱就会更多,就能再买条更大的船!""然后呢?""你就可以雇其他人为你打鱼……""然后呢?""然后你就可以休息了!""好吧,我现在就在休息啊……"

人类集体心理的这种贪得无厌,很大程度上是由广告业维持的。广告对人的潜意识,而不是对物质事实施加影响。因为事实上,只要我有吃有穿,有屋可住,有医可询,那我就有了生活的必要条件。其他都是多余的。但如今是什么在毁灭地球呢?不是必需品(况且,还不是所有人都一定拥有这些必需品……),而是我们没有设限的永恒欲望所产生的幻象,正是这种幻象推动了那些虚拟经济的机器不断运转。而实际上这跟经济没有一点关系……

席里尔:为什么说这不是经济呢?

皮埃尔:从词源学的角度来说,经济和这种挥霍无度的体系毫不相干。Oïkos nomos,指的是"管理家庭的技巧"[3]。浪费和经济是背道而驰的,这两个词本身就是反义!如果我浪费了,那么我就没有做到经济实惠……当人们知道富裕国家的大部分创造力都被用来创造垃圾时，我无法想象人们还能把这称作"经济"……经济应该以拉瓦锡的热力学理论为基础："任何事物都不能自生，也不能自灭，一切都在转化当中。"所有事物都互相支持，互相辅助……能量不会消散，而是重新投注，例如森林中的垃圾挥发后，变成其他有机体的食物，形成一种近乎无限的循环……

席里尔：总之，就是更少而更好地消费……

皮埃尔：我们要重拾节俭、自立和智慧。我写了一本书，名叫《走向幸福的朴实》[4]，书里讲述了我和我的夫人米歇尔的经历。朴实之中存在着某种自由。我在为了生存的生活中所节约的时间，就是我可以用来提升自我素养的时间……伊里奇曾做过以下计算：我们驾驶车辆的时间，再加上为购买和支付车辆费用而花去的工作时间，最后让车辆的速度实际上不超过每小时6千米。这跟步行的速度差不了多少。归根结底，是我们所拥有的东西，拥有了我们。我们成了财物的奴隶。

席里尔：就像梭罗的故事一样，他从河里捡了三块鹅卵石，因为觉得漂亮，就把它们放在了办公桌上。后来他意识到自己得每天给鹅卵石掸灰，就又把鹅卵石放回了河里……

皮埃尔：我觉得我们很不正常。在讲座中，我向听众们开玩笑说："你们知道吗？一个现代人的一生，就是一连串大大小小的"箱子"——从幼儿园到大学被囚禁在'学堂'里，希望以后能在或大或小的'格子间'工作，赚到钱，然后带着'钱箱'，晚上在'包厢'里一边跳舞一边社交，之后再进'养老院'，末了躺进大家都能猜到的那只最后的箱子里。"如果这样的一生是自由的，那么可能我没有理解自由的真正含义。节俭和自立调动起一个人类社群，使其回应自己的所需，赢得自己的自由。所以我才说，耕耘自己的菜园，就是闹独立。要么我选择"别人养活我"，依赖于任意妄为的农产食品系统；要么我努力重拾自由。在法国，80%的产品受五大购物中心的操纵（家乐福、勒克莱克、欧尚等）。由它们决定向生产者购买产品时的购入价和向消费者售出时的销售价。它们也直接或间接地决定了文化模式、水果和蔬菜的质量、产品生产条件、工人的薪酬和待遇……它们一手遮天。世界上，一小撮跨国公司（孟山都、拜耳、先正达等）控制着几乎所有的种子，我们赖以生存的种子……当然，我无法满足自己所有的需求，但凡是我可以自我满足的需求，我都亲力亲为。我反对极权制，因为它让人们变成了附庸。我们不能总是在为我们的命运哭泣，或者寻求替罪羊，推卸责任。我们不能期待国家给我们提供一个理想社会或指望跨国公司进行内部改革。跟蜂鸟灭掉森林大火的传说一样，我们每个人都必须参与其中。我们不想再要跨国公司了？那就去别处买种子。我们不想要化学农业了？那就自己种个菜园子或是去 AMAP[5] 里购买。这些行为可能看上去微不足道,却意义非凡。如果"闹独立"的人越来越多,那我们就能改变局势,让社会朝着更积极的目标前进。

十几年来,经济总体被金融控制的观点受到越来越多的人认可。众多相关纪录片在电视上播放[6],多种相关书籍[7]和文章涌现,总统竞选中的某位候选人(后来成为总统)也指出金融就是"敌人",我们需要对抗它……[8]很多记者、经济学家和生态积极分子认为,经济金融化让即时利益的逻辑走得更远,却损害了劳动者和生态系统。正如孟加拉经济学家、企业家、2006年诺贝尔和平奖获得者穆罕默德·尤努斯所说的那样:"我们的经济运行不良的最显著标志之一,就是今年公布的不平等数据。如今,最富有的85人拥有的财富和35亿穷人拥有的财富一样多。这个数据触目惊心。这表明资本主义系统完全就是一个吸血机器。它吸尽底层的生命力,使其集中到社会顶端。这种体系是无法持久的。在此过程中,我们还破坏了地球环境,这让我们的处境进一步恶化……"穆罕默德·尤努斯提到的数据,来自无政府组织"乐施会"于2014年1月20日(达沃斯论坛举行的前一天)发布的报告[9]。这一报告还公布了关于贫富悬殊的其他几项数据。比如:"世界近一半的财富掌握在1%的人手里。占世界人口1%的富豪的财产达到110万亿美元,是世界贫穷人口总财富的65倍。每10人中,有7人生活在近30年贫富差距拉大的国家里。1980年到2012年间,我们掌握数据的26个国家中,24个国家占人口总数1%的富豪的收入份额增加。在美国,2009年金融危机以后95%的经济增长来自1%的富豪,而90%的穷人则变得更贫穷。"

当无以计数的财富在越来越少的人手上积聚的时候,贫穷和饥荒越来越严峻。每7秒就有1个儿童死于饥饿,20亿人口每天生活费不到2美元[10](对于一个立足于本土的社会来说,这并不一定成问题,因为在这种社会里,金钱不占主导地位,但在被迫采用全球化和金融化机制的社会中,生活则会变得越来越艰难),许多国家失业人数增长严重,这其中也包括欧洲:法国失业率超过10%,意大利超过12%,西班牙和希腊接近25%……

当人们得知,有高达20万亿欧元完全避开了通过税收进行的财富再分配机制,隐藏在避税港中,而这笔财富的1%就能解决全球的饥荒、医疗和教育问题时,产生反叛情绪就在所难免了。[11]正如美国高院法官路易·布朗德所说:"我们要么有民主,要么就让大量财富集中在极少数人手中,但二者不能并存。"

2013年11月,世界经济论坛在其报告《2014年全球议程展望》中,将不断扩大的收入差距列为未来几年的第二大风险。这份报告揭示了不平等影响各国社会稳定和威胁世界安全的程度。由美国国家航空航天局某实验室资助、《卫报》揭露的一项研究[12]认为,以下两个重要因素汇集在一起时,会加速社会崩溃:

"超越生态系统再生能力的资源枯竭"和"社会分层为富有的精英阶级和贫穷的大众阶级"。研究人员认为，这两种现象的汇集"在过去5000年内，在社会崩溃过程中起到了核心作用"。如果仔细观察，就会发现我们正处于这种情况中。

事实上，所有人都在变穷。为了不下沉，就得斗争。如果从我个人的角度来看我们的境况，真是经不起一点变动。一对夫妻，中产阶级，两个孩子，住在离巴黎80公里远的法国最穷的镇子之一的一栋排屋里。食物费用：每月800欧；保险、各种附加保险：400欧；房屋按揭：每月1500欧，还要再交付23年；汽车按揭：250欧；学校食堂和其他费用：300欧；水电气：200欧；交通：250欧；音乐学院、音乐课、舞蹈课、篮球俱乐部、网球俱乐部注册费：每月150欧；还没算出行、服装、书籍……想要漂浮在当代消费型社会的浪涛里，我们每月要有4500欧元的预算。而且，每年各种日常小支出暴涨。在越来越高的价格中挣扎的小型企业、微型企业和其他独立工作者，只好给自己的产品涨价以求生存，这让收入越来越跟不上市场引导的魔鬼节奏的大众阶层几近窒息。与此同时，消费主义继续发展。要价过高的广告活动响应"振兴消费"的国家号召，以达到明显的目的："大力推进经济增长"，于是，它们向我们倾倒无数物品、服装和器材的画面、信息，不断喂养我们如无底洞般的胃口。我的房子被塞得满满的。虽然我们不算最贪婪的人，但可以保证我们为国家做出了贡献。我们的柜子里挤满了成千上万的物品，买的时候，它们看起来都必不可少，然而现在它们只是沉睡在阴暗的柜架上。每次搬家，这些物品要么被放进再也没被打开过的纸箱里，要么被扔进垃圾桶，我们甚至都不会考虑它们的用途。孩子的玩具渐渐落满灰尘，他们的卧室里全是自动化物件和冲动性购买来的无用物品。我们向孩子传输了拥有的欲望，而这正与我们自己的原则相反。我们要到什么地步才会停下呢？我们内心是那么清楚这种积累会带来怎样的后果。而其他人，那些觉得这些问题无聊、毫不在意的人，又会怎么做？对此我一无所知。我觉得眼下我甚至都不想知道。我还要去整理行囊，所以我关上了 Excel 表格。明天我们要去法国北部，然后再去比利时和瑞士，我们要进入公司、银行和货币领域。我会在那里找到对人生真切实用的答案吗？

（二）珀西口：环保型生产模式更节约成本

按皮埃尔所说，增长这一持久目标很快会让我破产。这个目标否定了提耶里、罗伯特或能源过渡的其他参与者所强调的节省的必要性。这就像一个矛盾的指令：要让可再生能源占主导地位，就必须少消费，但要让经济运转，就必须多消费。这简直让人发疯。

我们接下来的问题就是：我们能否创立一个经济系统，在这个系统里，公司能在不破坏地球、不无尽增长的情况下，创造财富、就业，满足我们的需求？我们能否设想某些公司正在应用皮埃尔提及的那些热力学原则，发展某种朴实精神？

答案就在我们眼前，至少，呼之欲出。在离巴黎 228 公里处，有一家 114 人的公司，名为珀西口，坐落于马尔克佛雷镇，临近里尔市。这家公司每年生产 20 亿个信封，我有幸参观了几次，并和公司总裁爱马略·德鲁永建立了友谊。我知道这家公司能够回答我们的很多问题。但在提到要去法国北部的一家信封工厂拍摄时，我们的团队（再次）有些却步。里尔郊区的吸引力远远不及底特律或旧金山郊区。然而，等到我们坐着小巴车离开工厂时，却几乎一致认为这是整个旅程中最让人印象深刻的一站。

近 20 年前，爱马略·德鲁永在接任珀西口领导职位时，发现公司的状况惨不忍睹：性骚扰、精神骚扰、埋于工厂院子地下的有毒物质储藏桶、挪用公款、离破产咫尺之遥的账目。员工关系紧张，公司领导和工会关系更是紧张到一触即发。他召开的首次会议就暗藏刀光剑影，在好几个月里，他都在考虑辞职。但他渐渐和雅资得·布塞拉维成为朋友，而雅资得也很快成为他的左膀右臂。雅资得熟悉每一位员工，员工们很信任他，他向爱马略指出可以和哪些员工重新开启对话。不久，公司的核心小团体形成了。这是首个积极元素。公司近乎绝望的状况反而让他们放下心结，按照自己的梦想去设想。但他们也知道每

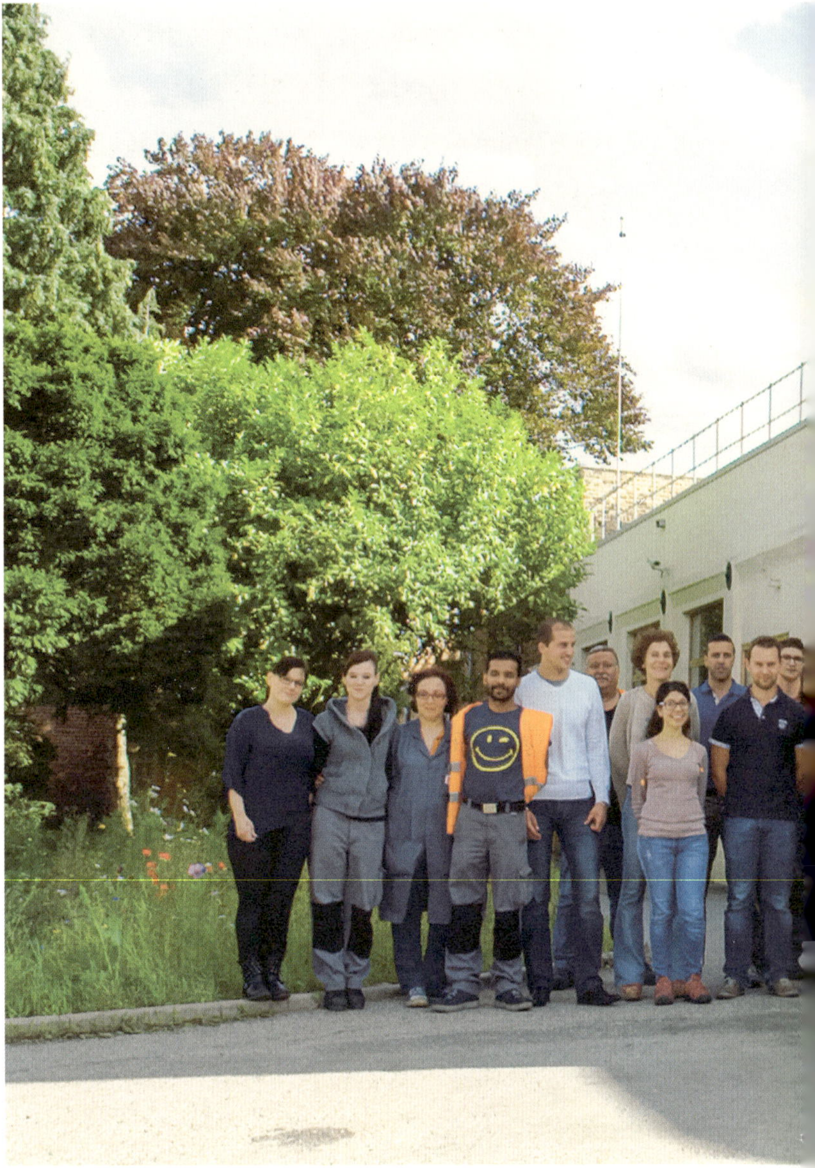

珀西口团队的一部分，工厂 24 小时运营

一步都会非常艰难，正如爱马略经常自娱自乐地说的那样："这儿可是法国北部，法国失业率最高的地区，患癌率最高的地区，也是国民前线党[13]赢得最多选票的地区……"

爱马略熟悉"传统"公司，他在欧莱雅做过10年的高管，而据他自己所言，他在那里遭遇了"野蛮行为和恐怖管理"，有市场份额急需赢取，有股东等待分红……他深深地厌恶那个世界。在珀西口，他想有些不同的做法。他有权力（积极意义的权力）创造新事物，这让他热情满满，也让他感到害怕。但最后激情占了上风，这种激情在几个月、几年后，也让员工之间建立了信任。渐渐地，游戏规则改变了。小小的指导团队建立了非常"扁平"（他们喜欢用"扁平"来形容）的组织机制。在这个机制里，每个员工拥有最大限度的自主。但自由是有条件的：不能辜负同事的信任，行事透明，集体协作，尽最大努力让公司存活下去。作为补偿，公司出台了两项惊人措施：收入差距为1:4（法国公司的平均水平为1:100）；公司收益会有步骤地再次投入公司。股东（主要是爱马略）不享有股息。爱马略如此解释道："过去的几十年中，经济完全以收益为目的。而收益却为越来越少的人享有。问题在于，如果你把公司产值的10%到15%给了几个股东，那么这笔钱就不能用来使公司现代化了。你没钱投资，或者投资数额变少。因此你就容易只做短期考虑，寻求最低价格，即使你的原材料在被送到公司之前，已经绕了地球3圈。它们破坏了生态系统，或者为了获取这种原材料，许多工人只能在恶劣的条件下工作……"

在最开始的几个月，珀西口没有资金进行再投资。公司所有注意力都集中在账目的重建上。渐渐地，团队重新找回了从容和渴望，情况改善了。账目上汇集了第一批财务收入，运行机制也变了。首先是购买策略的改变。"我们曾以为，我们穷到连劣质材料都买不起，"爱马略看着同事们说道，"而现在我们只买优质原材料。"作为信封制造商，他们的主要材料就是纸张。公司的指导委员会（珀西口没有经理，也没有管理委员会）由3位女士（阿琳娜、丽姿和爱萝迪）和3位男士（雅资得、佛朗克和爱马略）组成，他们开始寻找诚信优质的供货商。最后他们选择了UPM，这是一家芬兰公司，以道德高尚著称。"他们每砍1棵树，就会再种4棵，且尊重生物物种的多样性。每棵树在成长的前6年，是它吸收二氧化碳最多的时期，因此这家公司的活动足迹是积极的！另外，我们使用的大部分木材是通过疏伐[14]而来，而我们最近生产的一些信封，例如欧克西莫系列信封，则利用了锯木厂的碎屑[15]。以这种方式，我们实现了对森林的最优利用，被砍伐树木的数量也达到最小值，我们什么都不浪费（细木工制品使用树干，而造纸则使用树枝或木材废料），而且我们再种下的树木要比我们使用的更多……"在选择UPM之前，爱马略去了趟芬兰，他想亲眼看到这一切。在那里，他还看见砍树的机器使用的是支架，而非履带，这样就不会碾碎树木幼苗。机器的燃料来源于纸浆，而且几乎不排放二氧化碳。工厂对废水进行再处理，让水完全变清洁之后才排放到环境中。15年间，工厂减少了50%的水资源消耗，纸张通过船只和火车运送，这两种交通工具被普遍认为对环境的污染小于货车运输，尽管如今船只污染小的论据有待商榷。但是，正如爱马略所说："我们按目前已有的知识和发展水平，选择最好的解决方法。一旦能做得更好，我们就会改变！"他们也对限制信封的基重进行了研究："减少几克重量，我们就能节省大量资源，"雅资得说道，"废纸张或废纸盒被回收，然后被转售和再循环。它们接下来会用于再生产纸盒，这也是再循环中最不耗能的方式。"爱马略和雅资得认为，原因是这种再利用不需要用氯漂白纸浆。信封还有其他改良，例如以水为主要成分的胶水，用纸（而非塑料）做的信封透明窗口。它们让信封再循环变得更为容易。

然后，在信封印刷方面，公司团队特别关注印刷用的墨水。他们很快选择了水和自然色素的合成物。然而这种合成物并不是唾手可得。1998年，团队在花费了1年多的工作和研究后，才最终找到正确的配方，这个配方下的墨水质量和对环境的影响都是无可非议的。但在此之前，他们经历了好几次失败，装墨水的盒子里充满了奇怪的彩色泡沫。"以前我们使用有毒性的墨水，这种墨水的成分是各种溶剂和酒精，在厂房里，我们需要戴着面罩和覆盖至手肘以上的手套，而且这种墨水气味刺鼻。现在，我们选用以水为基本成分的墨水，就可以摘掉手套和面罩，也闻不到什么气味了，"负责生产的梅洛迪笑着说道，"墨水以水为基本成分，因此我们可以使用原色墨水池（以前团队对每种墨水使用不同颜色的墨水池），也能就地对墨水进行混合。墨水池少了，运输也少了，废料也就少了，如果仍有剩余，可以进行再混合，用来印刷信封的灰色背景。""这看起来好像没什么了不起，但使用废料能让我们节省 25% 的墨水消耗。尽管它们没有毒性，我们也要保持节俭……"爱马略如是说。

如今，珀西口用从屋顶上收集的雨水和马赛皂清理工具和机器。"然后，不带毒性的脏水被运到竹园，竹子的根系可以激活细菌，分解污垢，吸收养分；其间产生的唯一生物能，就是竹节，竹节生长，我们砍下来，晾干，然后用它们取暖。"爱马略接着说道。团队的研究表明，竹子的供暖能力高于橡树。但竹节并不是供应暖炉的唯一燃料，最近他们也使用碾碎的木托盘。且暖炉只是补充，主要暖气由其他设备提供。为了吸收所有入侵工厂大气、有可能会让机器生垢并刺激员工肺部的纸末，珀西口使用了功率超强的抽气泵，它们将空气过滤后才排向外部。后来，团队意识到这些机器不但产生恼人的噪音，也产生大量热气。所以他们决定将所有机器集中到一间房中，对房间进行隔音，以减少噪音危害，同时回收热气，给房屋供热。这个措施的结果是：珀西口完全切断了天然气和燃料。这不仅更经济，也更安全，因为厂房中就再也不会有易燃易爆品了。珀西口的聪慧员工们还想着以后回收抽气泵在夏天（没有供暖的必要时）

排出的空气,用来启动生产电力的涡轮。因为,正如爱马略所说:"浪费了,就可惜了……"

不久,珀西口就因高效率、创造性和向客户提供的新型产品,在同行中脱颖而出。他们的包装也非常卓越。银行、电信运营商和社保中心需要向客户发送各种信函,珀西口以前向这些企业运送上百万信封时,使用了上千纸盒,这些纸盒在信封取出后就被扔掉了。爱马略和他的同事们想出了一个新奇的系统:一个大卷筒上缠绕着由一台机器仔细裹紧的 3.8 万个信封。在收到信封后,收件人可以通过一个退绕器取出所有信封,然后将卷筒寄回给珀西口。这样不仅不需要纸盒了,信封也变得更容易运输,信封的搬运对员工和客户来说,也不再困难,而且更快……"通过这个方法,我们减少了 1/3 的纸盒使用量,同时获得了生产效率。"爱马略笑着说。发明了这个系统后,珀西口也赢得了 500 万信封的市场,这个优势不可小觑。

公司从财政赤字走向了收支平衡,接着开始有了收益。这些收益用来做什么呢?关于这个问题,爱马略向我们讲述了一个美好的故事:"这个工厂始于 1848 年。它有着传统工厂的锯齿形屋顶,上面盖满了那个年代的瓦片。几年来,屋顶从来没被维护过,一直漏雨。我们在厂房四处放了些水桶,用来回收雨水,没有人抱怨,我们也习惯。但随着不断地把公司运营而产生的资金进行再注入,有一天,我们积累了一些储备金。我们自问:如果对屋顶进行隔冷隔热处理会怎么样呢?我们就不再需要大量暖气，室内也会变得干燥。于是，我们请人做了一份关于不同处理方法的报价。第一个处理方法，给屋顶做隔冷隔热和防水处理，2000平方米的屋顶需要80万欧元。在和爱萝迪、公司团队以及珀西口研究办公室（该办公室就是在这期间建立起来的，用于最大限度地精确计算公司的所有影响）商议以后，我们开始思考有没有比仅仅修复现有屋顶更好的处理办法。我们希望能让工厂的屋顶也变得有生产力。我们可以在屋顶上放太阳能电池板生产能源；也能在上面放植物[16]收集雨水，以备后用；我们还可以安装一个绝热空气冷却系统，这个系统的运行方式是：夏天厂房中的热空气在通过湿润的纸盒时，丧失热量，使内部温度大约降低4度（在夏天，降低4度就很好了！）；最后，我们应该加强隔冷隔热，在墙上开几扇大窗，让日光照进（也让我们减少电力消耗）……我们同样计算了这项工程的成本，2000平方米的屋顶需要花费200万欧元。这和第一个方案差了120万。我们并没有多少钱，这项工程对我们来说，是一笔巨大的投资……然而经过更进一步的计算，价值80万的方案，收回成本需要20年，因为每年能节约4万欧元的天然气费用。而价值200万的方案，能让我们每年售出价值20万欧元的电力。在这两种方案里，我们都能节约天然气，而第二种方案在8年以后就能盈利……我们的屋顶也变得有生产力。这才是'生态经济'，发展经济的同时，也发展生态！"公司团队回收了旧屋顶的瓦片，将它们碾碎，用来做植物屋顶的底层，并在上面安置了 13 个蜂巢，这些蜂巢每年能生产 200 千克蜂蜜。"我们知道，杀虫剂的使用，让蜜蜂正在走向灭绝。只要是有可能的地方，都需要安置和维护蜂巢。"爱马略总结道。如今，珀西口团队梦想着一种不但不破坏环境，反而能参与环境再生的工业。

2011 年的一场火灾损坏了一部分楼房，也毁掉了工厂近 30% 的库存。公司离宣告破产已不远。然而，团队的所有人都没有放弃，他们行动了起来。在灾难发生后的最初几个小时里，团队大部分成员都在现场帮助消防员。后来消防员告诉爱马略，他们从来没有见过如此想要保护、修理生产工具的员工。他们新建了一座楼房，楼房上贴满木条，这样能让邻居的视野更舒适，他们还在楼房周围开辟了一片私有果园，里面种植了珍稀品种。"还有一片公开果园，"爱马略说，"让村子里的孩子们能时不时地过来摘果子。"他们种了苹果树、梨树、覆盆子、无花果和葡萄藤……在新楼里安置环形落地窗，员工能在工作时随时欣赏大自然、天空、树木。"在收获的季节里，一旦出去小憩，我们就可以在工厂四周摘果子、看盛开的鲜花和采蜜的蜜蜂……"保险公司让珀西口安装了水槽，以便更容易扑灭可能出现的火灾。而在水槽里种上植被的方案，没出几周就定下来了。"世界上第一个长满了毛的水槽！"爱马略赞叹道。这样，更多的鸟和昆虫就能在那里觅食。珀西口也是北部加莱海峡大区首个 LPO[17] 站点，工厂各处安装了十几个孵笼。屋顶工程让公司除去与皮肤接触的供水（洗漱、卫浴等）外，用水完全自给自足。

同时，收益的再投入使工厂的机器和生产设备时常得以翻新。爱马略认为，如今工厂拥有同领域中世界最先进的设备。"这让我们的服务永远处于尖端地位，也更有效率，同时让我们有能力面对欧洲激烈的竞争。"另外，工厂的安全有了更大保障，而工作难度却降低了。公司的首要任务就是想办法让员工在最好的条件下工作且不受伤。这对爱马略来说，是理所当然的。员工在工作中应该身心愉悦，而这反过来又能让他们更有效率。爱马略常说："我们生命中 1/3 的时间在睡觉，另外 1/3 的时间在工作。所以，我们要有一张好床和一份好工作。"

如今以上过程的总体被称作"循环经济"。珀西口团队认为，循环经济是 21 世纪工业的基础。爱马略解释道："昨日的工业，就是开采原材料、对原材料进行加工、生产出某一物品，在一定时期后，物品又变成废物被丢弃的过程。这也是资本主义的原则：创造性的毁灭。其结果我们都已了解：让人无能为力的垃圾场；泛滥成灾的废料，不只堆在垃圾场里，还被扔进了受污染的海洋、河流；正在耗尽的原材料。因此明日的工业，也就是我们致力于发展的工业，必须通过完全不同的方式运行。我们不能再去开采原材料，而是从 21 世纪的废料中回收。它们会被利用，通过太阳产生的能源而被改变，生产出某种能自我修复的物品，这个物品具有可持续性，在使用寿命到期时，可以被再次回收，进入循环当中。"

珀西口团队不希望陷入自欺欺人的境地，他们也质疑过纸张的使用在信息时代可能并不必要，为此他们甚至向法国国家科学研究中心购买过一份关于纸张信件与电子邮件生命周期的对比报告。这份报告指出电子邮件的污染度高达纸信的15～23倍，因为服务器、信息设备和邮件使用者对邮件的打印，都会消耗大量能源。爱马略和他的同事们对资源的珍稀程度特别敏感。自1997年开始，他们不仅和芬兰纸商一起种植了20万棵树，还成立了北部加莱海峡大区森林再造协会。这个大区曾深受滥砍滥伐影响。如今，协会已经种下3万棵树。另外，他们还和本地两位农民建立了伙伴关系，这两位农民每周向公司员工和村庄居民运送多篮蔬菜。这个行动让农民的收入从每月500欧元提升到1200欧元。

这一切看上去可能有些像田园诗。但他们远非不图利的慈善企业。爱马略所说的"生态经济"让公司在17年间，累计收益2000万欧元，其中1500万用于投资，也就是有500万欧元的纯利润，这还不算社会和环境效益：被储存或节约下来的几千吨二氧化碳、重现的生物多样性、被保护的自然资源……通过长期的再投资，珀西口拥有了属于自己的几百万欧元的资金，让公司有能力在收益不好的年份渡过难关，并且不需要遵从"经济增长"的强制要求。公司的收益增长目前浮动于0%～2%之间。但过去15年中，100%的员工都留了下来。

（三）货币：从单一到多样化

与贝尔纳·列塔艾的会面

虽然爱马略和他的同事们证明了，我们可以从皮埃尔提及的"持续快速增长"的逻辑中抽身，但我们还是将调查推进了一步，想要理解为什么我们的经济总体被机械地推向增长，并产生了如此多的不均等。我们想知道是否存在更加结构性的解决办法：不只是依靠杰出企业家的良好意愿和个人素质，而是能让大部分企业家都行动起来。

事实上，存在一种解释……

"我是为了这片风景住在这里的。"我们走进贝尔纳·列塔艾的客厅时，他这样对我们说道。在我们面前，是俯瞰布鲁塞尔的环形落地窗。房间四处摆放着许多非洲物品。墙上，一个大书架被数百本胡乱放置的书压得弯曲。我是在网上看到的TEDx在柏林举行的讲座中发现他的。他是个胖乎乎、眼角带笑、姿势戏剧化的男人。他在讲座上解释的内容，我以前闻所未闻。他的演讲对我来说是如此疯狂，我想进一步去了解他这个人。事实上，他既不是阴谋主义者，也不是见多识广的狂妄者。贝尔纳·列塔是位经济学家，他曾在麻省理工学院和诺贝尔经济学奖获得者保罗·克鲁格曼共同做研究，并发表了博士论文[18]。他在好几所比利时和美国大学（包括伯克利）做过教师和学者，也是大企业的顾问和比利时中央银行的高级公务员，在比利时中央银行里，他指导过欧元前身 ECU 创建的技术部分。40 年来，他致力于辅助货币的推广，将辅助货币看作在世界范围内保持韧性和发展经济的方法。这种新颖的学说，完全称得上具有革命性。当我们问起他，为什么我们会遇到如此多的经济困难，为什么世界因各种不平等而支离破碎时，我们的对话就风驰电掣般展开了。

贝尔纳： 我认为，我们遇到的大部分困难都和货币创造机制相关。我敢说，只要我们还没有解决这个问题，其他问题就会经久不绝。

席里尔： 我们的货币创造系统有什么问题？

贝尔纳： 福特集团创始人亨利·福特曾说过，如果美国人都明白金钱和银行系统是如何运行的，那么次日早上就会有一场革命。我认为他说得很对……真正的问题是，没有人明白它的运行机制，欧洲人不知道，中国人不知道，巴西人也不知道。比如，你们当中有多少人知道，货币是怎么被创造的？

席里尔： 我知道，因为我为我们的会面做了准备，但其他人可能就不知道了！（笑）

贝尔纳： 私有银行在放贷的时候，创造了我们使用的大部分货币。

席里尔： 这怎么解释？

贝尔纳：假设你要买套房子，需要10万欧，你去了银行。你向银行借款，如果银行接受了你的借款申请，就会给你10万欧，也就是说银行人员在电脑上操作，把数字输入到你的账户里……

席里尔：怎么会这样？无中生有吗？

贝尔纳：对。这就是我们所说的"fiat"货币，借鉴了《圣经》中上帝说出的头几个词fiat lux，"要有光"……这种无中生有的能力，这种神力，也被赐予货币领域的银行系统。银行只需要在自己的保险柜里存有一定数目的钱就行。理论上来说，银行需要拥有1个货币，来创造0.8个货币。差不多就是1比1。但由于贷款的乘数效应[19]，就有可能从真实的1欧元，创造出"虚拟"的6欧元以上。

席里尔：你所说的乘数效应是什么？

贝尔纳：银行创造出这10万欧元后，你会把这笔钱给房子的卖主，而卖主又会把这笔钱存到他的银行。而后他的银行又可以用你贷款之前不存在的这10万欧元，创造出另一个10万欧元，贷款给其他人。这第三个人会把这笔钱给另外一个人，这个人又会把钱存进他的银行，以此类推……一些计算表明，平均每10万欧元，能创造出60万欧元。

席里尔：那么最开始的10万从何而来？

贝尔纳：从中央银行，以硬币和纸币的形式流出。在欧元区内，大约15%的货币以这种形式创造。剩下85%的货币则由私有银行通过贷款和利息创造。这是第一步。

席里尔：到这里，都还算明白……

贝尔纳：当银行给你创造了10万欧元时，它要求你偿还这笔钱，并向它支付利息。假如你借了20年的高利息房贷，那么你就要还20万欧元。问题是这多出来的10万欧元并不存在。

席里尔：怎么不存在？

贝尔纳：银行在创造货币时，只是创造了贷款的数目，而没有创造利息的数目。

席里尔：也就是说，世界上几乎所有流通的货币都是通过贷款创造的，它们都与利息挂钩，但是我们需要偿还利息的金钱并不存在？

贝尔纳：不存在。要偿还你的利息，须有另一个人在某个地方借款，以便创造必要的金钱总量。因此就需要创造新的经济活动……

席里尔：所以就是要实现经济增长……

贝尔纳：这是必不可少的。那些认为我们会走向零增长的人，并没有理解货币系统。我们只是会走向破产而已！再加上，当你偿还了10万欧元时，这笔钱就会从电子系统中清除。那么就需要其他借款来保持足够的货币总量。也就是，永远需要更多的增长。

席里尔：但是我们又不能无尽地增长……

贝尔纳：对，1972年罗马俱乐部发布关于增长极限的报告时，我们就知道这一点了。

席里尔：所以，总结一下就是，这个系统让我们不断进行经济斗争，去其他人那里寻找我们需要用来偿还利息的金钱，逼迫我们实现经济增长。这两种情况并不能持久……

贝尔纳：目前的货币系统和可持续发展不相协调，其中有很多原因。第一个原因就是我们刚刚提到的，强制性经济增长。第二个原因是，短期思维。只要你创造的货币能带来利息，就不用考虑未来。我们预先支用未来。不会有人对100年后再收回的100万欧元感兴趣。正因为如此，很多企业都只做短期计划。几天前，我和一位德国企业主管进行过讨论。我问他，他为自己的孩子做了多远的打算。他回答我：25年。我又问他，当他早上走进办公室时，做了多远的打算。他回答说两三个季度。因为如果他不这样做，公司就会开除他，让其他这样做的人代替他。这个事实让人心寒。

第三个原因是，金钱有破坏社会结构的趋势。人们以为金钱是被动、中立的工具，只是被用来简化交易的。但这种想法大错特错。金钱是操纵器，有着一定的价值，尤其是在人际关系方面。当你买东西并付钱的时候，并没有和他人建立联系。

席里尔：你的意思是，使用货币交易，使我们避免了发生联系？

贝尔纳：完全正确，货币交易有取代人际关系、消除人际关系的趋势……如果，为了祝贺你夫人过生日，你给了她100欧元的钞票，而没有送她礼物，这是行不通的。社会组织是通过赠予创建的。当我为你免费做了某件事情或帮了你时，我们就建立了特殊的关系。如果你为我的服务支付了费用，那我们就没有必要发生联系，我们两清了。社群的进程，就是为恩惠被接受和赞美创造空间。我们创建的商务贸易越多，社会关系就会变得越不人性化，也越来越淡薄。

席里尔：这正是摧毁西方国家社群的因素之一？

贝尔纳："最发达"的社会总是会向着商务贸易发展，因为我们就是这样定义发展的：通过传统货币、银行货币实现的贸易总量的增长……在美国，有一项关于此现象的研究：仍然存在稳固团体的地方，是贫民窟，也就是金钱稀少的地方。我们也能从家庭层面看到同样的模式：在意大利南部，一个家庭，意味着七八十人……是由好几代人组成的家族。但在很多所谓的"发达"国家，我们却只有核心家庭。在美国，超过半数的儿童生活在单亲家庭。当爷爷需要向他的孩子支付房租才能住在孩子家时，家庭就不存在了。

席里尔：所以，我们不应该再用欧元或美元了？

贝尔纳：还是要用的！我并不反对货币本身，但是我反对货币垄断。对这种类型的货币而言，存在一个恰如其分的空间，那就是商贸空间，大型企业的全球空间。正是在这种空间里，货币功能得到最好的发挥，促进创新、发展就业、让"发达"国家的居民达到几个世纪前只有王室能想象的生活水平。如果没有银行债款，我们永远也无法创造和资助工业时代的经济爆发。但如今，我们已经走到工业时代的尽头，却还在使用同样的工具。我们的问题变了。只要所有人还被迫使用这种单一货币，我们就会继续面对这些问题。

席里尔：这种类型的货币不能解决哪些问题？

贝尔纳：人口老龄化、失业、货币不稳定、不平等现象升级、债务爆发……还有气候变化和物种灭绝，这两项会在所有领域产生极为深刻的影响。史上第一次，人类正将整个生物圈带入险境。但是，我认为我们所有的问题都有解决方法，这些方法我们非常了解，它们也证明了自己的有效性，但这些方案在传统体系中是无法获得资金支持的。它们的应用范围和发展速度还不成气候，因为我们宣称我们没有这样的"经济能力"。例如能源，我们知道如何发展可再生能源,但谁会投资?在化石能源或核能中继续获取巨大收益的私营部门绝对不会投资,钱柜子空空如也(尤其由于他们沉重的债务)的政府也不会投资。所以我们就什么也不做,干等着……

席里尔:事实上,我们经常听到,国家负债严重,它们需要采取紧缩政策……然而,当我们观望世界经济,却看到大量的金钱流通,许多公司的收入惊人,我们知道世界上存在着大量财富。那么,这些钱为什么不能用来投资这些如此重要的工程呢?

贝尔纳:传统货币系统(通过债务利息创造货币)产生的效应之一,就是金钱的集中。如果你有钱,那么你就更容易赚到钱。如果你没钱,那么赚钱则会越来越难。追根究底,利息是什么呢?利息就是手里钱不够多、需要借钱的人的钱,向钱已经多得用不了的人转移,因为后者可以借钱给你。利息就是一台自动吸取资源的机器,将所有资源都集中到社会顶层。它是精英阶层为保护既得财产而使用的一种足够合乎逻辑的手段。这也是 3000 年前,父系社会之初,苏美尔人创造这个系统时的目的所在。但其他社会很快就看到了这种系统的危险。我们所谓的"罪恶的高利贷",400 年前才在西方被合法化。在这之前,不管是在基督教还是伊斯兰教国家,甚至在亚洲,利息都是不合法的。

席里尔:你觉得,这个货币系统和父系社会是并驾齐驱的吗?

贝尔纳：对。我们在研究历史上所有父系社会时，发现它们全都做了我们现在仍在做的事情：带有利息的货币垄断。反之，所有的母系社会（女性价值受到推崇的社会）却倾向于创造货币生态系统：社会中同时存在好几种不同的货币。一种货币和父系社会的货币相同，我们可以积累并获取利息；另一种货币，如果积累会受到刑罚；还有一种是纯交易货币，每个人都能获得。

席里尔：我们怎么辨认母系社会呢？这种类型的社会什么时候存在过？

贝尔纳：其中一种辨认的好方法，就是看神像。如果是一位有胡子的先生，没有女伴在旁，独自创造了一切，你可能就在父系社会（笑）。严肃些来讲，历史上有3个非常有趣的时期：伊西斯形象统治下，公元前1000年的埃及；圣母玛利亚形象统治下，中世纪上半叶的法国，我们也称之为"大教堂时代"；8世纪到10世纪的中国唐朝，这个时期有一位女人成了皇帝。这3个时代里，巨大的成就成为可能，人民生活水平也是前无古人后无来者地优越。比如，在埃及，那个时候连奴隶都有钱。所有人都有能力购买或交易。

席里尔：但没有人谈论这个。我也学了几年经济，却从未听说过这样的事情……

贝尔纳：单一货币是我们所有经济理论的基础。我甚至会说，学经济，就是被洗脑，让人们相信，我们需要使用唯一一种货币去做所有事，因为这样更有效率。我并不反对单一货币更有效率，但它也脆弱得多。它没有我们需要的韧性。

席里尔：和我们会面的人中，很多都持有"韧性"这个观点。是不是说货币多样性能在经济系统中创造韧性，就像生物多样性能在生物生态系统中创造韧性一样？

贝尔纳：肯定的。生物生态系统和经济系统的运行机制之间的对应性，是我和我的同事保罗·乌拉诺维茨在美国进行的一项极其深入的研究，他是定量生态学的创始人之一。他穷尽一生，年复一年地去衡量迥然不同的生态系统里发生的一分一毫的变化，如亚马逊丛林、塞伦盖蒂平原或后院里的小水洼……只要是有生命迹象的地方，他都会去考察。我们当时向自己提的问题是：这些极度不同的系统有什么共同点呢？我们发现，它们当中任何一个系统都不允许单一种植。它们需要多样性。也正是因为如此，我们才能系统地学习自然生态系统的运行机制，并将其直接运用到经济中，尽管面对的是一个截然不同的体系。然而，我们已经建立了货币在全世界的单一"种植"。原苏联或中国的系统也以同样的概念为基础：在全国范围内，通过带有利息的银行债务，创造单一货币。世界上所有的货币都属于同一种类型。这样的世界就像一片松树林，有的松树高一些，有的松树矮一些，但它们都是松树。实际上，这意味着什么呢？绝不能丢烟头……

只要里面出现了小小的问题，一切就会消失殆尽……这并不是隐喻，而是我们正在经历的事情。

席里尔：确切地说，如果我们在货币的松树林里扔了一根烟头，会发生什么事呢？

贝尔纳：这是我们在2007～2008年差点就遇到的状况，我们离系统性大崩溃只有咫尺之遥。很多人认为如今我们又处在同类性质的情况中。我们还是常常提起这场危机，因为它对我们影响重大，但并不是唯一的危机。只要我们有垄断，有单一种植，我们的系统就会经常性崩溃。据国际货币基金组织统计，1970～2010年间，全世界共发生了425场系统危机和208场货币危机。你可以去问拉丁美洲人、俄罗斯人、亚洲人……危机发生的频率比我们想象的要高很多。一个系统需要多样化和内部联系才能持久，这是所有复杂流通系统的法则，而经济或货币系统就属于这种系统……因此，我们需要实行这一法则。

席里尔：据说如今，金融比政党或政府的权力还要大。这是否是货币创造机制引起的？

贝尔纳：从历史角度来说，银行是为了满足国家资助战争的需求，而建立了货币创造机制。另外，英国的中央银行也源自英国和法国于1694年的一场战争。而协议的条款每次都是在这种背景下，也就是在政府权力最小的时候，被商议而成。这一现象始于英国，它让英国赢得了一场反对拿破仑的战争，并开始了工业化，然后建立了大英帝国。第二次世界大战中，也发生了一样的事情。美国取代英国，创建了货币新规则，称为"布雷顿森林体系"。这些协议又是在政府最无能为力的时候被敲定的。当时的重点问题是生存，是找到用来打仗和资助国家重建的必要资源。直到现在，这些协议仍然有效。我们给予了它们正式地位。让欧元在欧洲范围内成为垄断货币的条约，就是同样现象更加现代的版本。它造成了我们现在所遭遇的情况：政府不再有权利从中央银行获得资金，而是需要向私有银行借高利息款项[20]（它们以前不用支付利息，即使有利息，利率也甚低）。理所当然，它们的债务危机爆发了[21]。

席里尔：那么，如果想建立货币多样性，让国家重新掌有行动权，我们需要做什么？

贝尔纳：我们尤其需要废除一定数量的阻止人们做事的规则。很简单。我不明白为什么城市就不能发行自己的货币，同时接受用这种货币缴税，而它又能解决当地问题。我也不明白企业为什么不能创造自己的货币，用来支持自己的经营活动。另外，这种系统已经在某些地方存在了。想要解决就业问题，就要从此处着手。在国家范围内也是一样。让我们以希腊为例，为什么希腊人就不能把自己的旅游和出口业务继续留在欧元区，但又同时使用国家或地方货币来买橄榄呢？……如果一个希腊人想买一辆德国车，那就要用欧元买。我们可以同时保有这两种货币。当别人告诉我这根本不可能或事情很复杂时，我只能说英国人在欧元一出现时就这么做了。如果你是一家英国公司，而你的客户和供货商又都在欧元区时，你完全可以用欧元做账和缴税。中央银行每一个季度都会公布英镑和欧元间的总兑换数值。货币垄断、单一"种植"是一种思想体系，因为它给予那些想保留单一货币的人以控制权。但在技术层面，这并不必要。

席里尔：因此以上所有货币应该共同运作起来？

贝尔纳：我认为，我们需要欧元，甚至需要一种世界货币，但它不是任何国家货币，我们还需要自己的社区货币。这才是生态系统的真谛。不会有人说生态系统里不需要松树，但它还需要其他物种。不然，哪天某种疾病暴发，就会毁灭整个森林。相反，如果我们有橡树、山毛榉、千金榆和桦树，那么其中某些物种就会比其他物种更有抵抗力，我们的生态系统也会更加有韧性。

席里尔：我们首先要采取什么措施，或者我们首先需要取消什么禁令？

贝尔纳：我觉得应该引入一个允许进行为期5年的实验的规则。当然，需要对这些实验进行审查，需要对实验期间产生的贸易进行征税……但我们会中止所有禁令。德国立法里，已经有这条规则：你可以有特殊实验性地位，但是作为条件，你必须公布自己的成果。你拥有这种地位期间，为保持旧系统而建立的规则就会被中断。

席里尔：是什么阻止我们这么做呢？

贝尔纳：说实话，在商务领域，我们已经在这么做了！现有一些非常有效率的辅助货币网络，但其存在的领域，并不涉及当前的社会问题。航空公司推出的"里程数"绝非微不足道：世界上流通的"里程数"达到150亿。这个实验表明两件事情：首先，我们可以在很大范围内，以低廉的成本做事；其次，它在一定意义上鼓励人们行动。客户确实会再次选择同样的航空公司，来积累自己的"里程数"。相关企业由此获益颇丰，而我们也能运用同样的方法来处理生态、社会、就业、人口老龄化等问题。这一切都是可行的。例如就业，我们应当创造一种就业货币，帮助中小型企业（在经济体系中创造最多就业机会的机构）。我们所处的时代，是科技在生产中继续大量减少人类活动的时代。中国加速了这一进程，但这并不是症结所在……要解决这个问题，办法不是走回头路。让欧洲重新工业化，这是个美好的空想，但恐怕不能给所有人带来就业机会。再加上科技背道而驰，让家里或小作坊里的3D打印机取代了重工业。我们不仅需要就业货币，还需要创造一个新的社会，在这个社会里，我们的个人兴趣能够成为保证自己生存的活动。既是人们想要做的、又对社会有益的事情无穷无尽，但千万不要相信有人会给我们支付欧元，让我们去做这些事！在家里阳台上种生菜的我，永远也不会比拥有10公顷地、用机器耕种的人有竞争力……尽管如此，我们还是能创造一种能够保障这种活动的经济，但这种经济中不能有货币垄断，因为到那个时候，这里的生菜和那里的生菜，就没有任何区别了。

席里尔：所以政府需要走出第一步？

贝尔纳：我认为政府不应该自己改变事态，但当人们已经准备好改变时，政府需要允许他们改变。我不相信革命。人类历史告诉我，革命者最后很可能变成镇压者。我觉得，我们需要给创新让出空间。在信息时代，我们还在使用5000年前建立的标准，这是不是有点疯狂呢……货币首先就是信息……

席里尔：所以货币需要流动……

贝尔纳：还要实现自己的功能！你们想象一下，如果一个火星人降落在地球上，看到了事情的经过，也看到人们有能力解决已有的问题，最后他会问："为什么你们不去做呢？！"人们会回答他："我们没钱……""钱是什么？我们火星上没有钱。钱是怎么运作的？""货币的真实定义，是某一社会群体，为了使用一种标准化工具作为交换手段而达成的契约。""所以你们在等……这个东西？"火星人会一边喃喃自语"这个地方没有智慧生物"，一边离开地球。

席里尔：如果我们不行动，如果经济危机真的爆发了，会发生什么事情？

贝尔纳：过去3个世纪里，每次我们处于与现在相同的情形时，就会爆发战争。1929年经济危机的解决办法，是第二次世界大战。罗斯福本人就说过："我实行的不是新政，而是在为让世界走出危机的战争做准备。"我还是幼稚地希望，我们不会走到这一步……

WIR银行：6万家中小型企业创立了他们自己的银行

我还记得，当我们从12层楼下来时，罗兰、安东尼和亚历山大的眼神。他们脸上的紧张不安，在白炽灯的映照下，显得更加严峻。我从电梯里的镜子中观察着挤在摄影设备箱之间的他们。我们一言不发，脚步有些踉跄地走向小卡车。当我们再开口时，话语就像水流喷涌而出。仿佛我们到现在为止的所见所闻突然有了更全面的意义。货币创造机制带来的不只是金融世界大权在握，还使得能源过渡缺少经费并造成种种不平等……贝尔纳·列塔艾的话，让我们旅途中的大部分见闻有了理论依据：所有体系都需要多样性才能保有韧性，不论是生物体系还是由人类组织的体系。这一点也正是贝克－艾路安朴门永续农业所表明的，是底特律的毁灭所讲述的，是多种来源的能源混合所揭示的……这一切都是合理可行的，至少在思想层面。因此我们请这位辅助货币专家向我们介绍几个具体的例子，证明多样化货币比单一货币更有效。他认为，其中最有成效的经验，在瑞士这个银行之国，代表城市是巴塞尔，辅助货币的实验地几乎就在 BRI（国际清算银行，银行中的银行，所有银行间的国际规则都在此制定）的对面。

到达目的地，我们面前是一座黑色的现代高楼，楼身上有"WIR[22] 银行"的金色标识。在底楼的环形落地窗边，我们看见两个在柜台后全神贯注工作的人员。男人打着领带，女人穿着小西装，他们看起来整洁干练。从外表看，世界上最稳固的辅助货币银行和其他任何银行没有什么两样。贝尔纳·列塔艾推荐我们和艾尔维·杜布瓦见面。艾尔维担任银行宣传经理一职近 20 年。几个月前，他刚刚退休。那天他起得很早，因为从他住的山里到以前的工作地点，有几百公里的路。他穿着皮衣，衬衫开至第二颗扣子，领口印有金色十字架。他的墨镜、大胡子和卷发，让他看起来不像个瑞士银行家（我们更喜欢这个身份！），反而更像 70 年代纽约黑帮的中间人。然而，听到他讲话，我们就不再有疑虑。他就是在过去 20 年间，捍卫 WIR 的最佳人选：杜布瓦优秀、开朗、质朴而又十分谦逊。

和其他一些创举一样，WIR 产生于 1929 年的经济危机。在瑞士和其他地方，企业家们遭遇了经济的全面崩盘。那时几乎没有投资，没有银行贷款，企业衰退严重。正是在这个时候，自1920年起就居住在纳沙泰尔的德国－阿根廷籍经济学家和商人西尔沃·格赛尔，决定将自己在19世纪末创立的关于自由经济的理论付诸实践。从这个时期开始，格赛尔就预见到利息是社会的毒药，让富人更富、穷人更穷。他的想法引起了一个名叫沃纳·齐默尔曼的人的兴趣，后者联合了14位企业家朋友一起行动。他们共同创建了WIR，一种没有利息的货币，企业家可以在他们的群体内互相交换使用，以支持各自的经营活动。艾尔维说："他们是一群理想主义者……无非是想让世界变得更好一些。在这个更好的世界里，孩子们能有机会活得舒适，人们也不用依靠资产才能有所作为、获得理想生活。另外，这只是反映他们思维方式的众多想法之一。他们还在瑞士发明了住房合作社……"

当所有人都视这两位先锋为疯子的时候，这个想法在企业家间大受欢迎，其他数千家中小型企业纷纷加入。1年之后，共有3000家企业使用WIR。失业严重，经济异常困难，很多企业家都走上了这条非传统形式的道路。WIR获得空前成功，促使贷款安全性的问题引起重视。瑞士当局开始认真对待WIR，而没有约束或禁止这一创举，1年之后它让WIR合法化，并给WIR颁发了银行执照。但是，艾尔维·杜布瓦强调说："这并不是因为当局喜欢WIR，而是因为WIR有了银行执照，就必须遵守金融机构的法律条约，也就是接受联邦政府审查。"这种审查更鼓励了WIR的创始人去深入改革他们的系统，使其更安全、更持久。80年后,6万家瑞士中小型企业,也就是该国20%的企业在使用WIR,它们的货币总量接近10亿瑞士法郎。

这个系统很简单:一种只能在WIR网络中流通的购买力(1WIR法郎=1瑞士法郎)。艾尔维明确表示:"这个系统原则上的动力,就是互相为对方考虑。"为了说明这一点,他向我们举了一个实例:"假设有一位想买到特殊锯子的木工。他加入WIR,然后尝试着找到也使用WIR货币的生产商。他需要把自己的WIR花出去。他可能会向自己家300公里开外的一位他完全不认识的生产商订购自己需要的锯子,因为他可以用WIR支付50%的费用。现在是1月,木锯生产商决定去滑雪,于是他去了自己常去的滑雪度假村,在那里他会看看自己可以在哪些酒店用WIR支付房费和餐饮费。他肯定很容易就找到了合适的酒店,因为到处都有这样的酒店……这些酒店允许他用WIR支付50%或80%的费用,有的甚至是100%的费用。在旺季过后,酒店管理者想要重新装修酒店的房间,他们就会去找收WIR的油漆匠,而油漆匠又会去WIR网中寻找制作油漆的专业人士,而不会去DIY[23]那里购买油漆(因为DIY门店不接受WIR,他们完全不想让WIR在其系统中存在)。有的商家也会把WIR作为市场营销的工具。例如在淡季,有大量空闲房间的酒店,会打出100%接受WIR的宣传,以度过低迷的月份。酒店在WIR的6万参与者中,肯定能找到对此感兴趣的对象,他们可以使用WIR,从而避免使用瑞士法郎,这样他们就能在需要时将瑞士法郎用于向国外或向WIR网之外转账。这些企业互相都有商务往来，而如果没有WIR，它们根本不可能联系在一起。这就是'互相为对方考虑'的原则。WIR不产生储蓄利息，所以所有人都想快速花掉自己的WIR。用WIR投资是没有意义的。由于通货膨胀，WIR甚至会贬值。这也是消费的主要动力之一。人们想让WIR以尽可能快的速度流通、被再次使用。整个系统的活力，也来自于这种快速的流通。"

WIR与传统经济的运行方式正好相反，传统经济中，正如贝尔纳·列塔艾所说，金钱趋于集中化和背离经济（由于投资、避税港等）。在正常时期，WIR系统帮助企业运行，让企业增加自己的经营活动，而在危机时期，系统的支持力度更大。为此进行了3项研究，一项是贝尔纳·列塔艾做的，另两项是詹姆斯·斯托德做的，它们均表明公司抵御经济和金融冲击的能力增强了。艾尔维认为，"我们的系统对周期性经济危机具备足够的抵抗力：经济越是萧条，我们的系统就越有活力。反之，经济形势越有利，我们的系统就越缺少活力。"每次经济危机中，都有数百家中小型企业得益于WIR生存了下来。使用WIR的企业数量，除了在2008~2009年期间有轻微上涨外，20年来都保持稳定，因为瑞士经济运行良好。但是，和贝尔纳·列塔艾一样，艾尔维·杜布瓦相信，这个系统在危机时期能带来巨大的韧性，尤其是对他所说的"脆弱经济体"而言。"我想到了希腊、葡萄牙、西班牙甚至意大利……这将是一种让整个地区稳定的方法。

在撒丁岛,有一个很有意思的例子,其灵感来源于WIR。几年前,一些年轻人来我们这儿咨询,到了2010年,他们就创造了'撒丁克斯'。如今,撒丁岛大约1.5万家中小型企业依赖该系统生存。事实上,撒丁岛属于经济落后地区,在罗马没有什么存在感。所以'撒丁克斯'有点像没有办法的办法,不然企业无法存活。而自创立'撒丁克斯'以来,众多中小型企业形势好转,岛上经济也更强盛。"

至于希腊,艾尔维和贝尔纳·列塔艾一样,认为像WIR这样的创举能够帮助这个国家走出困境。"希腊完全可以建立一个与WIR类似又有所不同的辅助系统。我们的注意力集中在中小型企业身上,而他们完全可以把注意力转移到地区,让地区中的每个人都参与到系统中:公民、企业家、社会群体……我们就以希腊为例。创造一个希腊WIR,他们就能重振经济,因为这种货币将不能在瑞士、美国或伦敦使用,尤其不能在股市中使用……而假如向上述地方转移数十亿欧元,只会让这些钱在48小时内从国内蒸发,落到欧洲和美洲大股市的投机商手中,这完全没有任何意义!我们需要一种能够在脆弱经济中永久流通的货币,一种能让生产出的财富留在国内的货币。这是此系统的第一个优势。第二个优势是,其中的钱是免费的[①],不存在于国际货币市场。也就是说国家不会为了发行这种货币而继续高筑债台。希腊人可以自由组织,保留适合他们经济的货币总量。

---

① 指钱仅被用作一种流通工具,不产生高利贷。

在系统建立初期，他们可以通过政府或议会法令来操作，例如规定用希腊 WIR 支付公务员 50% 的工资或前公务员（希腊多的是前公务员……）50% 的退休金。然后用另一项法令来强制所有希腊公司接受希腊 WIR 作为支付手段。这样，他们很快就能让这个人人都可以享受益处的系统运转起来。"同时，如贝尔纳·列塔艾指出的那样，欧元会继续用于国际交易，尤其是旅游业。

WIR 的例子与众不同，因为和所有其他全球倡议相反，WIR 银行拥有执照，WIR 是由 ISO 认证的一种官方货币，受世界银行承认。如今，我们肯定无法复制这种情况，总之在法国是不会有的，因为法国银行执照极难获得。然而，WIR 银行的地位让它得以积极参与国家经济。和传统银行一样，WIR 银行发行货币，货币仅为电子货币形式，并通过贷款利率来控制流通货币总量。[24] 因为如今，WIR 贷款也收取微小的利息（少于 1%）。但 WIR 仍然不产生储蓄利息。为了优化系统，WIR 银行自 1990 年以来，也提供瑞士法郎贷款。"尤其是混合贷款，"艾尔维·杜布瓦强调道，"用来资助一些你不能 100% 用 WIR 支付的项目。例如房子、公司办公场所、工厂……我们瑞士法郎的贷款利率和其他银行一样，但 WIR 的利率却非常低。最终，人们要偿还的利息就少了很多。这让那些本来没有足够资金的企业得以完成自己的项目……"另外，WIR 系统能向在传统银行系统中处于劣势的经济领域贷款。"某些领域，例如旅游业、酒店业，很难获得贷款。因为对于传统银行来说，其中的风险巨大，而对于像 WIR 这样的中小型企业合作银行来说，风险并不能成为理由：只要企业的经营活动有机会存活下去，那么企业家就一定能获得 WIR 贷款。"这正是贝尔纳·列塔艾口中称赞的货币多样性产生的多样记账方式所带来的好处。WIR 的持有者完全明白这一点。"WIR 并不是一种替代瑞士法郎的系统，而是一种辅助。如果某天它成为某一系统的替代，它也就不会再有现在这些优势了。它必须保持辅助地位，让所有货币投机无法实现。"

布里斯托：市长的薪酬用地方货币支付

对于货币过渡的专家们来说，创造一种辅助货币就意味着"一个群体的人有了一种群体利益"。在 WIR 案例中，这个群体就是瑞士的中小型企业，它们的利益就是在瑞士以及它们各自的领域保持更有韧性的经济。我们还有另一种形式的辅助货币，这种货币更出名，其受益群体由地理界定：地方货币。贝尔纳·列塔艾向我们推荐了一些已经在使用地方货币的城市，我们选择了布里斯托。这座城市位于伦敦西部，距离伦敦有一小时的车程。我们敢说，布里斯托比巴塞尔更有摇滚精神。这是一座有着 Portishead 乐队和波莉吉恩·哈维等艺术家的城市，很多人认为它媲美西雅图——垃圾摇滚的摇篮，出过涅槃乐队和珍珠果酱乐队。而且，和西雅图（绿色食品商店毗邻合作公寓及其他共享型居民区）一样，布里斯托也有着某种抗议和社会创新的文化。所以，欧洲最先进的地方货币系统之一诞生于这座城市，绝非偶然。

跟托德莫登的情况一样，布里斯托的创新源于两个参加了一场讲座的朋友。这次是经济论坛。纳斯和希亚朗进行了一场关于现代经济缺陷的激烈讨论：避税港，银行的疯狂投机，金融泡沫，以及处在经济链条末端的失业、贫困……他们思考能够支持"当地小商业"的方法，正是它们在本地创造了最多的就业机会。为此，他们成立了一个小组，小组中有几名成员和"过渡城市运动"（原名为"过渡网络"）有着联系，在这个团体中，地方货币的想法非常普遍。英国的首批地方货币产生于托特尼斯（参见本书第207页），"布里斯托英镑"的灵魂人物之一马克就住在那里。

2010年，探险正式开始。对希亚朗·穆迪（组织的主任）而言，绝不能只是发起一个小小的替代性创新，而对当地经济没有任何真实的影响。紧接着，有着100万居民的整个大区被选作实验地点。他们和英格兰银行以及金融权威机构进行了多次会谈。似乎没有任何现行法律阻碍这种以惊人速度发展的创新。自2012年起，有好几百位企业家加入到地方货币的进程中来。希亚朗认为所有人都能创造自己的货币，但是，"为了让地方货币产生成效，需要锁定足够大的实行范围，这个范围里要有我们生活所需的所有产业和服务：食物、电力、交通……我们还需要一个由值得信任同时信任系统的人组成的群体。"希亚朗和贝尔纳·列塔艾、艾尔维·杜布瓦一样,认为金钱首先是信任问题。为了优化这个信任问题,"布里斯托英镑"团队选择让地方政府及早介入,首先介入的就是市长:乔治·菲尔古森。作为前当地企业家,他特别重视自己城市中小型企业的成功。他在这种创新中看到了一种极为有用的经济和交流工具。他甚至决定,在不久之后,自己的政治津贴(5.1万英镑)将全数由地方货币支付。这个决定在世界上独一无二。除了市长,其他人也很快地加入进来。希亚朗认为其中的原因很简单:"人们很难不同意地方货币的观点。它支持地区企业,阻碍跨国公司将钱藏在避税港,阻碍工业向国外迁移,它还能减少供给链,在生产商、分销商和消费者之间创建更便捷的通道,它也限制了二氧化碳的排放,让我们的经济更有韧性……何乐而不为呢?"另外,在两年间,希亚朗、马克、凯蒂、纳斯和整个团队在城市中奔忙,以求和当地企业家交流。他们没有首先独自启动这个项目,然后再让企业家们加入,而是问这些企业家:"如果真的有布里斯托英镑,你希望它如何运作?它应该优先服务于什么?这些纸币应该是什么样子的?"他们收集企业家的意见,竭力建立起最适合企业家们的运作方式。

和 WIR 一样,他们决定简单行事,建立地方货币和英镑之间的完全等价关系。他们在市内的商店或信用合作社[25]中成立了好几十个兑换点。当一些英镑不再参与货币流通时,它们就会被存储在信用合作社,用作弱势人群申请的低利率贷款的保

"布里斯托英镑"团队的办公室大门

证金。之后，布里斯托英镑可以在800家参与运动的商户和企业中间使用，以纸币或电子货币的形式流通。这正是其他货币实验所严重欠缺的创新点。当地企业联络负责人凯蒂·芬尼根－克拉克说："当我们发起布里斯托货币运动时，我们研究了英国其他地方的货币实验，如：托特尼斯、刘易斯、布利克斯顿……我们想知道它们有哪些可取之处和不可取之处。需要去兑换点兑换这一事实，对于地方货币使用者来说，是一种很大的障碍。"而如今，在有"txt2pay"[26]标记的商店里，我们可以用一条简单的短信进行支付。这样一来，有一点就显得尤为重要：让商家在他们的供货商那里，或者购买生活必需品时，能直接使用布里斯托英镑。要想让书店用布里斯托英镑支付员工工资，那么书店员工就应该能用布里斯托英镑支付一部分电费，购买食物、服装、家用电器或电子设备，去咖啡厅或餐馆……这就是布里斯托货币主要的成功之处。如今，当地经济大部分部门都在使用布里斯托英镑。从2015年6月开始，人们甚至可以用布里斯托英镑向100%可再生能源供货商"好能源"支付能源费用。"好能源"创始人朱丽叶·达文波特认为，这是世界首创[27]。甚至有很多大学都开始研究这一案例，许多来自伦敦的专家也在评估布里斯托英镑可能带来的经济影响。从我们咨询的好几位商家口中，我们得知，布里斯托英镑体系一开始发展缓慢，现在却占据了这些商家20%～25%的交易。

目前，他们的目标是实现金融交易总额的增长。如今的交易总额为 70 万英镑（发行总额为 100 万英镑）。因此，团队的首要发展对象是医院和市政府。"我们市每年支出为 5 亿英镑，其中 2 亿用来支持中小型企业。如果市政府接受英镑和布里斯托英镑之间的兑换，即使是部分兑换，我们就能从根本上提升影响范围。"希亚朗如是说道。如今，组织的收入来自现金兑换或电子货币兑换金额 2% 的手续费。将来，他们还会依照 WIR 的模式，进行低利率贷款。"我们的根本目的，"希亚朗继续说，"就是把权力和对经济的控制交回公民手中。如果我们想建立一种更加民主的经济，想让民众能够清楚地了解经济的运行，那就需要让人们感觉到自己是经济的主人。大型跨国企业基本上不会对它们所在的地方感兴趣，我们也不可能知道这些企业内部具体发生了什么事情。我们把钱给了这些企业，却看不见它们产生的影响。它们的权力和它们保持良好社会、健康社会的意愿之间，存在着巨大的不平衡。"

我们在有棚市场中穿行，这里大部分商户都接受布里斯托英镑，我问希亚朗，是什么激励他投身于地方货币的运动中。他的回答非常让人信服："我的原始专业是生态学和农学。我主要研究土地生物和传统农业对土地可能带来的影响。我在研究中总是会遇到同样的难题：土地越来越贫瘠、鱼类逐渐灭绝、树木被滥砍滥伐的原因，就是经济。所以我自问：我们能控制这种经济吗？这一切会停止吗？而这些问题的答案通常是：money does what money does[28]。大部分人意识不到经济对包括人类在内的所有生物所能带来的影响。小块小块切割大自然,杀害数千物种,为的却是让人们购买他们不需要的东西;向人们销售这些产品,让他们以为,如果自己不拥有这些物品,自己在社会中就没有地位。这种事不会持续太久。于是,我决定停止关于保护环境的研究,把精力集中到一个会有真正影响的主题上:商业和经济。"我问了凯蒂同样的问题,她认为关键在于发起一场真正但积极的革命:"我在伦敦参加过规模浩大的游行。游行人群情绪激动,我们真诚地认为自己将改变世界。而第二天,当我们再次回到游行地点,一切如故。而我们用布里斯托英镑建立了坚固的系统,它不会一夜之间就消失。这是一场安静的革命进程。它既彻底又振奋人心,但从表面上看,它风平浪静。然而,它却要将金融系统推翻到底朝天,只不过是以非暴力的方式。"希亚朗肯定地说:"我们致力于解决的问题,就是如今大家都知晓的,资本主义体系中经济无限增长的问题。如果你积累财产是为了将财产存进银行、让银行为你工作,如果你希望自己的投资很快有回报,那么你就需要经济不断增长,而不去管后果如何。为了达到这一目标,你得启动债务和利息这台发动机。但是,金钱不必非得由这种方式创造。我们可以在不强制经济无尽增长的情况下,进行资产交易。我们不想要无限增长的经济,我们想要能够满足人们需求的经济。"

正如托特尼斯(英国第一个启动地方货币的地方)过渡城

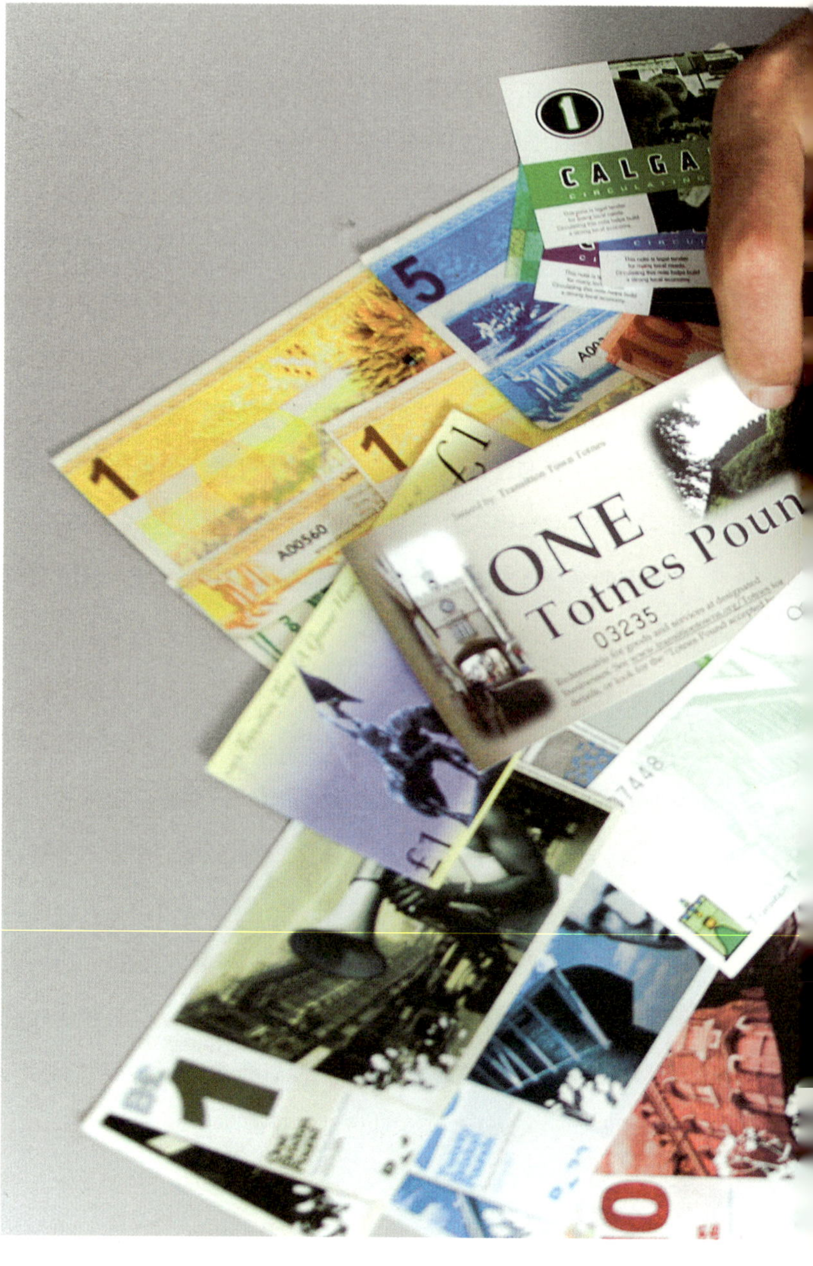
CALGA
ONE
Totnes Poun
03235
A00360

罗伯向我们展示世界各地的货币

市运动创始人罗伯·霍普金斯向我们解释的那样:"我们若想让经济更有韧性,就需要让货币尽可能多地流通。你在本地经济中每花费 1 英镑,就能产生 2.5 英镑的经济活动。而在大型超市里每花费 1 英镑只能产生 1.4 英镑的经济活动。因为金钱从当地流出。地方货币是留住部分金钱的十分有用的韧性工具,能阻止钱财被大型国际公司卷走、被资本化,阻止需要资金支持的经济领域日渐萧条。托特尼斯英镑在邻近的城市中没有任何价值,它们只能在本地使用,没有其他选择。然而,这并不意味着不再使用英镑,托特尼斯英镑只是一种辅助货币,和英镑相辅相成。"

在托特尼斯,过渡运动的发起者们印制了一张面值为 21 托特尼斯英镑的纸币。这种纯粹的英式幽默让我们忍俊不禁。"既然有可能,为什么不去做呢?"罗伯说这句话的时候,脸上挂着孩子般的笑容。对于持有者来说,这种地方货币不仅是对货币制度之严苛和国际金融之所谓严谨的挑衅,更是颂扬地方特色、文化和多样性的机会。在布利克斯顿(伦敦的一个街区)英镑的纸币上,我们能看到在那里出生的名人的肖像,如大卫·鲍威("印他的头像可比印女王的头像要酷多了。"罗伯悄悄说),或者在那里居住过的名人肖像,如文森特·梵高。在托特尼斯,有幸登上 10 英镑纸币的是世界著名歌手同时也是本地人的本·霍华德。

在首批托特尼斯英镑被印制的时候,没有任何地方货币在英国流通。于是项目组决定聚集一群"杰出的替代经济学专家"

来评判这个创举的合法性。罗伯提起这段回忆时,总是颇有兴味:"当我们问他们,我们有没有权利印刷1托尼斯特英镑的纸币,并宣称它值1英镑时,他们面面相觑,最后告诉我们:不知道!你们可以试试,然后我们再看看会发生什么事情……"直到布里斯托在拥有100万居民的大区内实行这种货币制度时,英格兰银行才决定和这些货币制造艺术家们进行小小的对谈。之后,他们发布了关于地方货币及其合法性的官方批文。地方货币从此享有抵用券或忠诚度积分的地位,**就像餐饮券或者航空公司的"里程"一样**。这是释放创造性的第一步。

对于辅助货币的持有者来说,地方范围内的韧性对保持世界经济整体坚挺有着重要作用。不同经济体间想要完全平等地交易而不损害各自的主权完整,首先就需要保持自身经济的良好运行。这就像身体的细胞一样。同时也要注意保持对等形式。罗伯认为:"当两种经济体进行互动时,如果双方都依赖于从世界各地进口物品和服务,自身不再制造任何东西,那么它们之间的关系,就会和那些在当地种植食物、生产能源、管理水资源,拥有坚固韧性的地方之间结成的关系迥然不同。我认为,如果我们在发展的同时,不懂得如何种植我们的食物、修理我们的机器、维护我们的经济,那么我们就会变得脆弱,也丢失了我们自身的一部分。"

这一看法可能会引起某些国家的思考,比如阿尔及利亚,这个国家75%的食物需要进口,或者法国,如我们之前提到的,

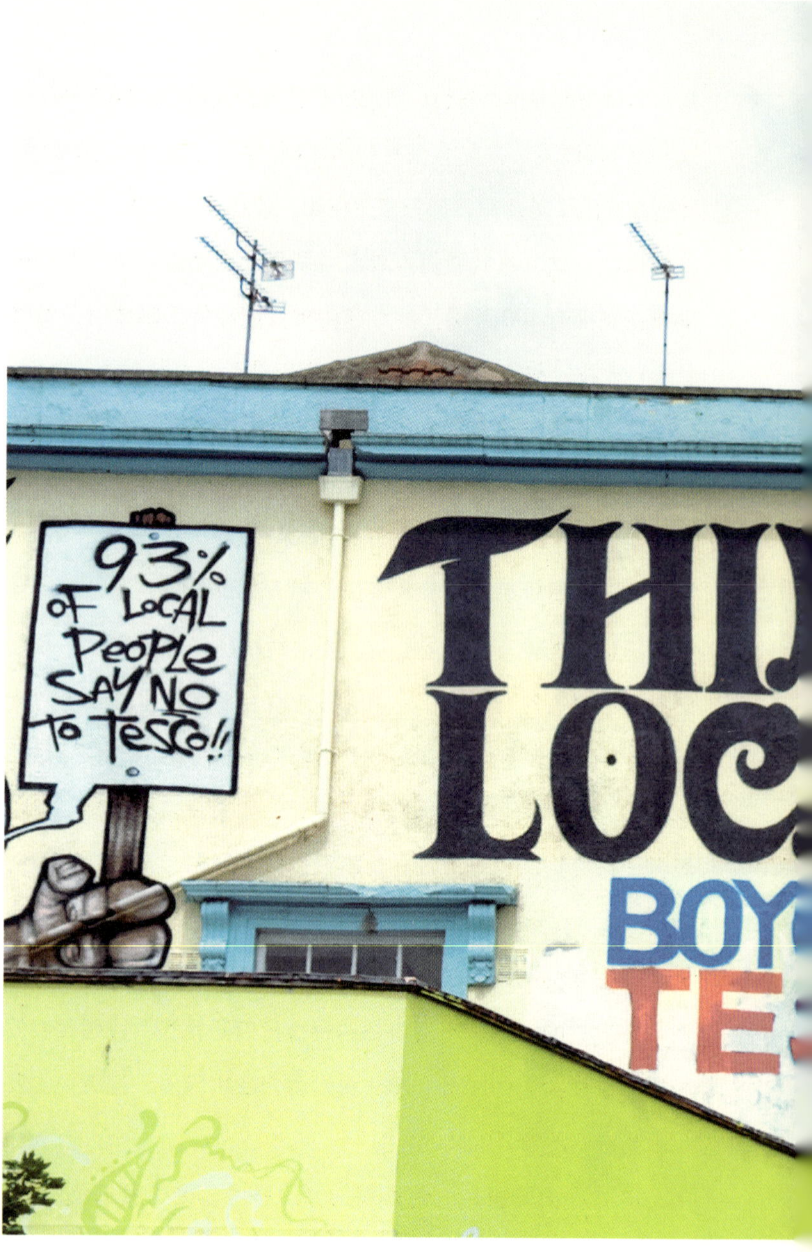
93%
OF LOCAL
PeopLe
SAY NO
To TesCo!!

布里斯托人抵制乐购超市落户当地的遗迹

法国91%的能源依赖进口。2008年，饥荒暴动和这两种现象直接相关。由于过度的投机，石油价格上涨，很多发达国家开始生产大量的生物燃料，丢弃粮食种植。2008年，30%的玉米产量用于车辆运转，而不是用作人类或动物的食物[29]。谷物储备减少，价格在4个月间增长了84%。埃及、科特迪瓦、塞内加尔、布基纳法索等国深受其害。农业不去供给当地需求，而是大量转向出口，食物在这些国家占据了70%（有时高达90%）的家庭预算。食物价格居高不下。同样地，当一个城市或地区广泛依赖跨国工业向居民提供就业的时候，在公司行政管理委员会的决议面前，这个城市或地区拥有的权力就会极为微小。法国经历了数次这样的情况：当弗罗兰日的钢铁企业安塞乐米塔尔或亚棉的轮胎企业固特异决定，为了让集团获取更多盈利，它们只在其他国家进行廉价生产的时候，便是如此。法国政府的全力劝阻和工会的游行都徒劳无功，什么都没改变。

为了反抗这种情况，让经济权力重回公民手中，本土化运动开始在世界范围内发展壮大。在法国、英国、瑞士、印度和美国都有这样的运动，尤其在美国，分散于全国80个不同系统的3.5万家企业联合在一起已逾12年。这就是BALLE（地方生活经济商务联盟），它的目标是："在一代人的时间里，创造与大自然和谐相处的、互相联通的地方经济全球网络，以寻求全人类的健康、繁荣和快乐。"我们在奥克兰遇见了聚集在年度大会上的几百位BALLE成员。被所有人称作"BALLE之母"的朱迪·威克斯，是这个组织的联合创始人。她的故事又一次告诉我们，大部分运动都产生于普通人的尝试：某人在某天决定，他不能继续在这样支离破碎的体系中生存下去，他要走向这个体系价值的反面。

70年代初，朱迪刚在费城老区安家，便得知自己社区的一部分将被拆迁，用来建造新的商业中心。她很喜欢这个地方，决定加入已经被动员起来的居民当中，阻止商业中心工程。在几个月的斗争过后，他们的努力获得了回报。在这种新势头的推动下，朱迪更加关注邻里关系。1983年，她在自己住房底楼开了一家小咖啡厅：白狗。由于朱迪的人格魅力，这家咖啡厅很快生意兴隆，在几年间，咖啡厅延展到毗连的楼里去了。6年以后，咖啡厅变成了能容纳200人的餐厅。朱迪对于生态问题非常敏感，对白狗进行了整改，不久，白狗成为宾夕法尼亚州首家100%风力发电的餐厅。朱迪在这里实施了回收和制造复合肥料的项目，并安装了一台太阳能热水器，用来洗刷餐具。但BALLE的星星之火并不是由此而诞生的。她跟所有餐厅经营者一样，需要关注餐厅的食材是如何生产出来的。她最关心的是养殖者饲养动物的方式。1998年，她决定不再购买不能行走、见不到日光、只能被锁在拥挤的笼子里、用转基因产品喂食、被灌满抗生素的圈养牲畜的肉。她开始在当地寻找绿色养殖者，寻找在户外生活、饮食健康的鸡、猪、牛。她最后找到了能给她提供餐厅所需所有肉类和奶制品的供货商。这个经历又鼓励她去寻找水果、蔬菜、谷类的绿色种植者。几年间，她的餐厅95%的新鲜食材都来自于方圆80公里以内的当地农庄。但朱迪想要走得更远，想要影响整个地区的生产者。为此，她创建了白狗社区公司，这个非营利组织的目标是在生产者和餐饮工作者之间建立联系。为了保证这个组织的良好运行，朱迪向其转入了自己公司20%的收入。在几个月间，一个农场、餐厅和食品店之间的地区网络建成。朱迪于是思索如何通过在网络中加入其他活动来扩大这个网络。她开始会见地区内的企业家，2001年，"SBN Philly（大费城可持续商务网络）"诞生。如今，SBN Philly有400位成员，分别来自可持续农业、可再生能源、生态建筑、回收、生态清洁、制造、独立媒体、零售业等领域。然后，朱迪认识了劳里·哈梅尔，后者自1988年就成立了新英格兰企业社会责任协会，他们俩的经历如出一辙。他们希望能够通过各自的网络共同建立一个可能会吸引数千企业家的国家性项目。在一个夏天，他们邀请了十几位企业家来思考这个项目的可行性，其中包括两位积极关注重新本土化问题的经济学家：大卫·科腾和迈克尔·舒曼。会议一结束，他们就决定建立BALLE。在接下来的几年里，其他和费城网络模式相同的网络在全国发展起来。其中最活跃的网络之一在贝灵汉，我们在那里见到了贝灵汉网络的联合创始人德瑞克·朗以及他的前妻，这个运动如今的总指挥米歇尔。

（四）本地优先！

贝灵汉位于美国西北角，与加拿大边境相距几十英里。美国人常说，华盛顿州是美国的抽水马桶。要知道，那里全年都在下雨。我们刚从加利福尼亚州赶过来，因此能深切感受这座环山小城的水流、绿化和清新。然而，和我们待了3天却一直在下雨的底特律不同，这里阳光四射。遇上这样的天气，我们便没什么好抱怨的了。贝灵汉城内共有8.5万居民[30]，拥有海岸地区特有的开放精神。贝灵汉处于西雅图和温哥华之间，西雅图是垃圾摇滚和绿色食品商店的城市，温哥华和哥本哈根一样，是世界上最环保的城市之一。它受到这两个城市的积极影响，不断发展本地经济。贝灵汉几乎可以说是本地经济的小天堂。我们在这座城市的街道上行走了数日，和商家们交谈。团队的一部分成员甚至无法相信，在这个极端自由主义和自由贸易的国度竟然存在这样的地方。这听起来不像是真的。但我们很快就认识到了这个事实：贝灵汉成功地做到了很多欧洲城市甚至还没开始尝试的事情。

我们乘坐德瑞克的车和一辆租来的皮卡，开始参观"木石[31]"，一家世界知名比萨烤炉制造商。美国本土主义者的想法并不是取消国际贸易，而是和布里斯托人一样，让企业扎根于当地、扎根于群体，就地生产所有能生产的东西。1989年基思·卡潘特和哈里·赫加提相遇的时候，一人在销售餐厅设备，另一位在销售焚烧设备。1990年，他们决定将这两种能力合并，一起制造比萨烤炉。"我们只是把乡下人用的烤炉现代化了。"木石副董事长之一梅里尔·贝文说道。这个现代化极为成功，在24年内，他们的工厂从1.6万平方米变成了11.7万平方米，员工从2人变成了130人。"我们曾有上千次机会将生产迁移到中国，"梅里尔继续说，"但我们只想在本地创造就业机会，想在这里扎根并创造价值。烤炉90%的材料来自华盛顿州：高温陶瓷、不锈钢、煤炭烤架[32]……烤炉在世界上80多个国家销售，但优先供给当地。比如集市广场上的la Fiamma餐厅就用的是这种烤炉，烤出的硕大比萨，一个美国人独自就能吃完（我们却要两三个人才能吃完）……"

2006年，德瑞克领导的协会"可持续联通"（和朱迪建立的"大费城可持续商务网络"是一样的性质）组织了"社区绿色力量挑战"，一种鼓励在本地发展可再生能源的竞赛。德瑞克和他的团队抓住以下两个因素来说服当地群众、政治人物和企业家：经济利益和竞争。在第一环节，他们提议对能源的节约量和可再生能源设备的营利性进行审核。例如，太阳能电池板可以全速运转20年，在使用六七年后，就能达到收支平衡。还剩13年的"免费"能源。竞争，是因为美国人喜欢做"第一名"，成为全国可再生能源生产第一大城市，这样的愿景激发了整个贝灵汉地区。木石公司决定接受挑战，参加了竞赛。他们在屋顶上安装了太阳能电池板，用于生产自己的电力。为此，他们求助于另一家本地公司伊特克能源，这家公司有47名员工[33]，他们为贝灵汉市和整个华盛顿州制造太阳能电池板。在伊特克的厂房里工作的工人，大部分在25～45岁之间，他们笑容满面，非常开心地配合拍摄了我们将在纪录片最后播出的一组团队镜头。在仅仅3年的经营时间中，伊特克制造出9万套太阳能组件，这些组件每小时生产2.4万兆瓦电力。它们中的一部分由丘卡纳特建筑的总监麦克·麦考利安装，丘卡纳特是当地一家建筑和房屋能源创新企业。我们在一座刚刚完成修缮工作的典型60年代房屋前见到了麦克。这座房屋经过能源整改，已经焕然一新：它生产出的能源多于自身消耗的能源。房屋的墙壁进行了隔冷隔热处理，换了窗户，许多小房间被合并成几个大房间，从而使空间得到重新规划，屋顶进行了隔水处理，上面安装了太阳能电池板。所用的大部分材料来自于当地资源或当地企业。或两者兼有。

像伊特克或丘卡纳特建筑这样的公司，之所以能在新近成立并拥有众多订单，是因为"可持续联通"组织的挑战卓有成效，已经超出了他们的期待。2006年，在半年时间内，贝灵汉市的可再生能源生产从0.5%增长到了12%。2007～2009年间，贝灵汉成为美国可再生能源第一大城市[34]。市政议会全票支持对所有房屋和公共设施进行100%绿色能源过渡，像木石一样，超过100家企业在屋顶上安装了太阳能电池板，或者要求他们的电力供应商提供可再生能源产品。由于购买了大量的绿色能源，贝灵汉得以从能源公司取得40%的总体折扣，所有居民都能从中获利。农夫市场（华盛顿州最大的生产者市场之一）也是同样的情况，这个市场安装了一排伊特克的太阳能电池板，向商家供电。德瑞克非常骄傲地向我们展示了这个新鲜、绿色、本地食物的基地。乍看，这个市场对于我们这些已经习惯了各种市场的法国人来说，毫无新奇之处，但细细看来，几乎所有在场的商家都是当地的农场主。这里没有来自国际食品批发市场（如巴黎附近的汉吉斯）的时蔬。这里的肉类、蛋类、面包、水果、蔬菜、鲜花、蜂蜜都来自方圆100公里以内的地方。这些农庄不仅在这里向居民零售，也为市内的商家和餐厅供货，例如"绿头鸭"，它和巴黎"贝蒂咏"一样做手工冰激凌，13年来一直使用绿色地方材料。几年内，"绿头鸭"成为绿色农庄联盟"成长中的华盛顿"和云山农场（我们在集市上看到的开发商之一）的大客户，向它们购买数百公斤浆果、小水果、苹果、葡萄或南瓜。总之，6个相邻的农庄向本·斯科尔兹和他的团队供货，让他们能够生产出25种不同口味的当季冰激凌，还有来自远方的香草、巧克力、咖啡或开心果……

我们还能继续列出其他例子，因为贝灵汉几乎所有的领域都存在本地生产，比如特蕾莎·朗帕尔在自己位于市中心的店铺地下画设计图，并用绿色棉、公平贸易麻纤维布制作服装。旅程中，德瑞克向我们讲述着贝灵汉的美好故事，这些故事和我们在其他地方习惯听到的故事完全不同。"这儿，"他向我们指了指某一街角,"以前这儿是一家肯德基,它的油脂味让周围邻里不胜烦扰,接着街区里一对年轻的夫妇买了这幢楼,把它变成小酒馆,为顾客提供当地食物,酒馆的露台上爬满葡萄藤,花丛锦簇……现在,这里的味道可香了!"再走远一点,我们经过沃特康教育信用合作社(WECU)门前,"它差不多是市内最大的银行……它属于它的成员,把钱留在本地,让我们的经济发展壮大。存款变成了贷款,用于帮助贝灵汉地区的企业或个人项目。"然后我们走到了伍兹咖啡厅。"贝灵汉有12～13家伍兹咖啡。它是本地连锁店!第一家伍兹咖啡是老板父亲开的。当他的孩子长大后,他希望孩子能留在他身边,所以他将生意扩大。""你们有多少星巴克?"梅拉妮问他们。德瑞克嘴角带笑地说:"市中心有一家,县里可能还有一两家……"

在这种科幻小说般的故事里,当地企业取代或超越了全球连锁店[35],然而德瑞克和他的团队对此成果并不意外。10多年来,"可持续联通"使用一切方法支持地方企业,让它们形成网络,同时向大众发起宣传(比如"首先考虑本地"的宣传活动),为企业提供技术和行政帮助。他们在众多领域开展项目:农业和食品业、能源、建筑、废物处理……并取得了一定的成功。如今,贝灵汉70%的居民认识"首先考虑当地"的标识,60%的居民改变了自己的购买习惯。贝灵汉在当地独立商业的比例和活力方面,排名美国第二。近700家企业加入了"可持续联通"协会,2000家企业直接或间接享有协会工作成果带来的利益。这也是市中心一家碟片店能维持下去的原因，我们可以在这家店里待上很长时间，互相推荐 CD 和黑胶唱片。不管人们怎么说，在贝灵汉生活就是非常舒适，正如 2014 年盖洛普健的调查[36]所显示的，贝灵汉在美国所有"小城市"中，在健康和养生方面，排名第一。居民"慢性病较少、过度肥胖现象较少，做的运动更多，更少抽烟，对自己的社区有着更积极的看法"。

米歇尔·朗是德瑞克的前妻。她在成为 BALLE 全国总指挥之前，和德瑞克一起发展了"可持续联通"。在奥克兰的大会上，我们和她以及此运动的理论学家、经济学家之一迈克尔·舒曼[37]，联合创始人朱迪·威克斯，40 个董事之一、协会企业家代表尼克·西尔韦斯特里进行了很长时间的交谈。我们想了解"本地"这个概念对他们来说意味着什么。尽管在法国和全世界，由于我们之前提到的众多原因，"重新本土化"的概念正在发展，而且无论在生态还是社会方面都似乎完全合情合理，但是其中时常掺杂自我封闭的想法，而这种想法有可能成为极右主义的垫脚石。那么，我们是在后退吗？我们会终结全球经济吗？地方经济是否具体地表现出了它的有效性？我们想找到这些问题的答案。

与米歇尔·朗、迈克尔·舒曼、尼克·西尔韦斯特里、朱迪·威克斯的会面

席里尔：你们认为，目前的经济有什么行不通的方面吗？为什么要花那么多的精力去改变？

尼克：美国经济不能再在这条路上走下去。它建立于对美洲印第安人的屠杀和对我的同胞[38]的奴役之上，而且至今仍未走出这种情况。非裔美国人从奴隶变成了佃农，然后变成囚犯。每3个非裔美国人中，就有1个坐过牢。而我们经济的一大部分就是利用了这些囚犯的免费劳动，积累利益。我们的食物系统全靠移民的非法工作支撑。非法移民占据了50%的劳动力，他们被剥削，如果有所抱怨就会受到被驱逐的威胁，被视为下等人。我们的服装和一部分物品，由世界另一端的人生产，这些人在极度恶劣的条件下工作，拿着微乎其微的工资。我们需要重新构建经济。只要它的运转无法脱离对底层奴隶阶级的剥削，只要它无法填平巨大的贫富鸿沟——90%的人类只掌握着10%的财富，情况就得不到改善。

席里尔：在某种程度上，我们可否把消费者也视为这个系统中的奴隶呢？他们需要工作一辈子，在不断的生产和消费间让系统运转？甚至"消费者"这个词本身就已把人类贬低为一个经济变量……

尼克：可以这么看。不幸的是，我们当中很多人不知道自己可以有其他做法。

米歇尔：我认为，关键问题在于把一切都分隔开来，就好像事物不是相互联系的一样。我在攻读MBA[39]的时候，常常和宏观经济学老师产生争执，以至于很多学生都说："我从来没见到过一位老师能在单个学生身上花这么多的时间。"我不明白，为什么将人类和大自然[40]这样的变量排除在外的经济体系能够运转下去。我问老师："这玩意儿真的能在某处实行吗？还是这只是一种理论？"商业成功，仅由一条简单的账本底线①体现。但我们过得好不好，我们的生活是否有所改善的问题，却不被计算进去。用每个家庭拥有的微波炉数量，而不是根据人民的幸福指数来衡量经济成果，这完全是疯狂的行为。这种经济实际上并不能让人们受益，它只会加剧不平等现象，破坏大自然……让我深有感触的，还是自杀率，人们已经没有了任何的归属感。

席里尔：为什么"本地"就是这些问题的一个答案呢？本地公司也可能会破坏大自然、虐待员工……

迈克尔：当然，"本地"出品并不能保证一切就都完美无瑕。到处都有行为卑劣的经济参与者，但我们拥有无可辩驳的证据，证明地方经济在多个领域都更出色。比如，美国环境保护局曾

---

①即企业净收入，为总收入扣除业务成本、折旧、利息、税款和其他开支之后的所得或收入余额。净收入是财务损益表的最后一行，所以也叫账本底线。

调查过工厂对与生产活动相关的一部分有毒污染的容许度。调查表明，属于外地企业的工厂所能容忍的污染排放量比本地工厂高出 10 倍。当一个企业的行为不恰当，而你在教堂、集市或学校遇见了该企业的管理者或业主，你就有可能告诉他，他的企业有哪些不对的地方。集体的压力能够重新定义企业行为。

米歇尔：在亚马逊丛林中砍伐一棵树产生的影响我们感觉不到，但是我们却能在街角或自家院子后面，很好地衡量这种影响。通常在自身范围内，我们才会最积极地去行动和改变。公司越大，离它的分公司越远，其管理者就越难意识到自己行为的影响。相反地，本地企业家会努力为自己的生活场所、自己平日里打交道的人、本地的河流、学校等创造价值。

迈克尔：至于就业，它是公民在所有选举中最关心的事情，在 10 年内，我们积累了很多研究，这些研究证明本地经济是创造就业的关键。其中一项研究还发表在 2010 年 7 月的《哈佛商业杂志》中。这是一项对全国数百座大都市进行的回顾性研究，它表明，本地独立公司占据高就业率的大都市，就是创造了最高的企业平均[41]就业率的都市。美国联邦储备局在 2013 年 8 月进行了另一项研究，表明人均收入增长和小型独立公司出现有着直接的联系。另外十几项研究也证实了这一结果。与此相反，推动就业增长最坏的方式，就是全美以经济发展的名义一直在做的事情：花大价钱去吸引或保留跨国公司。这是一种完全失败的策略，而且这一点已经被证实过很多次了。通过在本地范围内进行的多项研究，如今我们知道，一个人在本地独立公司里花费 1 美元所带来的就业影响，比在跨国公司中花去的 1 美元要高出 2~4 倍[42]。还有，它在居民收入、慈善机构善款、市政府税收等方面带来的影响也高出 2~4 倍。克里夫兰市（39 万居民）进行的调查[43]表明，如果将 25% 的食物购买回归本地，那么就会在当地产生 2.7 万个新的就业机会（也就是当地每 8 个失业人员中就有 1 个可以重新就业），也会让地区年产值增加 43 亿美元，让市政府税收增加 1.26 亿美元。而这仅仅是食物方面[44]……

米歇尔：总之，大型跨国公司很擅长积累财富，但这些财富最终却流入极少数人手中。走向财富最大值和获利人数最大值的道路，就是在特定的地方，出现更密集、更多样化的本地独立企业。

席里尔：你们认为，未来经济就是 100% 本土经济吗？

朱迪：我们的看法是这样的：与其拥有被向全世界销售产品的跨国企业控制的全球经济，我们不如构建一个尽可能独立的、内部联通的本地网络，这个网络中的每个群体都能实现真正的食品、能源或水源安全。这些群体不再依赖大型企业来满足自己的基本需求，而是利用自己的盈余和特殊财富来做生意。人们误以为我们的运动只限于本地。我们的观念是"本地优先"，不管是我们能够生产的东西，还是满足我们基本需求的东西，我们都要去制造。然后再和其他群体以公平的方式进行交易，我们由此也支持了世界另一端的本地经济，而没有剥削自然和人类。所有的生命都是相互联通的，不管是人类还是动物，甚至是植物。我们必须从这一现实出发，做出自己的商业决定、经济决定、作为企业家的决定和作为消费者的决定；我们应该为群体的利益而行动，而不是为满足个体的贪婪而行动。

迈克尔：我认为，未来经济有 3 个特征。首先，大部分就业（约 90%）都在本地独立企业产生。其次，我同意朱迪的看法，每个群体都应该独立自主地满足自己的基本需求。我经常听到这样的话："如果你们创造一个所有群体都独立自主的世界，那么全球市场就会被摧毁。"但这种想法并不正确，原因是这样的群体有着更多的可支配财富。我在华盛顿生活，当我把自己的储蓄账户从美利坚银行转到了本地信用合作社后，我每年能节约好几千美元，用这笔钱，我就能买法国红酒了！不管怎样，为了减少二氧化碳排放量，关键就在于推广本土制造，同时实行碳排放税收策略，以减少资产和服务交易中所消耗的化石能源。第三，我们需要致力于实现一箭三雕的企业：经济、社会和环境效益，而不仅仅是金融效益。这也是 BALLE 所有的企业家正在做的事情。

席里尔：为了实现这一目标，只需要消费者改变购买习惯吗？还是需要立法的修正？

迈克尔：这两者都很必要！举个例子，我是地道的经济自由主义的支持者，也就是当大型企业濒临破产时，纳税人没有必要因所谓的"大到不能倒"而为其买单。2008年，我们看到了大型金融机构是多么没有效率、没有可持续性。然而，政府却参与其中，阻止这些机构倒台。这也就意味着政府没有为集体或市场的利益行动，而是站在这些机构的立场上。我们应该像对待小型企业一样来对待大型机构，如果它们没有效率，就应该让它们破产。美国的政治领导人们，不管属于哪个政党，都宣称小型企业是经济的活力。那么他们就应该让自己的政策和自己的言论相符！比如，我们应该阻止大型企业进行垄断。沃尔玛[45]和它的供应商们进行的垄断经营，触犯了我们的反垄断法，却无一人强制它们去遵守这一法律。政府允许亚马逊在互联网上销售书籍而不交税，可所有的独立书商都在交税。如果我们真的相信自由主义，需要施行的措施其实相当简单。在真正自由和公平的市场中，地方经济将会欣欣向荣……

席里尔：但现在全世界都在说，跨国公司对政治领导人和法律有着决定性的影响。

尼克：事实上，已经是这样的情况了。如果大型企业继续这样走下去，我们会看到政治中的钱越来越多，而持有最多钱的人会控制编写法律的人。如果说我们所拥有的保护自己的手段就是人民的力量，那么我们就应该去使用这种力量。

朱迪：这是显而易见的事情，所以说 BALLE 也是一个支持民主的运动。如果政府被大型企业控制，那么我们的民主就不是真正的民主。第一步就是不再把钱交给这些公司，购买自己群体里的公司的产品，从而削弱大型企业的权力。通过这种方法，我们就能重新夺回对经济的权力。

迈克尔：我们也可以形成自己的游说团。我们刚刚获得了一场立法的胜利：我们所提议的政策，将极端保守派和极端进步派聚集在一起，以实现非常重要的改变[46]。美国约束投资的法律《安全法》[47]已有百年历史。然而，这一系列法律不但没有建立安全，反而催生了两种阶级的投资者：一边是富有阶级，我们称之为"1%的人"，另一边则是其他99%的人。总之，如果你有钱，就能想什么时候投资就什么时候投资，想在什么领域投资就在什么领域投资，不会有人对此提出任何疑问。但如果你没有什么个人财富，还想投资一个当地小型企业，你就必须交付几千美元的司法费用，用来为资金转移的安全性作保。由此产生的结果，就是根本没有多少投资。我们刚刚改变了美国法律中的这一情况，大幅减少了小型企业在这方面的成本，让"99%的人"也能自由投资。我们的成功得益于像我这样的本地主义者和共和党人中的茶党一派的联盟，尽管茶党人士相信如《安全法》一样的老旧法律能够带来经济调整。我们的联盟，让我们在2012年有了和国会碰面的机会，而国会也基本上全票通过了《安全法》的改革。这是当年最重要的一项决议。它表明，只要懂得聪明行事并找到共同利益，我们就有希望！

席里尔：长期而言，这些新法律可以做什么？

迈克尔：我们的目标是："把华尔街的钱转移到主街。"[48] 将我们的资源投资到和我们保持联系的企业中。目前的系统里存在一些疯狂的东西：我们一辈子都在把经济托付给自己从未见过的投资者，他们再把我们的钱投到离我们数千公里远的马来西亚，而这一切是因为他们许诺我们会有幸福的晚年、快乐的退休生活。这是童话故事……"慢钱"[49]运动的参与者说："请把钱投资进你关心的公司、参与构筑你想要生活其中的世界的公司、给你的群体带去利益的公司。你如果在本地投资，就能优先享受创造就业、保护环境、创造财富的企业带来的积极成效。"这种策略让我们可以创造自己的对冲基金。从财政方面来说，我们成为自己未来的主人。脱离对全球经济的有害依赖，这是第一步，也是最重要的一步。

席里尔：个人投资是否代表着一种真正强大的力量？

迈克尔：我们估计美国的长期投资有30万亿美元。如果这笔财富的一半投资到了经济的半壁江山，也就是本地企业中，那么就会有 15 万亿美元从华尔街转移到"主街"。这会为每个美国人带来 5 万美元的收入。开启这个运动至关重要。只要第一批 1 万亿美元动起来了，人们对华尔街企业股票的需求就会减少，股价也会降低。相反，对"主街"企业股份的需求和其价格就会增长。所有投资顾问和资产管理顾问都会向他们的客户说："地方投资正在兴起，你应该给本地投一点钱。"几十亿美元几十亿美元不断累加，直到达成双边 15 万亿美元的平衡。这可能会是现代史上最重要、最有革命性的资产运动。而华尔街自始至终都不会知道出了什么问题。

席里尔：你们觉得，我们有必要建立新企业，而不是试图从内部改变现有企业吗？这个话题，在那些认为应该清除像麦当劳这样的企业的人和坚信麦当劳能成为道德高尚的企业的人之间，已经争论很久了。

米歇尔：BALLE 产生于 25 或 30 年前的企业运动，这个运动曾经尝试着重塑目前的模式。运动中的一些先锋，有创建了美体小铺的安妮塔·罗迪克，也有成立冰激凌公司 Ben & Jerry's 的本·科恩和杰瑞·格林菲尔德。这几个人是他们这一代最优秀的企业家。以前所有的企业家都认为，资本主义的准则，就是投入的资产得到回报，然后通过被大型企业收购或公司入市，增加自身经济活动。而这几个人却认为自己能做得更好，创造更好的、忧心人类和大自然的商业……

席里尔：美体小铺被欧莱雅收购，Ben & Jerry's 被联合利华收购……而他们并没有改变这些大型企业，反而被纳入大型企业内部，增强了大型企业的模式……

米歇尔：对。他们是积极的人，也有着积极的想法，但目前的系统把他们吸进去了。

席里尔：为什么？为什么他们没有改变这个系统？

米歇尔：其中有很多原因：公司融资的方式、惰性、习惯……我们从社会学家和思想家那里得知，当某个大系统变得腐败时，不管它是人类组织还是生态系统，都很难以不同的方式重塑自身。它做自己一贯做的事，改变一些无关紧要的方面（比如某些企业建立了可持续发展部门或社会责任部门），但却不能完全重建。想要创造新事物，就必须在占统治地位的系统之外，布置出一个安全的空间。这也正是我们和分布四处的本地小企业网络一起在做的事。我们是先锋，竭力为我们的明日经济绘制美好蓝图。

席里尔：为什么你们如此积极地参与这些行动？你们每天早上起来的时候都在想什么？

米歇尔：我很欣赏企业家和他们的精力、革新以及观念。我喜欢作为创造和服务工具的商业，却不喜欢通过榨干人的才能来赚钱的商业。我那些在大型企业工作的朋友们如行尸走肉一般可怜。他们每天的工作，就是把那些数字做各种排列组合，自己却与一切毫无关联。什么是企业家？他们有思想，有才赋，并且把这些思想和才赋带到自己的群体中。我认为重要的是重建联系。伯克利的一些科学研究显示，一个人（不管他是法国人、美国人、年轻人、老人、共和党人还是民主党人），只有在感觉自己和有意义的目标相连，和他人、大自然联系在一起，为人宽厚慷慨时才会觉得幸福。我自己也想幸福。

尼克：我的家庭教育我，我们是整体的一部分。家兴需要群体兴；群体兴需要社会兴；社会兴需要地球兴。我深感这一切的责任。因为，这一切，归根结底就是我的地球、我的人民。

席里尔：你们相信我们能做到吗？

朱迪：我们会赢的。否则，只会迎来文明的没落，这种没落我们心知肚明：大自然会继续被破坏、不平等现象继续加剧、我们深陷危机。这是一条自杀之路。我们希望通过把权力交回人民手中——"power to the people"（权归人民）——来避免这种结果。

走出这条自杀性道路……两周以来，我滴酒未沾。这可是15年来从未有过的事情。以前我从不喝酒，到后来每天醉酒；

我喝红酒，就像喝咖啡上瘾了一样：每天1～4杯，集会或晚宴的时候，会喝得更多。喝酒对我来说，是一种强大的、文化的、家族的癖好，承载了我对很多英雄的幻想。战胜酒精，就像是重做自己的主人一样。而且我希望，这种改变能让我有更多的变化。世间的竞争让我心碎，尽管做了那么多努力，我却明白自己能持续把握或改变的事情完全微不足道。喝酒让我不必每日都面对这种痛苦，让我迟钝，让我对自己不闻不问。戒酒之后，我又感到自己存在于真实之中，也投身于其他补偿戒酒的活动中去。我渐渐又有了冥想的渴望。这种精神沐浴洗去了思维的疯狂活动，让我回归平静。我在冥想的时候、在树下长时间行走的时候、在城中穿行的时候、在性狂喜的时候、在亲吻的时候、在凝思的时候，有了简单的存在、纯净的思想，它们是生命赋予我的最重要、最有意义的经历。有能力开启这些经历的元素，与物质占有没有一点关系。对生命的爱、艺术作品引发的感情、贴近大自然时内心的澎湃，这些都不依靠任何金融交易。只要能保证最基本的安全（住所、食物、能源、服装、出行）和微小的富余（文化活动、旅行……），那就没什么能阻拦我们达至深深的幸福。这是我对朱迪和其他人想要进行的斗争的理解。这首先是一场反抗自我的斗争。或者更确切地说，是为了自我的斗争。

(五) 修理、重复使用、自己制作：Makers 运动

经济整改也是 Makers[50] 运动的核心。我们在奥克兰的 BALLE 大会和参观底特律城市菜圃时，都遇见过这个运动的参与者。面对所有产品都是一次性的超级消费主义社会，诸如"定期淘汰"[51] 这样的概念就产生了，这类概念将产品的使用寿命限定为几年，而修理费通常比购买新产品的费用更高。Makers 开办了一些可以制造、修理和学习自己做东西的地方：制造实验室。在 3D 打印机这样的工具的帮助下，这些城市作坊在几年间就变成真正的生产小工厂，可以小批量生产各种大小物件。这其中有修理打印机或冰箱时不可或缺的部件，也有乐器、杯子、轮椅坡道、瓶架、玩具、手机壳。从此，所有或几乎所有物品，不经过大型企业或流水线生产工厂，就可以生产出来。最近几年，我们还看到运动参与者甚至能通过 3D 打印机，设计和制造汽车[52]、房子[53]、楼房[54]。维基房屋——每个人都能下载并自己建造的开源房屋模型——的设计者阿拉斯泰尔·帕尔文认为："我们走向的未来里，到处都是工厂。如果说 20 世纪，设计的首要目标是普及消费——亨利·福特、可口可乐和宜家做到了这一点，那么在 21 世纪，我们的目标就是普及生产。"[55]

Makers 运动在 20 世纪工业已经部分坍塌的底特律发展得尤其迅速。底特律不仅是世界城市农业的一处圣地，也是功能性经济（主张使用物品，而不是购买物品）和 DIY（do it

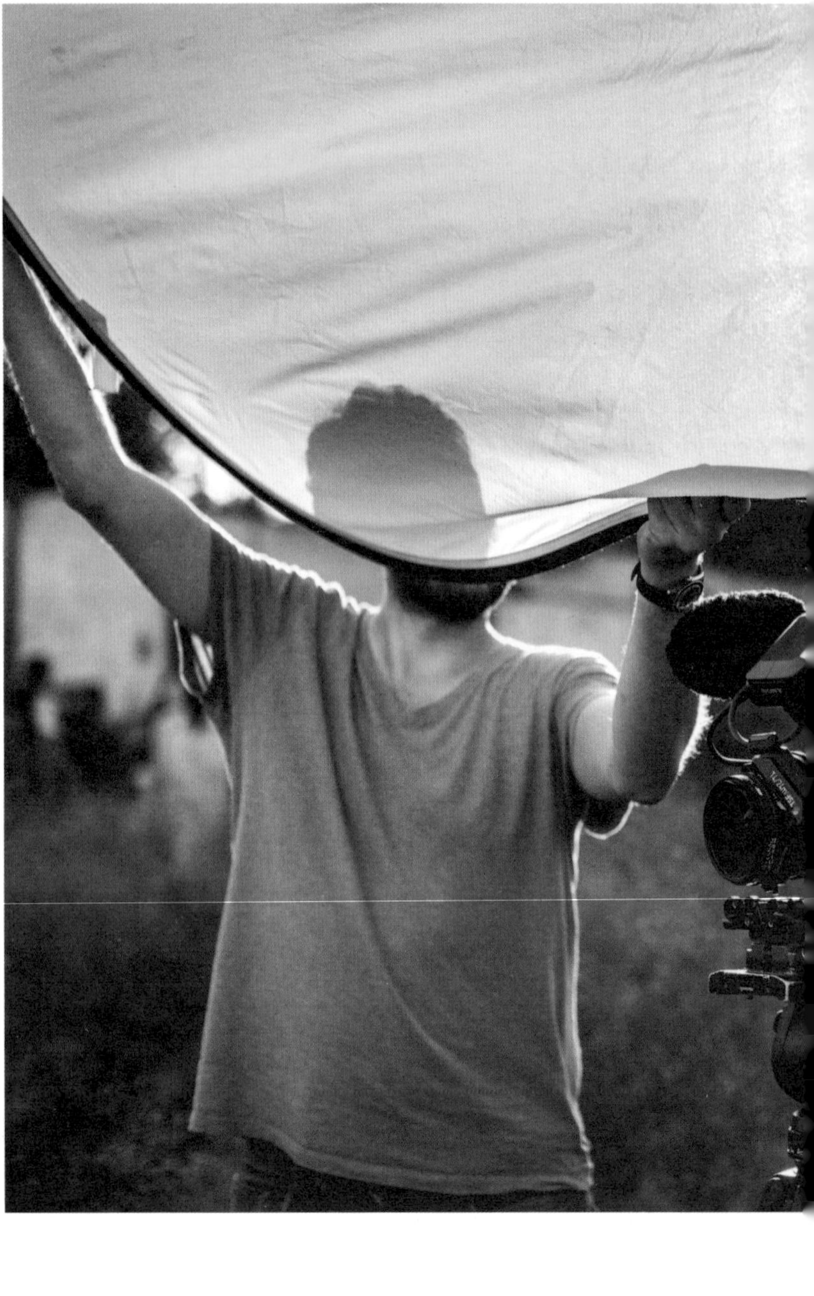

亚历山大和法比安（在一次拍摄中代替拉斐尔）

yourself[56]）的高地。底特律城和所属大区为 Makers 开放了众多制造地点：底特律 13 号、机器人仓库（乐高机器人）、特大城市底特律、科技小铺……我们参观了其中之一：艾略特山 Makers 空间。此空间由杰夫·斯塔基领导，这位四十几岁的男人看起来有点像汤姆·克鲁斯，他身上似乎有着无穷无尽的活力。杰夫喜欢和人攀谈，他告诉我们，他曾经是工业设计师，设计过牙刷。"一天晚上回到家，我对自己说：我们已经不需要新款牙刷了！也不需要其他一堆新东西。我们需要的是食物、水、住房、衣服、交通、交易系统、废料管理。我们应该有能力获取这些东西和尽可能容易地创造它们的方式。我们一旦解决了这些基本问题，就能寻求需求等级[57]中其他为我们所必需的事物：音乐，创造性的、充满意义的生活……"他积极投身"制造实验室"，开办了这家"艾略特山 Makers 空间"，"一个邻里间的作坊，人们来这里一起学习制作、修理所有东西"。

这家作坊的地点有些不合宜，它在一座教堂地下。这座教堂看起来就像闹鬼的城堡。这里和网上看到的"制造实验室"的新潮照片相差甚远。然而，一旦进入，就能感受到洋溢其间的兴奋。自行车制作室旁边是一间有着排放整齐的电脑和办公桌的大厅。一角是缝纫空间，而在玻璃隔窗后是另一间放置有工作台的厅室，厅室的墙上挂满了工具，人们在其中制作木制品和金属制品。我们进去的时候，里面有两个男人在修理自己的自行车，一个女人在做烘焙手套，另外一桌人正跟着便签纸上的指示，学习制作小音响，还有些女孩在玩《我的世界》[58]。杰夫为我们前一天没能赶到而可惜，因为昨天的活动要比今天的多3倍。他认为，这个地方有教育意义，也致力于解放大众。"底特律有超级富人，也有超级穷人，这两者之间只有数量极少的中产阶级。超级穷人对超级富人越来越依赖，因为富人拥有或者制造物品。穷人因此不得不去做自己不喜欢的工作，为的是购买这些物品。我们想在群体内，建立一个自己能够制造自己想要的东西的世界，一个我们所需要的世界。我们也想减少对那些不会把我们的利益放在心上的大企业的依赖。"

他身旁一个约莫16岁的男孩告诉我们，他来这个地方已经两年了。他在这儿制造自行车、修手机，还交到了一些朋友。这个地方比他放学后闲逛的其他地方好多了。一个和他隔了两个桌子的女孩和他情况差不多，她正在做最后的润饰工作。她的家人总是来这儿的教堂。最开始，她是迫不得已才留在艾略特山，渐渐地她开始自己做玩偶。如今，她希望尽量从这个地方学到更多东西。她今年11岁，是非裔美国人，她的家庭收入应该相当微薄，而她却和我们谈论冰川融化、夺取地球部分氧气的海洋酸化、可能灭绝的人类。她告诉我，她梦想着一个多样性大行其道的世界，这个世界里不存在种族隔离、暴力、犯罪（比如发生在她的社区里的那些犯罪）。她希望考上普林斯顿大学，然后成为律师，为弱势人群辩护。她解释道："因为就像报纸一样，纸是白的，字却是黑的，我们互相需要。单一种族不能引领世界。"她身后那个制作烘焙手套的女人,将部件一个接一个地放在缝纫机上。她担任艾略特山的缝纫志愿教师已有4年。孩子们跟着她学习缝纽扣,学习修补裤子、衬衣、鞋子,也学习制作服装。"我教会他们独立。"她笑着说。这里的年轻人和老人互相帮助。杰夫告诉我们,有一个12岁的女孩,在3年内教几十位成人学会电焊。这里的学习方法,与我们在学校里的学习方法不同。"我的一个朋友乔瓦·依多,是麻省理工学院媒体实验室的主任。他经常对我说:'不要谈教育,谈谈学习吧。'人们排斥教育,因为教育是强制性的,来自外部。而我们却为自己而学习,因为我们想学习或需要学习。孩子们不是被迫留在这里。他们来这儿是因为他们想来。我希望未来的 Makers 空间和学校可以不分彼此。我们把它们都称作'学习地点'。我们在'学习地点'获得快乐、尽情玩耍、不断交流。"

杰夫、罗伯·霍普金斯以及我们之前提到的过渡运动,他们所赞同的重新学会"自己做"有着深刻的必要性。当我们问他,这个世界上充斥着成本低廉的制造业产品,为什么我们还要自寻烦恼去制造一个小物品时,他又开始激动起来:"我认为,制造是人类能力的核心,我们就是为创造东西而生的。不管是通过数字技术创造,还是实体创造。能够利用我们所拥有的一切,我们的精神、双手、双眼、鼻子、嘴巴……这一点很重要。人们应当将自己所有的能力联系起来,也应当使彼此联系起来。

在我们这个时代，消费已经成为常态。但与此同时，对资源的开采也成为重要问题。我们应当自问，自己是否能够通过回收、修理、再利用等方式制造资源。"他向我们展示了"制造实验室"成员通过他的小 3D 打印机制造出来的物品：乐高缺少的零件、对城市农业有巨大实用价值的小播种机，当中他最喜欢的是一位父亲正在为他儿子做的义手。杰夫认为，Makers 运动通过给予每个人释放创造力的方法，而拥有改变社会的可能。"成千上万的人在自己家里，创造电子组件、艺术作品和食物。如果我们开发适合的工具，同时让人们尽情展现才华，那么我们就能改变一切。也许大部分人还没意识到，但这种现象正在发生……"

2015 年，底特律 Makers 市场在两天内汇集了几百个 Makers 和 2.5 万个参观者。市场接受各种项目，尤其是可再生能源项目。10 年以来，底特律已经失去 25% 的人口，而 2011 年《纽约时报》却指出[59]：底特律市中心拥有大学文凭的 35 岁以下居民人口增加了 59%。这标志着这座吸引了全世界的记者和游客的第一大后工业城市正在崛起。

（六）走向分散型的共享经济：与杰里米·里夫金的会面

结束了旅程和所有会面之后，我们不得不注意到几点元素。所有参与者都强调经济权力分散化的必要性：无论是货币创造、企业创造、投资创造、创新创造抑或工业创造，都体现出将我们的模式分成众多网络是多么重要，而每个公民都将从中获利，同时也将对整个系统的运转承担责任。我们不能继续喂养那些总是在集中更多权力和更多财富的妖魔。正因如此，贝尔纳·列塔艾将经济和自然生态系统进行的类比，让人如梦初醒，这种类比也和朴门永续农业遥相呼应。我们可能应当从大自然的运行机制中获取灵感，创造高效率且有韧性的经济体系。仔细回想，我们参观过的大部分创举都是在这个模式上建立起来的。可再生能源致力于模仿光合作用，虽然仍显笨拙；"零垃圾"，循环经济或 Makers，废料被不断重复使用以生产新资源的森林机制；辅助货币和 BALLE 网络，以及贝尔纳·列塔艾所说的，作为所有生态系统韧性基础的多样性和内部联通性原则。这一切都将自主看作更大范围内的自由、人类关系平衡和真正高质量民主的保证。

在我周围，一些非政府组织、大学、媒体也开始掀起了一场以共享经济为核心的大型运动。这场运动的观念基础是：我们不再执念于占有自己的所有财产，而是意识到我们可以让自己的财产为集体所用。对于大部分参与者，这个分散化、社会多边化（脱离我们都知道的社会垂直金字塔模式）运动，是互联网的出现引起的科技和大众文化变革的结果。从此，大部分人类能直接互相联系、获取信息和服务，或只需点几下鼠标，就能自己创造信息和服务，而这却不一定通过集中化组织（就连脸书、谷歌、亚马逊、苹果等集中化组织也开始复制20世纪自上而下的垂直资本主义模式）来实现。互联网让信息、物品、服务、能源的共享变得更加便利。而我们在旅程末尾遇到的杰里米·里夫金认为，互联网就是一场真正革命的催化剂。在他看来，互联网中诞生了合作型经济，这是继19世纪初的资本主义和社会主义之后，一种全新的经济模式。这种模式将会获得决定性的地位。

我们在这里介绍一下杰里米·里夫金，可以说，他是一位未来的精神领袖。他是经济学家、顾问、企业家、经济趋势基金会总裁和联合创始人。十几年来，他被看作西方世界最重要也最有影响力的趋势学家。他赶在很多人前面，在自己直觉的引导下，进行了一些重要的斗争。1973年，在察觉到人类能源消耗需要向可再生能源转型后，他组织了最大的反石油游行之一。1988年，他让35个国家的气候科学家和生态卫士会聚于华盛顿，召开"世界之网"关于温室效应的首次会议。同年，他在好莱坞做了一系列演讲，让演员、制片人、剧作家、导演意识到气候的变化。1992年，他创立了"beyond beef"，一家由6个环保组织结成的联盟发起的公司，其中包括绿色和平、雨林行动网络和公民诉讼组织，目标是减少50%的牛肉消费。以上所有问题，在2015年，都是我们所关心的核心问题，但在当时完全不是这样。所以，杰里米·里夫金对接下来几十年的演变的预测，值得被大众注意。作为安格拉·默克尔首相和欧洲议会委员会的特别顾问,他成功地让他们采用了自己的战略:建立于可再生能源和互联网共同作用之上的第三次工业革命。即便他致力于推进的运动的成功需要一定的先决条件,我们还是愿意带着自己在经济上的所有发现,去直面这样的愿景。杰里米·里夫金在访问巴黎的时候,会见了我们。巴黎是他对自己的新书进行全球巡回宣传的一站。这一次的见面,与我们之前的所有经历相比,有些不一样……

走进五星级酒店的走廊,我们看见杰里米·里夫金就在我们前方几米处。我急忙迎上去,做了自我介绍。而他的反应却非常冷淡。他看起来很紧张,几天以来,他每天连续工作13小时,不停地用各种语言向记者们重复一样的话语。在不知道我们是谁、为什么要采访他的情况下,他向我们解释,他只能给我们20分钟时间,而不是1个小时。我提醒他,我们拍摄的是一部长片,我们想做比一般的快速采访更深入的访问。我们和他的媒体专员谈论之后,他允许我们做了30分钟采访,但我们没有提问,以便让他将自己的理论一口气说完。最后,我们就获得了没有任何停顿的30分钟。以下是他向我们所说的大部分内容:

"在第一次和第二次工业革命期间,也就是19世纪和20世纪,我们创造了垂直的金字塔形世界:集中的、自上而下的权力,集中的农业和工业以及越来越大型的生产手段,集中的销售工具和宣传(少数媒体和购物中心或大型超市业主),集中的银行、保险、交通和后勤保障系统……它们曾经是减少生产成本、实现那个时期的大型工程、改善我们生活的最好方式。如今，由于众所周知的原因，我们已经触及了这个模式的极限。我们应当开始一场新的改革。得益于互联网,我们有能力颠覆交流方式、交换和分配能源的方式、出行的方式。互联网有着分配、合作、开放、透明的结构，促成了惊人的规模经济。它让几百万人集合在一起，进行生产和分享。这些小参与者创造的价值远远超过了那些20世纪大企业的能力所及。我给你们举三个例子：一个交通的例子、一个能源的例子、一个工业的例子。

"如今有了互联网，比起拥有车辆来，和别人分享车辆变得极其容易。成千上万的年轻人对拥有自己的汽车完全不感兴趣，只想能够自由出行。汽车共享已有5年历史了。有了智能手机和定位系统，你就能迅速地在眼皮子底下找到一辆车或一位司机。你到了目的地,然后在线支付……想想这为环境带来的好处。通用汽车前副总裁拉里·伯恩斯为密歇根安娜堡大学做了一项针对汽车共享影响的调查。如今，尽管我们的基础设施仍然不是十分完善，我们还是能在保持同样出行率的情况下，减少80%的车辆数目。目前，世界上流通的汽车数量为10亿辆。我们能把这个数量减少到2亿，而且我们不仅能共享汽车，还能通过绿色能源驱动汽车、用3D打印机制造汽车。

"到这儿,我就要讲讲工业了。我们看到了Makers运动崛起，装配3D打印机的一代，在网络上共享软件和图纸，从而能够生产各类物品。猜猜他们使用什么材料:废料。他们会把塑料、纸张、金属回收，用来生产。这一过程免去了专利成本和原材料成本，一旦打印机收回成本，就不会再有任何花销。几年以来，他们通过自己的太阳能电池板和微型风力发电机，为自己的打印机和小型工厂供电。同样地，只要太阳能电池板收回成本，之后的能源就是免费的（边际成本[60]为零）。阳光如此充沛，又不会找我们收费……我们按件制造产品，就能避免当前工业和消费型社会产生的大量废品，因为目前的生产模式是：为了减少成本而大量制造产品，甚至不惜丢弃产品。虽说不是每个人都能制造精细的产品，但正如奥巴马总统设想的那样，如果每个学校都拥有3D打印机，相信不久以后年轻人就能自己制造智能手机和房屋等。

"能源也是一样。在德国，太阳和风负责生产27%的电力，这几乎是零成本。至2020年，德国还要使这些能源的份额达到35%。2014年5月的一个星期天，世界第三经济体75%的电力，几乎全天都由太阳能或风力产生，电价为负数，这听起来就像一个逆喻。1970年生产1瓦特太阳能需要66美元，如今只需要66美分，成本几乎可以忽略不计。现在我们在德国能看到数以百万计的各类小型参与者：个人、中小型企业、公民合作社、非政府组织，它们生产电力的成本几乎为零。这是一场史无前例的革命。那么化石能源和核能又怎么能继续拥有立足之地？10多年以后，这些小型参与者将会达到千万，25年以后，他们会达到几亿；他们将在当地或大区内，通过生物能、地热、风力、太阳能、水力生产能量,然后通过线上智能网络进行共享。这一切是大势所趋。我们已经看到这股趋势了。而金字塔模式的大型企业将失去分量。在德国,过去 7 年里,四大国企的市场份额衰减,只生产 7% 的电力。它们习惯了中央集权的体制,而且它们的规模经济是垂直型的。但目前正在崛起的权力是横向的、分散的。能量到处都是,可用,免费。这几百万小型参与者需要做的,就是抓住小份额能量、存储能量、交换能量……当你把这些横向经济一点点地加到一起,它们可以做到的事情就远远超过一座核能发电站!

"所有企业家一直都在寻求新的科技,以求改善公司生产率,减少边际成本,向市场上投放价格更低的产品,吸引更多消费者,赢得市场份额,让投资者满意。但我们从没预料到会有如此极端的技术革命,它能在重要的资产和服务方面,将边际成本降低至几乎为零,让这些资产和服务实际上变得免费而充足。曾经成就了资本主义系统的事物,现在正反过来对付它。

"近几年,出现了一个新词:社会企业家。上一代人可能会说,这个词前后矛盾,我们不能既是企业家又是社会人,因为亚当·斯密认为每个个体都追逐自身利益,而蔑视集体利益。他认为个体正是在追逐自身利益的过程中,并非出于本意地推动了社会的进步。显然,新一代人并没有读过亚当·斯密的书,因为他们相信,只要发挥自身的才能、能力、创造力,再通过合作型经济把这些提供给集体,就不仅会改善其他人的生活,也会改善他们自己的生活。当某个年轻人评判政府、政党、社会系统或任何公共机构时，他常常提出以下问题：这个组织的行为是否集中、产权在握，是否是家长制的、自上而下的，是否自我封闭；或者这个行为是否是分配性的，是否是合作、开放或透明的，是否奖赏了横向规模经济？他们不仅有企业家精神，而且有不同的权力概念。也就是'权力属于人民'。

"当然，所有这些公司的权力现在仍然很大，它们企图垄断所有让我们前进的工具：电话公司、电缆公司、入网供应商、能源供应商、互联网巨头。谷歌每天有60亿查询记录（美国搜索引擎2/3的市场份额，欧洲91%的搜索），地球上20%的居民有脸书账户，推特有3亿用户，亚马逊是世界超市……我们已经在个人信息安全方面出现了严重问题。因此，真正的斗争将是民主的斗争，我们应当保证自己的网络尽可能中立。这场斗争将会十分残酷，但这也是为创造一个真正能够与地球和谐相处的社会所要付出的代价。在这样的社会里，我们的子孙才能生活。我们所剩时间不多，只有不到30年去实现这个目标。"

罗兰和他的杆子

注释

1. 皮埃尔·拉比是农场经营者、作家、思想家，祖籍阿尔及利亚。他是生态农业的先锋，对荒漠草原地区的食品安全多有贡献。他著有 15 部作品，这些作品都引起了巨大反响，并影响了许多生态积极分子，如尼古拉·于勒和法布里斯·尼古里诺，以及一些公司主管，如弗朗索瓦·勒马尔尚和特里斯当·勒孔特，还有艺术家，如朱丽叶·比诺什或玛丽昂·歌迪亚……
2. 据世界自然基金会完成的生态足迹的计算。
3. 《罗伯特法语词典》的定义。法语的"经济"源于希腊语 oikonomia，这个词由 oikos（家庭）和 nomos（管理、行政）组成。
4. Babel nº 1171, Actes Sud, 2013（1 版，2010）。
5. 维持农民农业协会，是农民与市民间的互助体系，农民每周向会员运送一篮菜（通常为绿色产品），而协会会员通常会提前支付这篮菜的费用。
6. 其中较为著名的有法德合资公共电视台播放的 *Goldman Sachs, la banque qui dirige le monde*（2012）。
7. 其中有著名的 *Stratégie du choc*，Naomi Klein, Leméac-Actes Sud, 2008。
8. "我真正的敌人，没有名字，没有相貌，没有政党，它不会竞选总统，也不会被选中，但是它却统治着我们。这位敌人，就是金融世界。"弗朗索瓦·奥朗德竞选法国总统期间，于 2012 年 1 月 22 日在布尔热的演讲。
9. www.oxfam.org/fr/rapports/en-finir-avec-les-inegalites-extremes。
10. Observatoire des inégalités, www.inegalites.fr/spip.php? arti-

cle381。

11. 2012年，由麦肯锡咨询公司前总经济师指导的税收正义联盟的研究表明，隐藏于避税港的财富高达20万亿欧元；而根据莱斯特·布朗和地球政策研究所的计算，稳定人口数量、根除贫穷、重建生态系统每年所需费用只有2000亿欧元。也就是避税财富能够带来的税收收入或者全球每年军事开支的1/8。参考资料：Lester R. Brown, *Basculement: comment éviter l'effondrement économique et environnemental*, Rue de l'Échiquier, P.33，以及www.lefigaro.fr/impots/ 2012/07/23/05003-20120723ARTFIG00259-une-manne-de-25000-milliards-caches-dans-les-paradis-fiscaux.php。

12. www.theguardian.com/environment/earth-insight/2014/mar/14/nasa-civilisation-irreversible-collapse-study-scientists。

13. 法国极右政党。

14. 清理主要树木周围的植被，让主要树木在几十年间成长。

15. 细木工厂产生的锯末或木屑。

16. 这些是当地的景天属植物，是我们和巴约勒地区博物馆一起选择的，它们能够吸收柴油发动机排放的颗粒物，减少空气污染。

17. 保护鸟类联盟。

18. http://lccn.loc.gov/74130275。

19. http://fr.wikipedia.org/wiki/Effet_multiplicateur_du_crédit。

20.《里斯本条约》第123条规定："禁止欧洲中央银行，以及欧盟国家成员中央银行（后文称为'国家中央银行'）向欧盟组织、机关、机构、中央行政部门、区域或地方当局、其他公共权威机构、欧盟国家成员其他公共机构或公共企业批准透支资金或其他形式的贷款。同时也禁止欧洲中央银行或国家中央银行向它们直接获取债权证券。"《里斯本条约》第123条采用了《马斯特里赫特条约》第104条以及《欧洲宪法条约》第181条规定。

21. 法国的公共债务在2015年达到2万亿欧元,占国内生产总值的近95%。所得税的总和都不够偿付债务利息……每一秒,法国产生2665欧元新的债务。

22. WIR是德语Wirtschaft的缩写,指"经济",wir在德语里也有"我们"的意思。

23. 装修材料超市。

24. 传统经济中,中央银行的角色。

25. 无盈利合作银行,为客户所有。信用合作社提供廉价银行服务,让低收入人群也能拥有银行账户,银行的存款不用于投资金融市场,也不会流入避税港。这与大部分私有银行相反。银行存款受到完全的保护,以抵御可能发生的金融危机。

26. Text to pay: 短信支付。

27. 2015年6月16日《卫报》上的宣言(www.theguardian.com/uk-news/2015/jun/16/bristol-pound-powered-renewables-good-energy-signs-up)。

28. 钱做了钱该做的事。

29. www.liberation.fr/economie/2008/10/10/les-emeutes-de-la-faim-en-afrique-prelude-a-la-debacle-114081。

30. 全郡共有20万人。

31. 巴黎塞纳路上的COSI餐厅里能看到他们生产的烤炉。

32. 在我们参观之后，木石和俄亥俄州一家专业生产食材的企业Henny Penny（母鸡潘妮）结盟，这两家公司决定采用"员工即股东"的企业规章。

33. 2012年，他们共有12人，1年以后，在我写下这段文字时，他们共有75人，顺应了地区内可再生能源不断增长的要求。

34. 之后，在能源总量上，它被列在12位；在能源份额上，列于21位，可再生能源在总体能源中占15%，落后于希尔斯伯勒（在波特兰附近），后者的能源总量位居第2，能源份额居于首位，和贝灵汉居民人数一样多，而可再生能源份额达到50%。参见 www.epa.gov/greenpower/communities/index.htm。

35. 星巴克2011～2012年间"小试牛刀"，在全球新开了700多家。2011～2015年间，巴黎星巴克的数量翻倍，从44家增至90家……参见 www.lefigaro.fr/societes/2011/09/22/04015-20110922ARTFIG00744-starbucks-s-attend-a-une-nouvelle-annee-record.php。

36. www.bizjournals.com/seattle/morning_call/2014/03/seattle-bellingham-are-healthy-cities.html。

37. 迈克尔·舒曼是经济学家、律师和企业家。他毕业于斯坦福大学法律系，著有8部作品，在《纽约时报》《华盛顿邮报》等报刊上发表了数百篇文章。他曾于1988～1998年间担任政策研究学院的主任，此学院是华盛顿最有影响的五大独立智囊团之一。

38. 尼克是非裔美国人。

39. 工商管理硕士：商务普遍行为领域（包括战略、市场营销、金融、人力资源和管理）最高级别的高等教育国际文凭。

40. 古典经济学中被称为"外部因素"的变量。
41. 拉丁语 per capita，意思是"人均"，在这里指企业平均就业率。
42. 英格兰新经济基金会进行的研究证实了这些数据。这项研究讨论了"LM3"，也可称作"本地3倍数值"，参见 www.neweconomics.org/publications/entry/the-money-trail。
43. www.neofoodweb.org/sites/defaut/files/resources/the25shift-foodlo-calizationintheNEOregion.pdf。
44. 坎伯兰郡（30万居民）进行的另一项研究表明，如果消费者将他们在大型超市消费额的10%转移到本地独立商户，坎伯兰郡的经济活动就会增加1.27亿美元，同时创造874个就业机会，增加3550万美元收入。（信息来源：Raphaël Souchier, *Made in local*, Eyrolles, 2013。）
45. 大型零售企业，2014年成为营业额世界第一的大企业。
46. 迈克尔·舒曼是"众筹"改革的设计师之一，这项改革后来成为奥巴马于2012年4月签署的《创业企业融资法案》。
47. 管理资金转移的一系列法律。
48. 这句话我们可以翻译为："把钱从股市转移到自己城市的主要街道。"
49. 借鉴了"慢食"运动：重新追求食物的味道、质量、健康以及其中的生活艺术，取代垃圾食品。
50. 从动词 make 而来。Make，意思是制造。Maker 可以翻译成"制造者"。
51. "定期淘汰"指为了增加产品更换率，而减少产品寿命或使用期的所有技术（维基百科）。
52. Strati 汽车，2015年1月16日在底特律博览会中展出。参见

www.francesoir.fr/culture-medias/une-voiture-fabriquee-en-44-heures-avec-une-imprimante-3d-presentee-aux-etats-unis。

53. 例如2012年在巴塞罗那，用两周时间建成的生物气候太阳能木制房屋（www.maison-bioclimatique.info/maison-solaire/）或者在中国用6米宽3D打印机建造出来的房屋：www.direct-matin.fr/economie/2015-01-23/video-une-imprimante-3d-qui-construit-des-maisons-698327。

54. 在中国，通过一台高10米、宽6米的打印机建造出的5层楼房，参见www.leparisien.fr/high-tech/chine-un-immeuble-et-une-villa-batis-avec-une-imprimante-en-3d-21-01-2015-4465801.php#xtref=https%3A%2F%2Fwww.google.fr。

55. 摘自他的TED演讲（www.ted.com/talks/alastair_parvin_architecture_for_the_people_by_the_people?language=fr）。

56. 自己做。

57. 人类需求等级，亚伯拉罕·马斯洛的需求金字塔是该领域的著名理论。

58. 通过创造"世界"而生存的电子游戏。

59. www.nytimes.com/2011/07/03/fashion/the-young-and-entrepreneurial-move-to-downtown-detroit-pushing-its-economic-recovery.html?_r=0。

60. 边际成本指在固定成本之外，每增加一单位产品或服务产量所增加的总成本量。

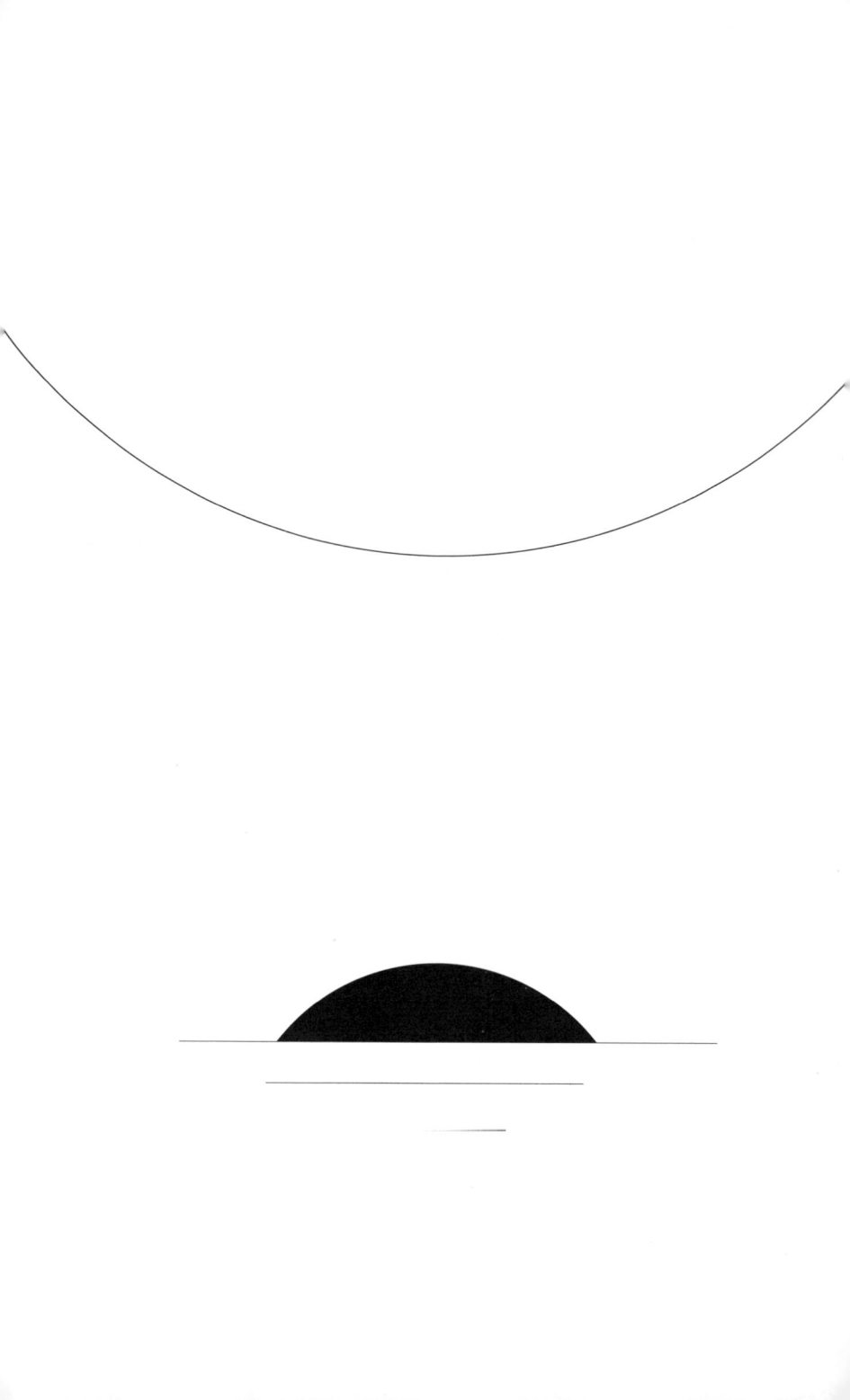

四 明天的社会

（一）昨日历史：与大卫·凡瑞布鲁克的会面

大卫·凡瑞布鲁克是一位作家，虽然这一职业开始得最晚，他却是因此而出名。2010年，他发表了《刚果》，这部作品在法国赢得了美第奇散文最佳外国图书奖，也让他在国际上声名鹊起。但在这之前，他是考古学家和人种学家。他在鲁汶天主教大学学习了考古学和哲学，之后获得了剑桥大学的世界考古学硕士学位，又于2000年发表题为"从原始人到灵长类动物：史前研究中人类学和灵长类动物学的对比历史"的博士论文，从莱顿大学毕业。在2010～2012年间，他对民主问题产生兴趣，并发起了在比利时和荷兰举行的G1000，一种对G8或G20的嘲讽。G1000聚集了1000人，一起为他们的国家制定发展大方向。同时，他还对民主问题进行了深入研究，并写出《选举的故事》[1]，一部讲述民主的过去、现在和未来的激动人心的作品。我们见了奥利维耶·德舒特和贝尔纳·列塔艾之后，就在大卫于布鲁塞尔的公寓里和他一起度过了两个小时。这两小时里，我们有了一个又一个的发现……

大卫：最开始，我完全不想写关于政治或民主[2]的东西。我曾认为这个问题或多或少已经被解决了，关于这个主题的一切都已经被思考过，我们找到的解决办法是最好的或者说坏处最少的。我更喜欢写诗或剧本。但如果房子漏水，我就没办法写作了。而这几年我们欧洲屋顶的漏水程度，已经严重到让我感觉到了作为作家、学者和市民的责任感，让我对民主问题产生兴趣，让我参加那些我认为对社会未来非常重要甚至攸关生死的争论。

席里尔：你认为，我们的民主遇到的主要问题是什么呢？我们在多国之间长途跋涉，而我们不断看到的主要障碍之一，就是在经济和金融巨鳄的利益之下，公民权利的丧失。我们会见的人都说，有必要制定一个便利经济、能源、农业新模式的政治框架，但同时，他们也告诉我们，许多政界人士受制于财大气粗的跨国集团。我们只是在原地打转！

大卫：在所有西方国家，人们越来越不信任政党、议会和权力机构。我觉得这种不信任是有理由的。人们感觉被排斥。英语中有一个短语很好地诠释了这种感觉："a sense of theft"……一种被偷盗感……一种失去的感觉。公民在某种程度上，失去了他们在政府中的权益和参与权。普林斯顿大学发表的一项研究表明，如今，美国已经没有了民主，而只有寡头政治[3]……这简直让人难以置信。这已经不再是哪个极左主义小团体的言论，而是来自普林斯顿大学！

席里尔：这一研究得出此结论的依据是什么？

大卫：它对人们的意愿（尤其是在意见调查中表达出来的意愿）和政府行为以及经济精英的喜好进行了对比。最后得出的结论是：公共决策几乎完全符合经济领域的欲望和意愿，却不符合人民大众的意愿。但这样的情况不能再持续下去。如今，大家都看明白了这个机制，政治人物失去了公民的信任。如果我是某政党的主席，那么我肯定担心这一点……"透明国际"组织每两年发表一份关于腐败认知度的报告。在最近的一次报告中，我们看到，在所有西方国家中，最不受公众信任的组织就是政党……甚至在挪威，41%的人认为政党是腐败的，甚或极度腐败……41%！不仅挪威如此。67%的比利时人、70%的法国人、80%的西班牙人和90%的希腊人都这样认为……如果民主的主要参与者被认为是社会中最腐败的组织，那么我们的问题就严重了[4]……

席里尔：为什么我们会落到这种境地？

大卫：我们这些公民为议会投票，议会任命政府，政府管理国家。但如果我们将现今政府或议会的权力和它们从前拥有的权力对比，就会发现这其中有很大的改变。国家层面失去了很多权力，首先是向顶层转移。众多权威和政治权限向欧洲这一层级（始终保有些许民主性）转移，也朝着金融、美国证券交易所和国际货币基金组织（已然面目全非）所代表的跨国层级转移。与此同时，权力也在大量向底层转移，现在的公民比从前更有能力进行自我解放，也不再信任当选者。因此，在近两个世纪内管理着社会的那种等级体系已经处于权力缺失、信任不再的境地。我们正在面对政府的合法性和有效性的危机。

席里尔：但是，从法律角度来说，我们应该迫使我们的政治领导人担起责任，去做我们真正渴望的事情或必要的事情……为什么我们办不到呢？

大卫：因为我们目前的民主模式根本就不是为了将权力交给绝大多数人而设立的。

席里尔：这是什么意思？

大卫：我们的选举制民主是建立在委派的原则上的。18世纪末，法国大革命和美国独立战争之后，我们需要找到一种方式，用于管理不再有国王的国家。那时人与人相距遥远，民众的教育程度也不高，信息没有科技手段，无法快速、广泛地传播……因此，人们刻意建立了一种贵族式的程序——选举，让某种形式的委派得以实现。这也就意味着，如今，我，作为一名普通的比利时、法国或美国公民，在选举当日选择自己的投票对象，并且把自己未来四五年的权力交付出去[5]。我们将民主完全约简为选举。为了写书，我仔细研究了刚果的历史，当人们说"刚果需要实现民主化"时，其实是想说："他们应该像我们一样进行选举。"对于伊拉克或阿富汗，也是一样的情况。我知道这样的话听起来可能有些像歪门邪说，但这是事实。如果我们像伯纳德·曼宁或其他法国思想家那样仔细地研究选举的历史，就能发现选举一直都是一种贵族化的程序。亚里士多德这样说过，卢梭和孟德斯鸠也这样说过……另外，在法语和其他很多语言里，"élection"（选举）这个词和"élite"（精英）这个词，有着一样的词根。选举就是一种确立精英的程序……我们经常忘记这一点。

在18世纪中期，卢梭和孟德斯鸠认为抽签比选举更民主，而在一代人过后，法国和美国的革命者却故意选择了选举，用选举来驱除君主专制，用权力的新形式来代替君主专制。继承制下的贵族被选举制下的贵族取代。我们也可以把它们和埃及革命进行比较。埃及革命发生的时间比较靠后，因此我们更了解它一些。埃及人民把当权者赶下了台，在紧随革命的几个月里，已然组织起来的二把手们取代了一把手。法国大革命中也发生了一模一样的事情。选举的作用，就是赋予这些二把手一定的合法性。

但是，攻占巴士底狱的人民，进行了革命的人民，马克思所说的流氓无产阶级，总是与权力保持距离。在19至20世纪，我们曾尝试将选举民主化，将选举权赋予更大的群众圈子。首先是工人、矿工、农民，接着是女人、年轻人……再之后，就是移民。然而，如今在几乎所有人都能投票的西方，人们对民主的渴望始终没有被满足……

席里尔：可是选举是通过什么方式让贵族保持当权者地位的呢？现如今我们可以说，任何人都可以参选，任何人都有当选的可能……

大卫：理论上，所有人都可以参选。所以，从哲学角度来说，这个系统是中立的、向所有人开放的。但实际情况却迥然不同。90%的当选者都是大学学者，其中大部分人是法学家。这种代表形式已经非常特殊。再看看人口储备，我们会发现，在法国，不足2%的人口是政党成员[6]。这些成员中只有少于一半的人处于活跃状态。而在这一微小的比例中，又只有数量极微小的人能参选。最后，在这一小群人中，有几个人会当选。而我们把这称作代议民主！这是不是有点夸张了？

席里尔：那么，需要做什么呢？停止选举？越来越多的人开始思考这个问题。人们感觉选举已经起不到大作用了。

大卫：我有一本书名叫"反对选举"，但我还是一直在投票。在研究刚果历史的时候，我看到很多人为争取选举权而奋斗到死。所以，我并不看轻选举这一行为，尽管选举已经变成象征性的东西了。但我也理解为什么越来越多的人不再投票。我认为和经济罢工一样，我们也有政治罢工的权利。但是，缺勤不能解决所有问题……某一天，我忽然有了一个想法：如果40%的人不再投票，我们就在议会里留出40%的空位，这是不是就能提醒当选者他们并不具有确切的合法性。因为如今我们的系统里，就算只有1%的人在投票，议会还是座无虚席……最后，就算议员从来不去议会，他们的席位也被保留！（笑）但民主创新可不能仅限于保留空席位，那会成为某种形式的公民虚无主义。我认为我们需要找到让民众开口发言的新方法。目前，我们有选举、公投和民意测验。我觉得这些机制有些过时、比较原始。在选举中，我们只能选择一位竞选者；在公投或民意测验中，我们只能对一个问题回答是或不是。这样还是比较局限……

席里尔：而且我们还不能选择问题！

大卫：说得极是。当民主在公投中让公民说是或不是的时候，我们就应质疑这种民主的有效性。答案内容不重要，只要回应是就行！

席里尔：这就是法国2005年发生的事情[7]……

大卫：对……民意测验方面，也好不到哪儿去。人们总是被要求回答他们不了解的问题。晚上6点，一名家庭主妇正在做奶油调味酱，益普索市场研究公司这时给她打来电话："您认为新的移民政策如何？""嗯……嗯……我反对！"他们就像这样给成百上千个人打电话，而调查结果会影响法国或其他地方的政治决议。简直不可思议！伟大的美国学者詹姆斯·费世金说过：在民意测验中，人们总是在不思考的时候被问想法。如果能在人们有机会思考的时候，倾听他们的意见，效果会更好。詹姆斯是审议民主系统的创造者之一，这种系统倡议：我们像民意测验一样，联系1000个人，但我们邀请他们前来谈论、和专家会面、获取此问题的信息。然后，在经过争论和交流后，我们再询问他们的意见。很显然，这时的答案会更周全。这种民主的新形式前途远大。

席里尔：这种民主已经在某些地方有成果了吗？

大卫：在很多地方都有成果。尤其是在美国石油大州得克萨斯，那里发生了让人难以置信的事情。得克萨斯人为可再生能源（主要是风能）组织了审议民主期。就在引进风力发电机之前，我们问人们：你愿意多交一点钱，用于安装可再生能源和发展可持续经济吗？你可以想象，几乎没人愿意多交钱……然后，审议民主期开始了，我们请那些抽中签的人来一起讨论。我们向他们提供了很多关于气候变化、绿色能源、盈利性、污染等方面的信息。在会议中和会议后，愿意多交一点钱的市民数量大幅增长。如今，得克萨斯是美国拥有最多风力发电机的州。难以想象会有这么好的局面！如果我们只和那些与石油问题紧密相连的当选政治人物讨论这个问题，得克萨斯可能还会继续靠着"黑金"运转。

席里尔：更广义地来说，明日民主是什么样的？我们可以讲述什么样的新故事？

大卫：我认为，民主的未来在于新的人民代表形式。直到现在为止，我们只知道一种代表形式：选举。但我认为我们的民主不该仅仅是这种极具选择性和重复性的程序。这种投票形式已经变得非常过时。相对而言，选举在信息流通缓慢、信息范围有限的时代，曾经有过相对良好的运行机制。但近10多年来，信息流通的速度极快，而且面向大众。这完全改变了时代格局。第一次，我们可以在全新的背景中，让人们畅所欲言。另外，西方已经对民主进行了3000年的实验，而我们采用选举的时间却只有两个世纪。在选举垄断之前，我们有着丰富的民主传统。

席里尔：例如哪些？

大卫：人民代表还有另外一种产生形式，就是我刚刚谈到的抽签。我们的社会中，只有极为有限的一个领域内存在抽签：公民陪审团。比利时、挪威、法国、美国等国家都有公民陪审团。尽管这个体系还远远不够完善，但我们能看到陪审团成员基本都严肃地履行自己的义务。他们会特别认真地做出有利于社会公正的审议。这个例子证明普通公民也可以成为不一般的公民，他们富有责任感，关注社会公益。如果我们将抽签和审议民主相结合，那么我们做出的审议肯定比现有政党可以做出的决议好得多。

我给你们举一个具体的例子。2014年，爱尔兰完成了被称为"爱尔兰制宪会议"（The Irish Convention on the Constitution）的进程。他们创立了由33名爱尔兰议员、66名由抽签选出的任意公民和1名主席组成的临时议会。这些人在14个月的时间内，讨论了8条宪法条例。尤其是关于同性婚姻的条例。临时议会的会议内容在网上直播，媒体持续发布会议总结，爱尔兰人民也能通过组成100人的团体，进行集体提议而参与其中。这个进程的结果是，在天主教盛行的爱尔兰，制宪会议的官方意见是修改宪法条例，让同性婚姻合法化[8]。同年，法国因同性婚姻争论而造成政治不稳定局面，逾100万人上街游行，社会冲突此起彼伏。而爱尔兰的不同之处在于，同性婚姻之争在冷静的气氛中展开，人民有话可说，不仅仅是那66名抽中签的公民，还有所有那些想提议的人。市民、教堂、同性恋协会制作了上千份报告和意见书，我认为这次的决议过程非常有趣，它证明了如果将当选者和抽中签的公民结合在一起，我们就能找到比我们的政党政治（民主被约简为政党）更好的解决办法。它是提高我们决议的效率和合法性的绝妙方法。

席里尔：你不怕抽中签的人能力不足吗？还是应该把政治交给专业人士……

大卫：我们在谈论民主新形式、审议民主或抽签时，并不仅仅是在谈论一些观念。很多学者和研究人员已经做过无数次实验。我们观察到抽中签的人总是能超越自身利益行事……他们的能力可能逊色于政治当选人,但他们有着比议会更大的自由。他们也不被商业利益或政党利益所左右。另外,我们还看到,人们可以在保护社会公共利益的同时,处理棘手的问题。

席里尔:我们怎么样才能让"抽签"正规化?

大卫:我个人十分期待双重代表体系,其中众议院[9]由当选公民组成,参议院由中签公民组成。当选者保持和现今一样的任期,可能要有任期限制,如果超过所设限制,就不能再参选。而中签公民每半年或一年更换一次。我认为,到时候,这两个组织管理国家的水平会比现在更好,而且对于政治人物来说,能够时常接触理智的、不断更换的公民,也是有好处的。这有助于平复媒体造成的当今政治系统的过度兴奋。

席里尔:你认为,媒体在民主中起着有害作用?

大卫:法国大革命以后,选举系统被创造,那时还没有政党,没有选举权,也没有大众媒体,很显然,更没有视听和社交媒体。这一切都是后来才出现的。然而,我们一直让选举系统继续运转,就好像政治生态系统一点都没有改变一样。但实际上它改变了很多!在任何社会中,我们都需要联通底层人民和顶层决策者。以前,公民社会扮演这个角色:工会、雇主组织等。它们的作用是传递信息。如今，它们的权力被大大削弱，而商业媒体和社交媒体的权力却大幅度增长。其后果就是，手握权力之人和希望社会改变的人之间的对话，被这扇媒体之窗重度污染，充斥着经济和金融利益。对于目前民主机制的紊乱，媒体的影响举足轻重。政治人物在电视辩论中赢得选票。而电视辩论只求推出吸引观众的辩论形式……可是，民主其实很简单：就是聚集在一起的公民，就关于社会未来的主题，做出审议。在此之外，别无其他。但是我们却创造了一系列让对话无法进行的部署。我们急需找到让公民互相对话的方式和工具。

席里尔：我们应当从何做起呢？听了你的话，我总感觉应该由政治领袖自己来采取这些措施（实行抽签制度、审议民主……），但系统改变对他们个人而言无利可取。或者，即使他们希望系统有所变化，他们也可能会被我们之前提到的机构逻辑或金融逻辑压迫到动弹不得。奥巴马的例子非常有意义。他激起了很大的希望，然后又让这种希望变成了巨大的失望……

大卫：我认为奥巴马的想法是很真诚的，但即便如此，他也无法改变系统，因为政治当选者拥有的权力并不多……即使是美国总统。我最近看了一个封建制度等级和新自由主义等级之间的对比图表。奥巴马只在第四或第五等级，他上面还有一连串权力更大的参与者。

席里尔：谁处于第一等级？

大卫：国际金融，然后是世界货币基金组织、股票交易所、跨国公司等。如今，金融领域统治全球……

席里尔：对，我们正在经历这一阶段（微笑）。那么，具体地说，怎样开展变化呢？

大卫：我们可以施压，就像19世纪工人们所做的那样……如果确如托马斯·皮克迪所说，富人和大众之间有着维多利亚时代的悬殊[10]，那么我们就需要重现那个时代人民的反抗模式。我认为，说"不"的公民的力量在上涨。从那些不想再投票的人开始，而自发组织起来的人们会使之继续下去。例如法国的艾蒂安·楚赫组织的"制宪研讨会"，就是致力于动员人民、制定新的公共规则。我觉得，公民通过不断施压，就能改变局势。这对当选者也有好处，因为他们会感觉到人民在支持和帮助他们。有一句弗拉芒谚语：两狗争骨，第三只狗获利。这就是目前的状况：公民和政治人物相争，经济领域大获全胜。所以，在政治领域和公民社会间创造新的合作关系至关重要。对政治人物义愤填膺，我认为是远远不够的。他们也丢失了很多权力，我们需要在有着良好意愿的人们之间建立联盟。我们可以在公民中、在政治领域甚至经济领域，找到这些怀有良好意愿的人。一些企业管理者对目前的状况也并不持乐观态度。

席里尔：在我们的旅途中，哥本哈根市副市长向我们坦言，城市可以取代国家，成为世界真正的引领者。你认为对于改变民主制度而言，城市是优先范畴吗？或者我们应该寻求更小的范畴？

大卫：关于民主创新，可能从更小的范围开始会更好。欧洲小国在民主方面处于领先地位并非偶然：人口数为32万的冰岛，450万人的爱尔兰，还有荷兰、丹麦、芬兰、比利时……但是我并不认为本地范畴才是民主的唯一未来。民主一直都是从地方向全球演变。民主始于雅典，当时的雅典不比法国的小镇大，而如今拥有10亿人口的印度也成为一个民主国家！如果我们在公元前5世纪，告诉伯里克利，某一天，地球上会有10亿人生活在民主当中，他会说：你们说什么，小伙子们！然而，这种事情真的发生了。印度正在成为世界上最有趣的民主创新实验室之一，这真的很奇妙。

席里尔：你刚刚说到"制宪研讨会"，那么修改宪法是否就是改变系统、让公民重掌大权的方法呢？

大卫：很多欧洲国家，尤其是西班牙和法国，都很希望重新制定宪法。可以说，这是共和国的一个古老梦想。我对这些举措深有好感。我们的宪法一直是：为精英所定，也为精英所用。尽管"政党"这个词并没出现在宪法里，但总是由那些掌权之人写出赋予他们自己权力的文件。这就很成问题……因此，我支持修宪运动，因为宪法是很重要的文件。但我也有些疑问。宪法的缺点是：一旦修订完成，就会维持50年。我觉得这一点很可惜。我更希望宪法能不断更新，希望它不像制宪主义者渴望的那么固定，希望它能有些19世纪的特点。我们生活在流动的、灵活的时代，"重写宪法，我们就能进入新社会"，这一观点对我来说不太现实。我希望宪法可以灵活、开放，就像人们持续、定期更新的软件一样。冰岛在这方面的进程惊人：人民重订了宪法。在政党政治的体系中，从未有过如此迅速而令人信服的成果……

（二）冰岛革命：公民对抗金融，历史上第一部众包宪法

在冰岛的旅途中，我们的确见到了推动冰岛惊人变革的英雄。他们详细地向我们讲述了"平底锅革命"，以下是主要事件：

雷曼兄弟银行于2008年9月15日破产，让冰岛这个32万人口的小小国家，从信用贷款畅通无阻的新自由主义理想国，变成可怕的深渊，这次破产被看作历史上最严重的破产之一。在此之前，冰岛人不仅仅是靠信贷生活，他们打破了该领域的一切标准。正如演员、音乐家、革命发起人豪威尔·托费森告诉我们的那样："从1999年、2000年开始，冰岛人的生活方式变得彻底疯狂。他们不再只是消费者，也不再只是向银行借款，

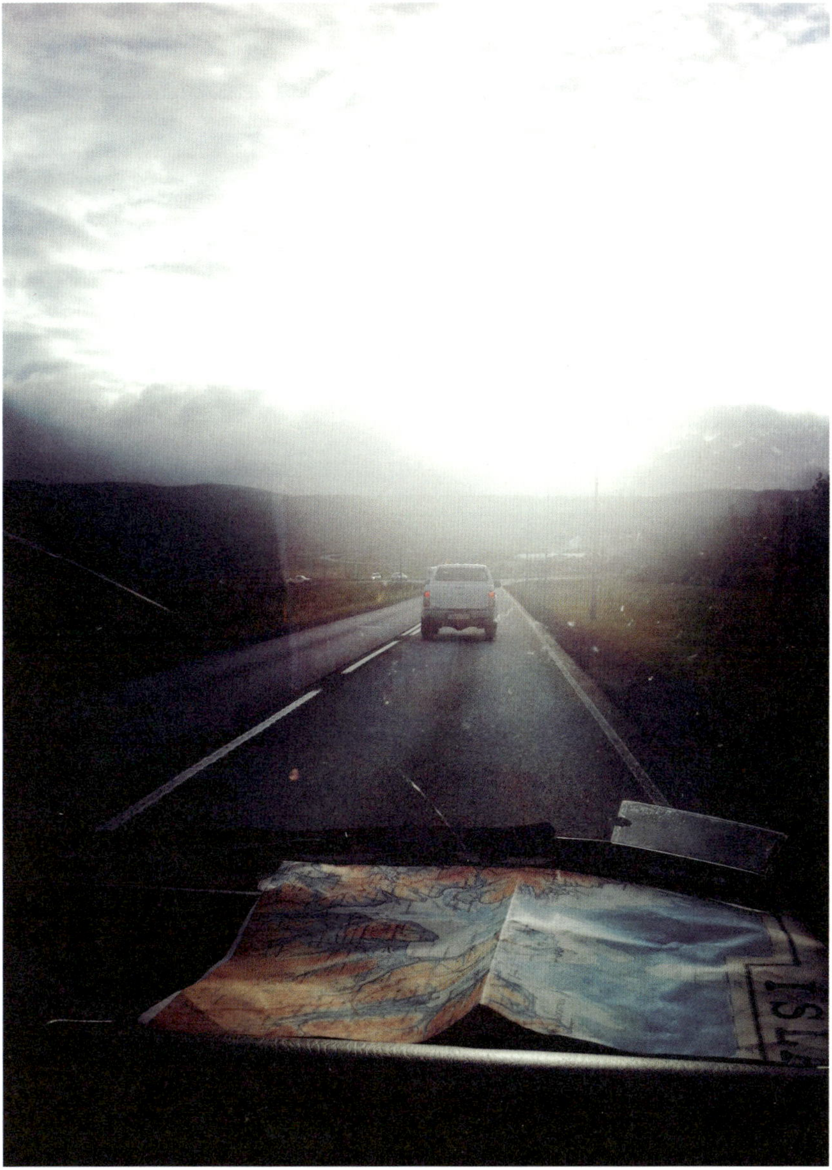

买房子、新车、服装，旅游……"卡特因·奥德斯多提尔是一位律师。她是重订宪法的当选公民团体成员之一。在她办公室旁边的小咖啡馆里，她微笑着向我们说道："我们曾经以为自己很完美，得益于我们的超级民主系统，我们的国家就没有腐败。我们完全不了解自己国家和世界其他地方真正发生了什么，而全球资本主义慢慢地却也必然将我们毁灭。我们看着等离子屏幕，在全世界旅游，挥霍金钱，忙着发财和幸福……直到有一天我们意识到，我们认为的真实都是假的。"

冰岛的衰落非常暴烈。几个月内，冰岛克朗贬了一半的值，之前不存在的失业率攀升到9%，国内生产总值直线下降，两年内减少了10%。国家三大银行倒台。数千冰岛人的住所被查封。住在雷克雅未克的法国学者、冰岛危机专家菲利普·乌法利诺(他在议会附近的小咖啡馆里会见了我们，我们还在那里偶遇了梅拉妮的好友：歌手达米安·赖斯）认为，"冰岛危机是全球历年来最大、最迅猛的金融泡沫之一。在几年时间内，银行和企业债务达到国家财富的4～5倍。在2008年之前的3年内，债务翻了一番。银行和企业监管不足，轻易地把钱借出去。一切都处于欣喜的、快速增长的、投机的系统中。所以才会不可避免地迎来衰落。"当时的情况严重到冰岛社会进入战备状态。正如约瑟夫·斯提格里兹在2011年10月末指出的那样："冰岛的彻底绝望无法用传统方法去拯救，这赋予冰岛打破规则的自由"。[11]政府和议会采取激进方案，封锁国家以便将其保护起来：控制资本流向、拒绝将财产损失社会化、扩大财政部长权力。政权机构决定任由银行倒台，同时拯救它们的国内业务（冰岛人的存款），这些业务很快就由新创立的银行接手，以便实施国家操作。这一次（与美国发生的事正好相反），冰岛公民优先于银行。

同时，另一场人民"革命"也蓄势待发。"在银行倒台后，国内呈现出一片宁静，"卡特因·奥德斯多提尔回忆着，"我们能听见周围的人都在讨论解决方法。这是一次绝妙的机会，因为所有人都在想，不能再发生这种情况。大家应该团结起来。对于一个国家来说，这种时刻非常特殊……大部分时间里，人们都在为一些微不足道的小问题争执，他们看不到，让他们团结起来的事物，比让他们分裂的事物强大得多。"

2008年10月，豪威尔决定付诸行动。"2008年10月6日，金融危机发生之后，我决定在那个星期六的中午去一趟议会。我在脸书上给每一位朋友发信息，让他们和我一起去。我要向议会提出两个问题：你们知道这个国家发生了什么事吗？你们知道我们该怎么做吗？那天没来多少人，别人说，我待在议会门前，看起来很蠢。但我还是每天12点都去议会门前，带着我的问题停留20～30分钟。每周的星期一，议员走出议会吃午餐的时候，我就向他们提出这些问题。但是他们都不知道怎么回答。于是我着手组织一次古希腊式的露天集会。我订了一辆车，租借了音响设备，给朋友们打了电话。人们最开始非常吃惊、生气，甚至完全不明白。但是我们渐渐开始发现，商店里的某些食物已经没有了。报纸上在刊登1930年美国人排长队的照片。于是那个星期天,数千人加入到我们的队伍中,开始一起思考我们能够做什么。"

他们在之后的星期六的同一时间,又组织了一次集会。之后又一个星期六。在豪威尔和诗人布吉塔·荣斯多提尔(在这一事件后,成为海盗党的议员)的推动下,议会门前的集会被定为每星期六下午3点定期举行。集会每次持续半小时。人们提出了3个要求:政府下台、货币当局负责人下台、中央银行领导人下台。豪威尔用他的喇叭筒高呼:"这就是你们的诉求,对不对?""对!!!"群众一遍一遍地呐喊。一个又一个星期六过去了,群体逐渐壮大。从银行垮台之初只有几个人的队伍发展到2008年底的5000人。在议会假期过后,豪威尔组织了一场盛大的集会,动员在年末假期中变得疲软的群众。"我让大家带来平底锅和长柄锅,它们象征着我们对食物的需求。这个主意来自阿根廷。1月21日,星期一,这次集会的人非常多。我们平和地从中午一直待到凌晨。接着警察过来赶我们走。发生了一些摩擦,但大家最终还是回家睡觉了。12小时过后,我们又去了议会。"

通过脸书,这个群体不断壮大。自由主义政府在经历了自1949年以来第一次如此大规模的运动之后,陷入瘫痪。被路人和其他政党喝倒彩的总理,在被他的主要同盟社会民主党抛弃之前,拒绝辞职。而社会民主党随后取消了同盟关系。1月23日,总理宣布提前选举。但这个举措并不足以平民愤：平底锅的音乐会继续上演。"这挺好玩的，"豪威尔继续说，"我们除了平底锅外，还加上了大鼓、哨子还有大桶，人们在议会前排成一排，使劲地敲着大桶。我们看到议员们惊恐地从窗户里看着我们。不幸的是，那天与警察对抗的过程中，发生了一些事故，喝醉了的人不断挑衅警察。我在电视上呼吁所有人停止暴力行为，而且我们当场成立了维持秩序的分队，他们身穿橙色衣服，围绕着警察建立起一道保护防线。"第二天，也就是1月25日，星期天，爆发了自集会开始后最大的游行。"所有人都很安静。现场的气氛异常紧张。我们会见了所有部长，并给他们递上一封信，信中写着：你被开除了。"1月26日，星期一，总理和政府辞职，接下来的几天和几周里，货币当局负责人和中央银行领导人也相继辞职。他们满足了游行者们提出的要求。

冰岛迎来了史上第一位女总理，约翰娜·西于尔扎多蒂，冰岛政治机构开始出现大量女性。三大国家银行中，两家银行的领导人为女性；2009年4月的选举中，43%当选议员为女性。这个比例比瑞典之外的任何欧洲国家都高。

然而，与此同时，国际社会怨声载道。英国和荷兰作为冰岛主要债权国，因为怨恨冰岛人拒绝向他们两国的储户也就是投机者偿还债务（总额是冰岛国内生产总值的60%），决定在欧盟的支持下，向这个小邻国实行铁腕政策。不再有银行愿意借钱给冰岛。最后，走投无路的新政府开展谈判，承诺从2016年开始，进行为期15年的还款，这一承诺已被议会批准。为此，每一个冰岛人必须承受1.3万欧元的债务，而此时，冰岛仍在失业和物价翻倍问题中苟延残喘。人们坚决反对这一决议，民众在网上发表了请愿书，26%的选举人口在这份请愿书上签了名。冰岛共和国总理决定对这个问题进行全民公投。2010年3月6日，93%的冰岛人投票拒绝偿还债务。一些公民起而反对要求偿还债务的国际金融。于是新的协议达成。利率从5.5%下降到3%，15年期限延长至30年。总理又一次进行全民公投，60%的选票拒绝这一方案。2011年11月，自由贸易欧洲协会监管局向自由贸易欧洲协会法院投诉冰岛。然而出人意料的是，鉴于冰岛破产这一特殊背景，法院于2013年1月28日给了冰岛人一个公道。"是的，是的，是的。我们赢了。这是冰岛直接民主的胜利。"新议员布吉塔·荣斯多提尔在推特上这样写道。纳税人不用还债了。冰岛国民银行的清算，将会抵偿2/3的债务。还有其他标志性事件，包括冰岛政府（在世界货币基金组织的建议下）决定免除家庭或企业的过高债务。扣押他们的财产或让他们破产，将对经济非常不利。

正如所有杰出的革命一样，平底锅革命改写了宪法，并在宪法中增加了保险条例，以避免这种情况再次发生。"我们的理念是，由冰岛人民制定为冰岛人民服务的宪法！"卡特因告诉我们。为此，他们选举出由25位普通公民组成的议会，这个议会还受到宪法委员会（由几位专家组成，负责监督议员的提议是否符合司法公正）的帮助。此宪法项目表面上有多个发起者：它似乎是诞生于权力的奥秘之中。组成宪法议会是进步党（右派党的联盟，2007年当权党派）提出的条件，以便该议会在约翰娜·西于尔扎多蒂领导的左派联盟中保持中立。而西于尔扎多蒂本人也非常支持这一方案，并努力让公民接管。而革命者却宣布这一方案是他们发起的。"一些党派否认这一主张来自人民，但我可以告诉你们，事实就是这样。我参加了所有的游行。我见证了这个过程，也了解这次革命的精神：创造真正的权力分立，阻止当选者为自身利益而行动，保护自然资源……"布吉塔·荣斯多提尔大声说道。

一场"全国大论坛"是一切的开端。2010年11月6日，1000位抽中签的人聚集在一起，组成了大型智囊团，负责定义国家重大社会准则和优先事务。在他们定义的方向中，我们看到有"投票权的平等"（如今，一个城市议员代表的选民是乡村议员选民的两倍），还有自然资源"属于人民"。

2010年11月27日，25人议会从代表人民的523位竞选者中脱颖而出（无论是议会成员还是部长均不能参选）。但是，戏剧性的一幕发生了。高级法院以选举进程不符合选举法为由取消了投票结果。政治学博士、冰岛专家米歇尔·沙雷认为，这是主要由独立党（反对制宪方案的保守党）任命的大法官们的敌对反应。议会被国会变成协商委员会，并被收回了制宪的权力。

但是，25人小组还是开始工作了，这也是历史上公民首次

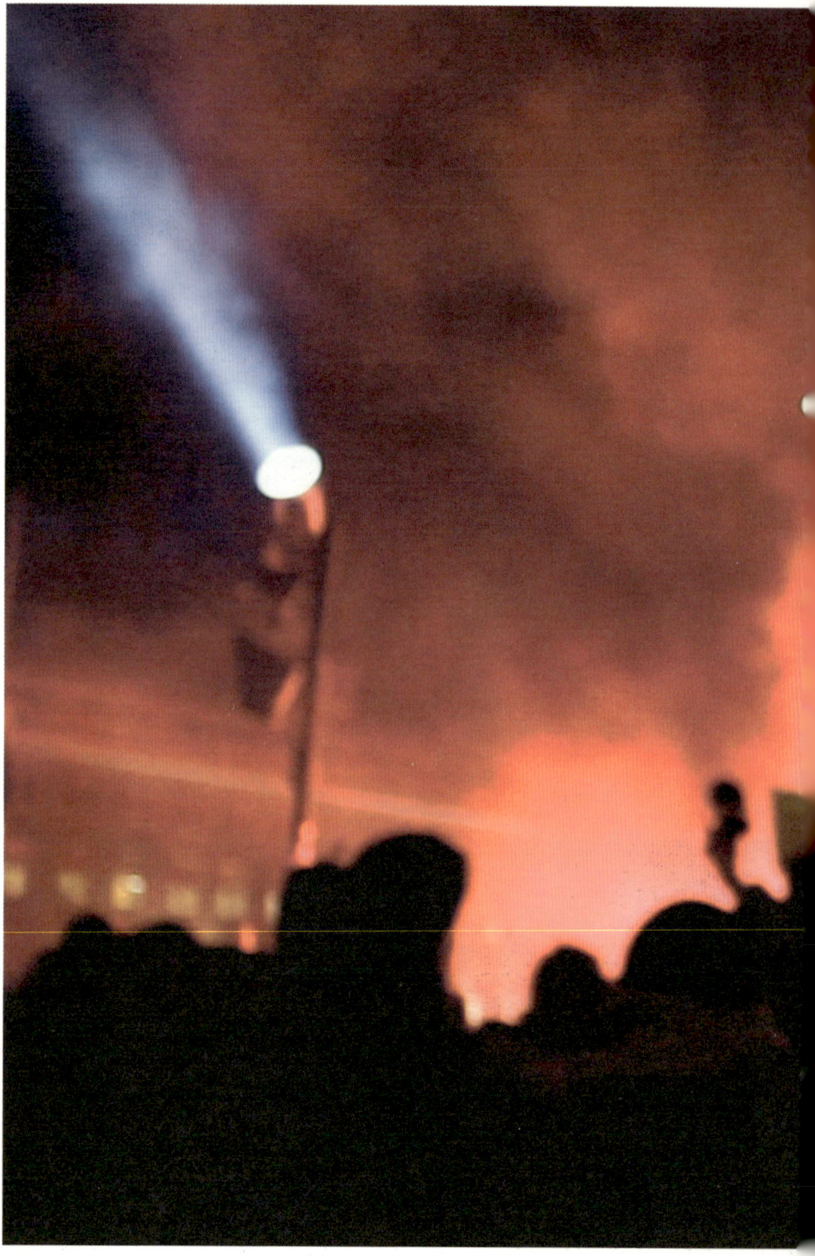

议会楼前的动员之夜

参与宪法制定,有各种各样的方式:提出修正案,给予评价、在脸书和推特上要求政府给出说明,参与会议或在youtube上收看会议直播。宪法项目的临时版本每周都会公布,并接受公众评价。3个月内,他们收到了4000条提议。相当于在法国,有75万人提出了意见。"我们收到了来自全国各地和世界各地非常有意思的评价和提议。我们在宪法初稿中采用了其中一些建议,"卡特因回忆道,"我们的工作方式也因此变得非常独特。一般来说,大多数人的意见总是压过少数人的意见。这是一种战争式的思考方式。在谈话中,我们习惯性地认为两人中必定有一人是对的,你或者我。而且,对的肯定是我……(笑)。我们决定换个方式,采取'一致同意'的方法。而其成果也很突出。通过这种方法,我们有机会找到比双方中的一方或另一方的方案更好的解决方案。政治家们应该发掘这条道路。他们不应再有'因为他们是大多数,他们就能为所欲为'这样的想法。他们需要倾听其他的声音。我们的宪法中有三大主题备受青睐:权力分配、透明度和责任。我们也力图找到权力重新分配的方法,以减少腐败。我们不应该再认为,权力来自行政或法律,如今,权力大部分来自金钱和媒体。人们不是故意想变得肮脏,我认为大部分人都是善良的,但当他们钱太多或权力太大的时候,就会变得腐败。这是一条悲哀的规律……一旦拥有了控制权,权力就倾向于自我保全。这正是我们想要打破的局面。我们也想发展直接民主,摆脱现在这个愚蠢的系统——我们每4年为某一党派投票,却完全无法预料接下来的4年会发生什么，国家会朝着什么方向前进。这就有点像买彩票了。我们在宪法中写入了一些条款，比如达到10%人口数，即可要求进行一次公投，又比如普通人可以向国会提议法律条款。这很激进，但这也是未来，而且必须发生。"

仅仅4个月的工作时间，得益于小组成员的激情和人民多种多样的提议，小组全票通过了宪法文本。这一文本于2011年7月29日被递交给国会：9章，114个条款，主张让冰岛从议会制转向半总统制，并介绍了好几种直接民主的机制，例如由人民发起的全民公投。2012年5月（在冰岛右派几个月的阻挠之后），冰岛以新宪法的6个大点为基础，开展了"协商式"全民公投。赞成票是压倒性的（67%的人赞成使用这个文本作为新宪法，83%的人赞成自然资源属于国家财产，74%的人赞成由人民发起全民公投……）但却薄弱（只有49%的人口参与投票）。接下来要做的，是让国会采用这个文本。

就在这个节骨眼上，最艰难的时刻到来了。2013年春天，冰岛进行了新的立法选举，独立党（冰岛危机时的当权派）赢得选举。一旦金融形势回归正常，某种形式的自由保守主义就又成为主流观点，让革命者几个月的工作和动员付诸东流。独立党因为反对宪法项目，将其冻结了两年。我们愣住了。豪威尔和卡特因在向我们讲述这段历史的时候，也百思不得其解。冰岛人怎么会让曾使他们陷入那般境地的党派重掌大权？怎么会让公开准备好阻断这几年工作和动员成果的党派再度登场？正如菲利普·乌法利诺解释的那样："在冰岛危机的历史中，知识分子精英、积极参政人士强调了修改宪法的必要性，但我们需要注意到，大多数人对此并不感兴趣。进步党和独立党在最近几次立法选举中的成功，可以通过总理提出的一项措施得到解释：减轻中产阶级的债务负担，而这并不是上任政府保护措施的主要目标。我听到你们谈气候峰会的失败、谈这些问题引发的人民大运动。但目前我看不到人民大运动，我只看到积极参政的知识分子精英，他们意识到了这些问题。斗士尽了责任，但斗争仍不够广泛。当迫切感愈来愈强烈、政府看到更多的行动能带来选举的胜利的时候，才会出现更加自然的改变。"

从此，冰岛人直面自己的命运。通过民众施压，他们能够完成一种最具创新精神的制宪过程，并强迫国会采用新宪法，以此体现更多的人民主权。他们已经走出了第一步。2012年关于宪法的全民公投，只是"协商式"，而现在，得益于国会议员布吉塔·荣斯多提尔和前教育、文化和科学部部长卡特因·雅各布斯多提尔等人的细致工作，它变成了强制性的。这是采用整体文本之前的第一步。"我们已经做了该做的工作，下次再出现危机的时候，我们就会有所防备。就像美国在9·11以后制定了爱国者法案。最重要的还是这种集体结构，冰岛人之间的对话。这一切都没有白费，一切都有用武之时。"布吉塔·荣斯多提尔铿锵有力地说道。"我们应当使国会和人民每10年聚一次，一同重审宪法。让宪法和我们的国家一起逐渐发展。如果渴望改变，我们就应该让我们的精力转化成改变，而不是消解在冲突中……"卡特因·奥德斯多提尔补充道，"权力属于人民，而不属于国会议员，也不属于大企业。我们不能忘记这一点。"最后，卡特因·雅各布斯多提尔作了总结："我不觉得我们可以说政治领导没有什么用……但是，如果人民能更多、更积极地参与政治，我们就能获得一种更好的政治，这是显而易见的……"

我们又一次回到了自己身上。指责政治领导或跨国公司是不够的。我们还要证明自己已经准备好在日常生活中投身运动，让我们的民主，让我们的经济、能源、农业模式运转起来，让它们变得平衡、可持续、大放光彩……我们或许需要去学习，我们下一段旅程的主角艾朗格所说的"公民自治"。

（三）库坦巴干村：公民自治

罗兰是我们在印度最后一段拍摄的制片主任，也是我们的朋友，他禁止我们自己开车。刚出机场，这条防范措施对我来说就显得非常必要。金奈，离我们要去的村庄最近的都市，有着800万人口，整个城市在我这个西方人看来，深陷在一种令人难以置信的紊乱和骚动之中。不论从城市规划，还是从交通或商业方面来说，金奈的道路都似沉湎于完全的自我安排。鳞次栉比的楼房明显是依照需求而逐渐建立起来的，没有任何规划。某些楼房看起来并没有完工，有的楼房的建筑风格十分古怪。在功能大于一切的情况下，大部分楼房都像是被快速堆砌起来的。某些街道里，路面整洁；而在另外的街道，路面突然就中断了，各式各样的车辆在这样的街道上汇集，形成车轮和震耳欲聋的喇叭声的舞会。我们坐在一辆颠簸的小巴士里，看着我们的司机在小三轮（黄色三轮出租摩托车）、小汽车、货车、经常侵占街道的行人和默不作声地穿过马路的动物间滑行。他一只手开车，另一只手几乎从不停息地按着喇叭。每个司机都用这种方式告诉其他人他来了。每一次交错而过，我们都不得不抓紧座位，情绪恐慌，有时甚至会狂笑。在厌烦了这一切之后，我们告诉自己，司机淹没在这片噪音的海洋里，似乎只有本能在引导着他们。而事实上，我们安然无恙。

大卫曾说，印度自1950年以来，已成为世界上最大的民主国家之一。但我们的导游、翻译兼当地制片助理希里尼（同时也是我遇见过的最笑容可掬的人）认为，印度一直被腐败、不平等和种姓等级制度腐蚀。只需要从车窗望出去，就能发现这些问题的严重程度。巨大的贫民窟铺展在扩姆河的桥下面、河岸边。人行道上，川流不息的人群或跨过或绕过残疾、羸弱和贫苦的人。我们这一路上，到处悬挂着大幅海报。在每条街的海报里，我们都能看到一位圆润的女士的海报。我们问希里尼她是谁，他简洁地回答道："泰米尔纳德邦首席部长。她以前是宝莱坞明星。现在因腐败入狱,正等着接受审判。"她的肖像还能继续挂在街上,我们对此显然很吃惊。这一次,希里尼笑了。但他没有做出任何解释。

我们到达目的地库坦巴干村后,又看到了其他肖像海报。我们开始对印度政治中的主导现象有了自己的看法。印度人热爱领导人,就像他们热爱精神领袖一般。展示或绘制他们的面容,赋予他们神秘的一面。另外,因为投票人数众多,领导人需要让自己被人认识、让自己无处不在,就算是在穷乡僻壤。印度人不像大部分法国人那样了解参选者的竞选计划,一旦选举来临,在投票的时候,农民们就倾向于选择他们熟悉的脸庞,选择看上去最有可能遵守承诺的那张脸。这一点让我们接下来的经历,变得更加异乎寻常。

艾朗格·兰格斯万迷是印度人所说的贱民,"达利特人"[12]。如果你不熟悉这个典型的印度概念,那么我们就在这里做一个简短介绍。在印度所能记起的漫长岁月里,其社会一直以"种姓"划分。共有4个种姓:婆罗门(祭司,顶级中的顶级)、刹帝利或战士(低婆罗门一级)、吠舍(现代用语中,多指商人)、首陀罗(奴隶或类似的人)。由于不为人知的原因(尽管存在好几种相关猜想),这种等级制度构成了印度社会,使上层的种姓对下层的种姓有着绝对的优越性,而且世代相袭。我们还可以在这份名单上加入第五个种姓(被排斥在种姓之外):贱民。在历史上,贱民从事的都是被认为可耻或不洁的工作,这些工作

金奈布街

通常和屠宰动物、去除动物内脏、死亡或垃圾相关（屠夫、渔人、猎人、淘粪工、乞丐、墓地看守、接生婆等）。因此，他们被排斥在社会系统之外，四大种姓的成员甚至都不触碰他们。贱民（不可触碰之人）也不能接触水和水源（水井），不能接触其他种姓的人的食物，他们的出行权或财产权非常有限。1947年印度独立以来，法律禁止将一个人视为贱民对待。但事实上，这千年的传统依然对印度社会有着强烈影响。因此，很难想象，有一天，一个贱民之子也能成为化学家、富豪、村长。他还培训出几百位村长，这些村长中不乏高级种姓人士，他对数十万印度人、世界各地几十位村长造成了影响。我们因而听人说起他[13]，并决定去拍摄他。他的事迹名不虚传。

艾朗格于20世纪50年代初出生时，贱民的身份对他来说简直就是地狱。他和家人居住在被排斥者的社区，在社区里的学校只能读到五年级。从六年级开始，他就得去公立小学上学，在那里，贱民和高级种姓共存。根据传统，除了和自己同一"种姓"的孩子外，艾朗格不能触碰其他人，甚至间接触碰都不行。老师没有一次愿意给他递水喝。某天，发生了一场改变他一生的事故："贱民中的一个男孩出了事故。他的头在流血，他在学生们、老师们、高级种姓家庭的眼皮子底下渐渐失去意识。贱民孩子们大哭大喊，请求成年人帮帮那个孩子。但没有人愿意触碰他。他就在我眼前死去。我无法理解为什么连给他止血纱巾的人都没有。我的父母知道这件事情后，立刻冲到学校所在的社区，开始朝高级种姓家庭扔石头，打碎他们的窗户、墙壁。我又哭了，我大叫着让他们住手，不要再火上浇油。我告诉自己，我要做些事情。当时我只是个孩子，但我已经对自己起誓，一定要做些事情。"

艾朗格获得优异的成绩，之后去了金奈学习，他沉浸在大都市的氛围里。他成了一名化学工程师，有了一份工作，并且做了差不多10年。他的父母期望他事业有成、财源广进。但他的脑海里还是会不停浮现童年的那些画面⋯⋯"我看到我所属的群体越来越凄惨的悲剧。某种东西始终无法消散，日日夜夜在我脑海里盘旋。需要有人来结束这些不公正、不平等。我绝望地等待着国家、国会、部长能够出面解决。但什么都没发生。"

接下来的1992年，印度宪法第73次修正案最终将这个人口大国的民主分散化，并加强了地方权力。产生了村务委员会、市政委员会和gram sabha，即人民大会。艾朗格恍然大悟。"地方民主可以通过地方政府得到加强。我们可以成立一个我们既能投票又能参与的系统，就像人民大会那样。我们可以在这个系统里选举市政委员会、市长或村长，所有人都能参与大会、表达自己的观点、影响政治。"

艾朗格看到一个让自己的村庄变成理想村庄的黄金时机。他决定辞职，和妻子回到库坦巴干村。一回到老家，他就花时间会见所有种姓的人、贱民、年轻人，告诉他们，他想参加村长竞选。得益于艾朗格的文凭和10年工程师经验的光环，他成功地将一定数量的高级种姓的人和大部分贱民联合在了一起。1996年,他出乎意料地当选。没有给他投票的人开始担心。一个当上村长的贱民,可能会给他们带来麻烦,甚至可能会因多年的失望和耻辱而对他们进行报复。但是,他们万万没想到,艾朗格做了截然相反的事。他成了召集者,他决定使用新的组织工具,让所有人都能参与真正的改变。"在传统的民主系统中,人们投票之后就没有下文了。但民主不是这样的!人们应该真正地参与地方政治。只有人民代表是不够的。我们的代表花了大量时间去做不符合我们期待的事情。至少,在印度是这样。而gram sabha是人民的国会。我们既投票又管理。如果领导人做了错误的选择,我们就可以提出其他选择,甚至有否决权。这个大会有能力改变政治议程。这样居民真正关心的问题才会得到关注。"

他开始制定一个5年(他的任期)计划,并向gram sabha介绍了这个计划。"我第一次宣读这个计划后,就和大会全体人员对计划的每一行、每一个提议进行了深入讨论。有些成员对我的计划没有信心,有的则热血沸腾,还有的人持观望态度。3个月后,我带着自己的5年计划回到大会,此时我们在上一次大会中讨论的主题已经取得了首批成果。通过这种方法,我逐渐赢得了居民的信任,让他们追随我。慢慢地,所有人都开始为5年计划做出贡献,然后付诸行动。这个计划成了所有村民的计划,而不再是我个人的计划了!"

这个 5 年计划用于解决库坦巴干村面临的主要问题：失业、贫穷、垃圾、基础设施不足、文盲……这个计划一经启动，所有人都积极行动起来。居民开始清扫村庄，村政府在各个街道装垃圾桶、公共照明设施和雨水收集系统。在 5 年时间内，他们还修复了学校，鼓励村里各家送孩子上学。之前村里 40% 的学生不上初中，而现在，基本上所有学生都会正常上学，直到念完高中。

艾朗格募集基金，创造了几百个就业机会，这些就业机会主要提供给深受失业和家暴之苦，有时被迫贩卖非法酒精的女性。如今，这些女性组成了一个倡导微型信贷模式的联盟。联盟中的 1500 名女性都能拿到一笔 5 万卢比的借款，用来创业。在艾朗格家旁边的车间里，有十几位联盟里的女性在组装煤气灶点火器、为医院制造敷料纱布。

然后，人民大会决定修建引水管道。艾朗格回忆道："为了修建引水管道，市政委员会估计我们需要 50 万卢比[14]，但我们手头只有 17 万。还差 33 万。我们又找了一些资助，但最后还是差 40% 的项目款。大会决定让村民献出这 40%。有钱的出钱，没钱的出力。只需要给出力的村民提供饮食。所以，有钱的农场主就说：好吧，我们来提供你们的食物。工程就这样开始了，虽然只有预算的 60%，但我们却取得了 100% 的成功。"

而艾朗格最引以为傲的，是关于种姓的工程。他决定着手处理贱民被迫居住的贫民窟问题。他向人民大会提交了贫民窟

艾朗格和一位居民在学校前

建筑和生态复原的计划。所有人，包括高级种姓，便和他一起重建街区。以前，贫民窟的居民住在摇摇欲坠的窝棚里，铁皮屋顶（有时盖着篷布或路上捡回来的广告海报），而如今却有了150多座由当地生态材料建成的房屋。艾朗格发现了既"低科技"又高效的工具，比如水泥土砖块压力机和瓦片模具，它们能在几周内生产上千部件。然后，被动员起来改变自己生活的居民，将这些部件组装在一起，并涂上多彩的颜色。土路上铺上了真正的路面。为了感谢居民们的行动，贱民们自己挖掘街区下水道，这让市里节约了3.1万欧元，他们还整修市里的马路和水井。

在首战告捷之后，艾朗格于1998年发起了新的项目，目的是让高级种姓和低级种姓生活在一起。很多贱民和一部分高级种姓者居无定所（种姓和贫富没有任何关系，有有钱的贱民，也有特别缺钱的婆罗门），因此需要修建新的住所。"一般来说，当你建造小区时，小区内高级种姓、低级种姓和贱民之间的空间应当分隔开。而我却告诉自己：为什么不试着让穷人在一起生活呢，不论他们属于什么种姓？我要求召开一次大会，在长时间的辩论之后，大部分穷人同意了我的计划。当我把这个计划介绍给泰米尔纳德邦的首席部长时，他非常高兴。这是印度一项历史性的经历，以前从未有人做过类似的事情。"

他们做出了建造50对孪生房屋（总共100座）的决定。在一对房屋中，一个贱民家庭将和四大种姓之一的另一家庭相邻。因此，他们被迫互相接近。首席部长对这个项目给予极大的热情，最后是他亲自来参加这个小区的落成仪式，并给它起名为"Samathuvapuram"，意为"平等生活"。然后，他鼓励将这个模式推广。在全邦内，共建有超过300座类似房屋。"在这些地方，新的一代人正在出现，在这代人中，种姓之间的差异已不复存在。我们播下了种子，让我们能在两三代人以后，生活在一个完全摆脱种姓制度的社会中。"

艾朗格第一个任期结束后，他的政绩已经非同凡响。当他再次当选（意料之中）时，他决定让自己的计划走得更远。"通过市政委员会和人民大会的努力，我们修了路、改善了学校、在道路上安装了太阳能照明系统、有了更好的住房、让所有人都有饮用水，但我觉得只有在每个家庭都有一项能够提供足够生活收入的活动时，我们的社区才会真正地幸福，也才会有安全感。"他开始研究如何才能在村里创造更多就业机会。这个问题的答案呼之欲出：经济重新本地化。他们可以不从邦内或国内其他地方进口多种粮食和物品，而是在库坦巴干生产它们。Gram sabha又一次做出了自己的贡献。很显然，所有人都想工作，所以村子集体积极寻找就业突破口。他们决定进军食品生产：村庄附近已经种植了大米。当时大米只能对外销售，因为本地缺乏去除大米外壳的条件，然后本地再从其他地方进口大米。因此，他们需要找到能在本地去壳的方法。艾朗格和委员会又一次运用了"低科技"工具，它们不仅能去壳，还能让大米变成米粉。村里人已经采取了同样的方法处理椰子油。在产业结构上，他

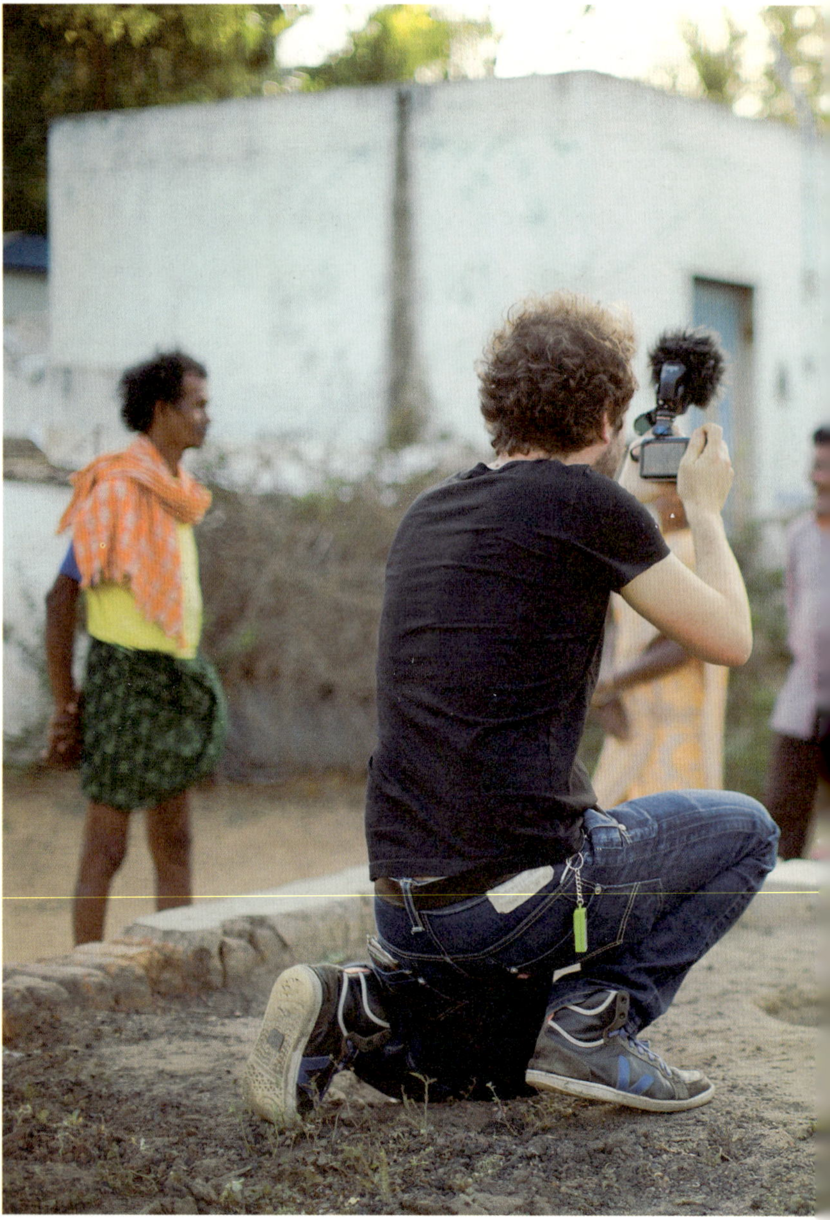

席里尔和我们的一台小摄像机

们也做出了很大的努力。核心思想是既能提升就业，又能阻止让产品变得越来越昂贵、让村民变得无力购买的投机。在艾朗格制定的这个计划里，10～15个村庄联合起来，生产村民所需的主要产品。根据每个村的类型和资源的不同，一些村庄可以专门进行辅助其他村庄的生产，同时将剩余产品拿出来交易。

这是个极有野心的项目。如果说项目的一部分已经实现，艾朗格估计，还需要10多年的时间才能让村庄达到甘地推崇的自给自足。他认为，"自己满足自己的需求是自主的真正含义，也是走向自由的最明确的道路之一。当今社会的发展具有向心力，它把精力、金钱和权力向中心吸引。而可持续性来自于每个集体更大的自给自足。"

2001年，在两届任期以后，艾朗格决定离开村政府，向其他人传授自己的经验。他希望更多的村庄能让村民有参与的机会，更多的印度人能加入到民主的建设当中。他创立了潘夏雅学院，为其他村培训村长，他们在这里学习如何依照库坦巴干村的经验进行改革。

在10年时间内，艾朗格向900位当选者传授了公民自治原则。他的观念是，创造甘地设想的"村庄共和国"，在这样的共和国里，即使在最小的级别内，民主观念也非常强烈。"我继续旅行，会见一些组织，发展新的方法，并将这些方法运用到库坦巴干[15]。村长们来到我们这儿实地考察，然后复制他们觉得适合自己村子的举措[16]。"

在和我们会面时，艾朗格正在努力解决因为没有厕所而产生的卫生和社会问题。他的目标是在接下来几年内，通过国家政府的帮助，在全国安装 2.4 亿个厕所。在一次 gram sabha 期间，他向村民介绍了厕所模型，同时还劝说其他村长加入这个项目。超过 600 个村长和市政委员会已经加入到这个网络中，其中某些市政委员会，例如艾朗格老家的委员会，已经开始实行他的很多准则……艾朗格认为："只有有权力的公民才能管理一种好的民主。如果他们没有权力，我们就会陷入混乱。有了人民大会，我们才有了这种教育公民、向他们归还权力的绝妙机会。这样的公民达到一定数量以后，就能领导民主，建立自己的民主。"

和底特律的肖恩、哥本哈根的莫滕、托德莫登的潘和玛丽及法国的爱马略一样，艾朗格认为不会有人来拯救我们，我们所有人，不管是当选者、企业家还是公民，都要开启社会变革。

印度哲学家、物理学家、社会活动家凡达娜·希娃也持同样的看法，她因反对跨国公司生物掠夺和独占种子的斗争而颇具声望。她认为，不论是在印度，还是在世界其他国家，为真正的民主而斗争，是一项再具体不过的活动。如果之前从未见过凡达娜·希娃，那么和她的会面会让你异常难忘。凡达娜不过 1.5 米的身高，喜欢穿各色的沙丽，天冷的时候，她就在沙丽上再加一件羊毛套衫。第一眼看不出她有什么特别的地方。但只要她坐在你面前，用她黑色的双眼和前额中间的"第三只眼"

看着你时，你就会感觉到一种非同寻常的、仿佛带有磁场的力量从她的脸庞、双手和声音中发散出来。凡达娜不仅是斗争者，也是一位超凡的雄辩家。我们采访的所有人中，没有谁能像她一样具体地、坚定地回答每一个问题，她的回答中没有任何犹豫，她只说必要的话，完全尊重我们的时间安排。在我们的纪录片中看到她的观众，也肯定会感受到这位女士的力量和坚毅，尽管她长期以来受到来自她所反对的跨国公司，尤其是孟山都的骚扰和诋毁。如果我们没有向她询问什么是真正的民主，那么我们的印度之旅就不可能结束。

（四）与凡达娜·希娃的会面：遵从最高法则

凡达娜·希娃：我认为当选政府并不代表人民的意愿。民主应该是"通过人民为人民服务的人民的民主"。20年激烈的全球化进程，使跨国公司完全控制了政府的决议。它们编写法律、贿赂政治人物，让政治服务于它们希望的事情。如今，我们的民主已经简化成"通过跨国公司为跨国公司服务的跨国公司的民主"。其中最引人注目的例子，就是食物。我们失去了对食物系统的控制，这已经严重到我们在一个世纪内，创造了个体不再自由的集体和社会。我意识到这个问题并参与斗争的契机，是从 GATT[17] 即关税与贸易总协定开始的。这个协定推动了世界贸易组织（WTO）的产生。孟山都的一位负责人在1990年谈及协定谈判时，公开宣称："这一协定，是我们创造的史无前例的东西，我们造就了这个协定，将它提交给美国政府，然后美国政府把它强加给其他人。[18]"紧接着，他又说："我们既是病人，又是医生和药剂师。"他们创造了问题，又自己发明解决办法。他们主要的问题之一，就是农民能够自己生产种子。孟山都力求解决此问题，并通过知识产权将农民的这种做法变成非法行为：孟山都申请了种子专利。很少有人意识到种子是我们能生存在地球上的基本保证。没有种子，就没有食物、没有服装、没有木材……控制种子就是控制了社会的一切。主张在食物系统中引入自由贸易（也就意味着本地农业的逐渐消亡）的农业协议（GATT总协议中的一部分），是在美国首席谈判官的控制下拟定的。而这位首席谈判官也是嘉吉公司（孟山都之后，世界第二大种子企业）的副总裁。这是一种新形式的独裁。环太平洋协议（TTIP）[19]，也是在暗箱操作中被拟定的，它推动了"新一代自由贸易"。这是一种打破欧洲通过社会运动取得的地方保护政策的方式，目的是把地方保护政策看作对自由贸易权的侵犯。目前，由于法国或意大利的宪法规定，跨国公司无法在这两个国家获取合法地位。它们开始寻找另一片跨国司法领土，让它们可以将国家政府以束缚自由竞争为由送上法庭。因此，拒绝转基因食品和农达除草剂的国家就有可能被跨国公司以"为了保护其他公司的利益而歧视销售转基因食品和农达除草剂的公司"的罪名指控。这样的诉讼已经在澳大利亚发生过，烟草商指控政府发起反烟草运动。我们已经走到了这样一个转折点：人类可能会失去为了捍卫自己和保护未来而进行民主行动的权力。国家倾向于放弃这些权力，因为个体（至少是个体中的某些人）从中谋得很多利益。然而，我们的社会是个人主义盛行的社会。国家放弃的权力越多，国力就会越弱。这也是我们这个时代的悲剧之一。

席里尔：那我们要怎么做呢？我们会见了一些专家，他们向我们展示了其他可能的民主模式，我们在爱尔兰、冰岛和印度也看见了这些民主模式是可行的……但听你的意思，我们还要反抗并阻止跨国公司取得大量权力……

凡达娜：我认为我们应该花费90%的时间，在所有领域（农业、能源、经济等），甚至政治领域，找到替代办法。比如在印度，我们创造了纳伍丹亚组织，农民自己生产并免费交换传统的绿色种子。在20年的时间内，我们已经修建了120座集体种子储藏库。但如果我们不用剩下的10%的时间去监督政治系统，那么我们就间接地接受了政府和当选者的权力屈服于大型跨国公司的事实。这种几乎军事化的机制将会不断地控诉和限制我们的自由。

席里尔：所以我们不应当屈服？你认为通向未来的钥匙之一就是不屈服吗？

凡达娜：我们应当遵从最高法则。我认为，有两种最高法则。一种是大自然、多样性、生物的法则，它告诉我们，如果我们不好好照顾地球，这个孕育了我们生命的系统，我们将会和地球一起灭亡。第二类最高法则是人权、民主、宪法的法则。所有将自然的平衡置于险境的法律，所有阻碍我们成为自由和独立的人的法律，都不能遵守。我们必须和这些法律做斗争。我认为，我们应该用有活力的民主去取代死气沉沉的民主；在活跃的民主里，公民每天都会参与到对社会的导向中。而我们唯一能做的，就是从重夺地方权力开始。如果所有地方民主都不复存在，那么国家或国际民主也就不能良好地运行。

席里尔：如何同这些法律做斗争？我知道你们在印度所做的事情，但动员人民似乎非常困难……

凡达娜：在印度也是一样，动员人民并不容易。但我们需要找到一种方法，让人们明白这与他们的日常生活直接相关。其次，我们还必须非常耐心、顽强、不言放弃。1987年，我有幸参加了一次工业家之间的机密会面，这次会面中，工业家们细致地列举出跨国种子企业在司法和知识产权占有方面的企图。所以，一旦政府因为要将这些措施写入法律而受到跨国企业施压，我们就能迅速应对。我们创造了信息工具，并会见了每一位国会成员，向他们解释这一切的关键。之后，政府任命我为拟定物种多样性法律委员会主席。我们修订了植物多样性和农民权利

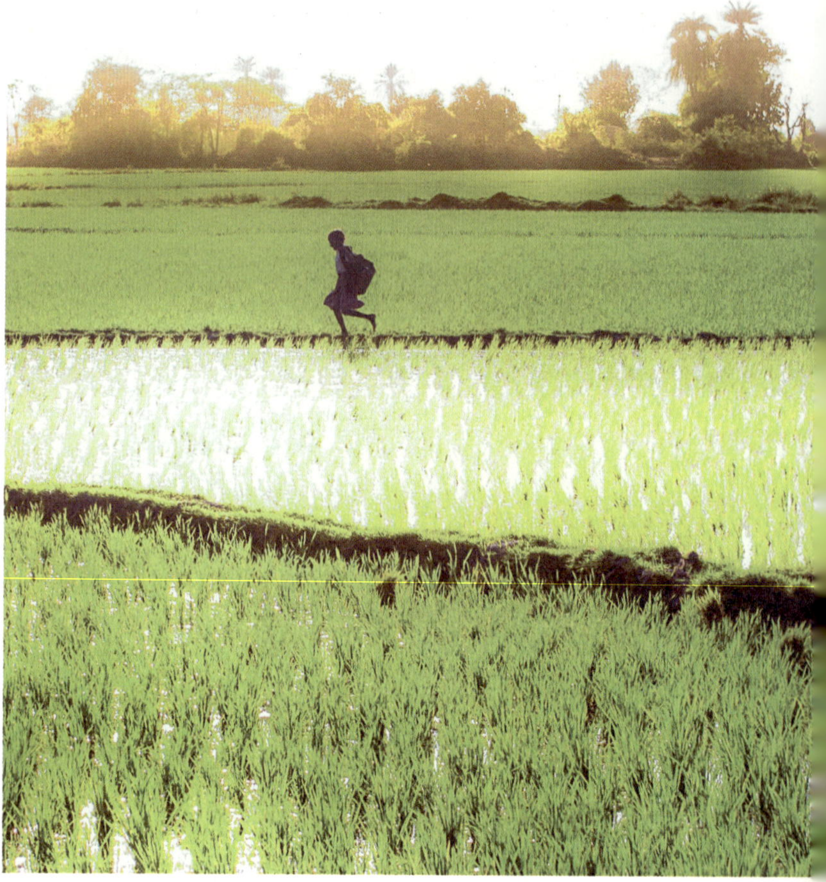

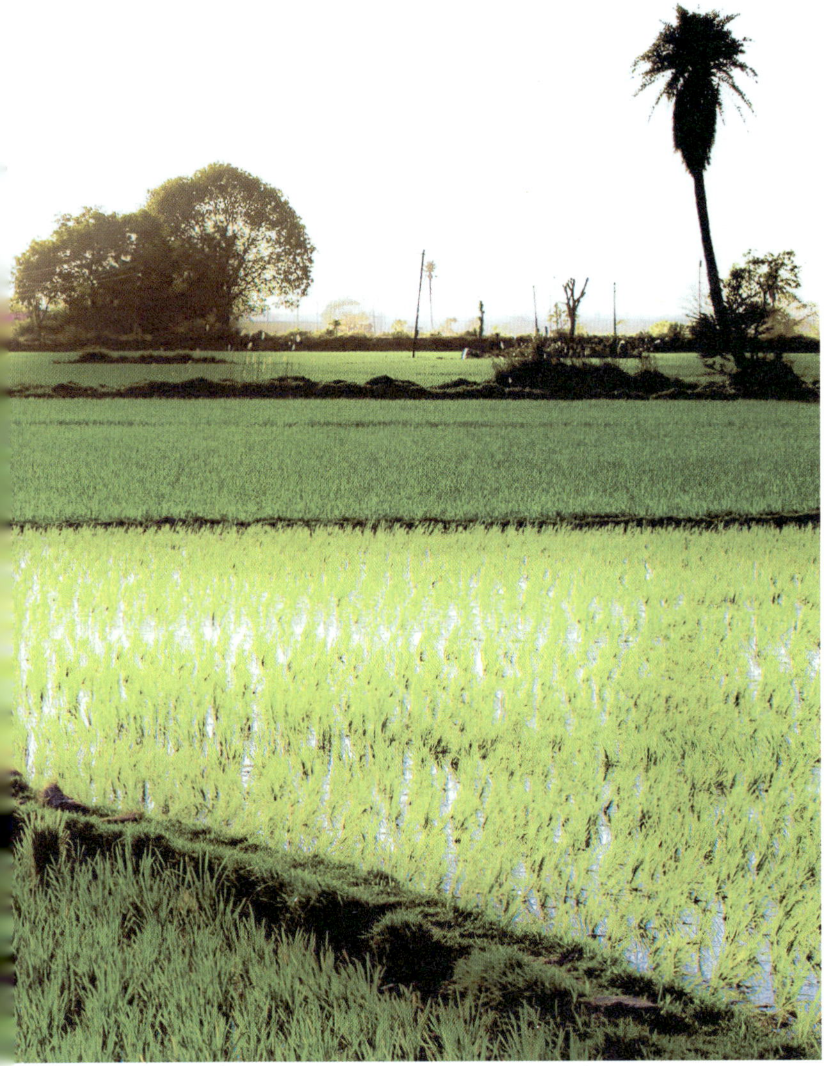

法案，这个法案规定，农民有权对种子进行生产、繁殖、储存、交换、销售、选择和配种。法案还规定禁止剥夺农民的这一基本权利。

2004 年，有人试图废除这条法律，然后再编写新法律，想让繁殖种子变成非法行为。我奔波于全国各地，告诉农民们这一消息，并组织了大型集会。我们收集到 10 万个联合签名，把它交到了总理手中，我告诉总理："这个国家可是甘地的祖国，当英国人为了垄断盐而试图强制推行他们的法律时，甘地和十几万人一起走到海边拾盐，他说：大自然免费赐予我们盐，满足我们的需求。我们会继续生产自己的盐。我们应当在种子领域继续甘地的斗争。大自然自古以来，就向我们提供种子，为了保证后代的生存，我们要赢得种子的斗争。所以我们不会遵从这样的法律，他们最好也别颁布这种法律。"国会的介入最终阻止了这些法律出台。甘地的两大理念给了我们灵感：一是"自发组织"，我们也可称作"内部民主"，它是进行自我管理的技巧；二是"为真理而斗争"，尤其表现为拒绝实施有害法律。例如禁止将种子或植物用于医疗的法律。

席里尔：我经常听到你说，一个国家的人民自己喂养自己的能力是民主的第一要务……

凡达娜：我认为，它甚至是民主的中心，因为我们就是我们所吃的东西。如果农民没有保存种子和繁殖种子的权利，如果人们忘记了食物从何而来，食物如何被制作（美国就是这种情况，在美国没有"转基因食品"标签），如果大型企业控制我们的食物，那么我们的自由里最私密的一面——维持身体能量，保持身体健康——就会被剥夺。相比之下，民主的其他方面都只是镜花水月。

要建立真正的食物民主，下一步是承认健康与食物之间的联系。这种联系本应非常明显，却在我们的文明里越来越被忽视，甚至被否认，被法律剔除。

席里尔：面对拥有一切权力的金融、政治和经济如此的碾压，你真的觉得不使用暴力而改变社会的希望可能会实现吗？

凡达娜：我来自非暴力的国家。非暴力这一原则行得通，它也带来了真正的改变，出于道德和哲学方面的原因，我非常坚持这一原则。即使它并不是一种策略，我也还是会选择这个原则。"非暴力"向未参与这些行动的人们发出信号。我们不能再让自己只是个成员不多的俱乐部或者地下军队。如果你想扩大参与人数，非暴力就是一条正确的道路。大部分人既不希望暴力也不希望混乱。

席里尔：你认为，我们只有在承受灾难后才能出现改变吗？

凡达娜：当灾难来临时，人们并不会改变，而是会恐慌。这正是滋生独裁或夺取人民权力现象的温床。"社会最底层受剥削的人民会奇迹般地站起来反抗"——这个观点并不现实。

然而，团结却十分可行。团结是与所有剥削形式正好相反的一种形式，它在所有人之间建立起联系，带来真正的改变。至少，在发生改变的地方，我们可以看到团结的人民。

席里尔：所以你认为，带领人民做出改变，是一种过程的结果，而一场灾难并不能突然就让人们觉醒？

凡达娜：不能，不可能。尤其是在如今这个时代。从前比较简单：人们需要进食、住宿、穿衣……现今，我们甚至连自己的食物来自哪里都不知道，也不知道做成我们面包的小麦的种子是什么成分。一切都变得复杂。"灾难能在一夜间唤醒人们"的想法，只是一种幻想。改变是一种需要教育的过程，这也是为什么我们对所有人做的工作如此重要。我相信人类的潜力。我们可以成为地球的毁灭性力量，但也能成为创造性力量，我们可以照顾好地球。这也是量子物理的理论：万物皆不永恒，万物皆不分离，一切都能转变，万物皆不绝对。因此，我们要通过教育现今这一代人和下一代人，让他们了解所有问题的关键，从而增强人类的这种潜力。

注释

1. Babel n°1231, Actes Sud, 2014。
2. "民主（Démocratie）"（源于希腊语 dêmos 和 kratos，意思分别为"人民"和"权力"），《罗伯特法语词典》上的意思是："一种政治理论，认为主权（最高权威）应当属于全体公民。"
3. 使用了 1981～2002 年间 1800 个公共政策数据的研究。参见 www.bbc.com/news/blogs-echochambers-27074746 和 journals.cambridge.org/action/displayAbstract?fromPage=online&aid=9354310。
4. 根据 Ipsos 法国 2014 年调查："65% 的法国人认为，大部分政治人物都腐败。84% 的法国人认为政治人物只追求自身利益。"而 78% 的法国人认为："民主系统运转不良，没有人代表民意。"72% 的法国人不信任国会，73% 的法国人不信任上议院。受访者中 88% 的人认为，政治人物"不在乎民意"。
5. 西哀士神甫（大革命的主要参与者之一）在他 1789 年 9 月 7 日的演讲中宣称："人民任命了自己的代表后，就放弃而且应该放弃自己制定法律的权力；他们不能强行施加自己的特殊意志。如果他们强行施加自己的意志，法国就不再是代表制的国家；它会是民主国家。我再重申一次，在非民主国家（法国也不会成为民主国家），人民只能通过他们的代表进言和行动。"如今，政府网站"公共生活"上依然写着："议员不受选民强制委托权的约束。因此，即使当选者不遵守他们的选举承诺，选民也无法缩短当选者的任期。这条规定保证了议员的观点自由，尤其保证了他们对总体利益的判断的自由。"

6. 2015年，法国政党共有45.1万成员，也就是法国投票人口（INSEE数据显示，2015年为4460万人）的1%。我们甚至可能高估了这个数字！2014年，法国文化电台记者史蒂芬·罗伯特通过政党收到的党费总额，得出社会党实际上拥有近3万党员（社会党宣布自己有6万党员），人民运动联盟有13万党员（它宣称有21.3万党员）。参见www.franceculture.fr/emission-le-billet-politique-de-frederic-metezeau-les-partis-politiques-combien-de-militants-par-ste。

7. 2005年欧洲宪法公投中，55%的法国人不支持宪法修改。3年后，在没有进行新公投的情况下，议会通过另一种形式（条约）对欧洲宪法进行了修改，但修改内容和2005年提出的一样。为了进行这一操作，国会（也就是议员们）于2008年2月4日在凡尔赛宫对法国宪法进行了修改。

8. 在我们的访谈过后，爱尔兰政府开始处理这一问题，并组织了全民公投。爱尔兰天主教会公开宣布反对同性婚姻，而在2015年5月22日，同性婚姻以62%的赞成票通过，这让深受天主教影响的爱尔兰成为第一个通过全民公投形式采用这一决议的国家。

9. 在法国被称为国民议会。

10. 参照了维多利亚女王统治时期，英国的不平等现象。

11. Pascal Riché, *Comment l'Islande a vaincu la crise*, Versilio et Rue 89, 2013。

12. 达利特人指"被镇压者"。

13. 我在上文提及的Bénédicte Manier所著 *Un million de révolutions tranquilles* 中，发现了艾朗格的奇妙故事。

14. 7000 欧元。
15. 尽管已经不是村长，但艾朗格仍然受到广泛认可，他和他的继任者紧密合作。
16. 印度人所说的村庄，能达到几万居民。我们会见的一位村长领导着一个 2 万居民的镇子。
17. General Agreement on Tariffs and Trade。
18. James Enyart, "AGATT Intellectual Property Code", *Les Nouvelles*, vol.25, n°2（Juin 1990）, P.54-56, 凡达娜·希娃在 *Éthique et agro-industrie*（L'Harmattan, coll. "Femmes et changements", 1996, P.12-13）中引用了此段话。
19. 以在美国和欧洲之间成立世界最大自由贸易区为目的的协议。

五 明天的教育

（一）昨日历史

在旅途中，我们见到的很多人最后都提到教育（成人教育或儿童教育）是一种"根本行为"，对所有人都会产生影响。如果问题的根源来自于我们内部、我们的精神失衡、我们的伤口，那么我们就应该从这些地方开始行动，最终让我们的文明可持续地改变。

正如皮埃尔·拉比告诉我们的那样："我认为，我们对某一情况的意识，在改变中有着决定性作用。增强每个人的这种意识，这已经是一种教育行为。我觉得，如果人类没有深刻改变，那么社会就不会有真正的改变。只做政治和军事抉择显然不够：我们可以一边吃绿色食品、进行反核能游行、回收垃圾、回归土地，一边剥削同类，不幸的是，这两者并非不相容……我们自己就是乌托邦精神的体现。如果工具和物质创造只是原始的自由意识的作品，并受到权力、恐惧和暴力的限制，那么它们就永远也不会是改变的因素。我们这个时代经历的深刻危机，不是由物质不足造成的。危机源于我们自己，源于决定我们的世界观、我们同他人和自然的关系、我们所做选择和我们奉行的价值的内在核心。我认为，让理想国变为现实，首先需要塑造一种不同的存在。一种有意识和同情心的存在，一种通过智慧、想象和双手，向生命致敬的存在。而这种存在本身就是生命最精致、最灵活、最富责任感的表达方式。为了塑造这样的存在，儿童教育至关重要……"

马利克是底特律城市农业的种植者之一，在走上有机蔬菜这条路之前，他担任过多年小学校长。他认为："美国的教育模式和工厂、工业革命的模式如出一辙。这种模式让孩子们做重复的任务，让他们遵守纪律。教育是一种等级结构，批判精神在其中没有任何地位。我认为，教育和让儿童接受学校教育之间有着实实在在的差异。有时，教育在学校进行……但也仅仅是有时而已。'教育'这个词源于拉丁语'educare'，意为'使出来''引导出来'。教育应该旨在让我们天生的优势显示出来，而不是把我们当成空罐子，给我们填塞知识。每一个人都有自己的长处、天赋、才能，我们必须承认和发展这些长处，最终让它们为人类做贡献。学校的责任之一是辨识每个儿童的长处……"

穆罕默德·云努斯也很同意这一观点。他坐在酒店的红沙发上接待了我们。当我们提到教育这个话题时，他整个人的身体就开始活跃起来："我们的教育系统完全是个错误。我们能教授数学、物理、化学、历史，却不帮助年轻人去发掘自己是谁或者他们在这个世界可以扮演的角色。如今,学校那些不言而喻的目标可以总结成以下几点:努力学习,取得好成绩,不断奋斗,获得最好的工作。这个目标对于一个人来说,似乎有些狭隘。人出生的目的,并不仅仅是为他人工作、赚钱,他也是充满创造物的世界里独一无二的创造物。而这独一无二的特性却被排斥、压碎、模式化。教育应该对孩子说:你是充满潜力的存在,你有成为自己想要的样子和做自己想做的事情的能力。在这里,你有几万种选择。你想生活在哪种世界?你想参与建设什么样的社会?现在的教育,就好像是我们给每个学生一个剧本,要求他们好好扮演自己的角色。我们大部分教育机构让学生变成了机械和机器人。我们应当改变这一切。"

在我主管蜂鸟行动的时候,我们在 2012 年总统选举之前,和 IFOP 一起做了一项民意调查[1]。我们提出了和典型民意调查不一样的问题。对于"你认为,学校的作用是什么?"这个问题,41% 的被调查者认为学校应该"能让每个人在完成学业后找到工作并融入社会",39% 的被调查者认为它的作用在于"向所有人传授基础知识(读、写、算)",只有 20% 的被调查者认为:"不管学生学业成绩如何,学校能让所有人根据自己才能和优点的不同,得到自我发展。"杰里米·里夫金认为:"我们(在学校里)真正教授的东西,是对一个时代的认识[2]。"也就是说,学校是社会的反映。我们在学校里培养儿童,让他们成为自己所在世界的利益相关者,在这个世界里,他们同他们的信仰、信条和社会组织一起演变。我们调查的人，受到了20世纪的学校教育。也就是受到了20世纪所隐含的事物的影响。

几个世纪间，欧洲主要进行精英教育，以稳固阶级系统。当教育对平民阶层开放时，教堂就控制了大量的学校，把学校变成保持平民基督教世界观的工具。1881～1882年，茹费里对世俗学校进行制度化，推行免费义务教育，这也是法国的一场民主化大运动，它让教育向大众开放，崇尚"意识自由"。初看上去，这场变革似乎是真正的进步。而19世纪末的社会正热衷于"进步"。里夫金强调过："欧洲和美国建立公立学校运动的主要目标之一，就是激发每个人的潜能，创造有效率的劳动力，推动工业革命[3]。"众多批判学校的人，如伊万·伊里奇，在他的著作《没有学校的社会》中提到，学校作为一种工具更多的是为社会体系培养优秀小兵，而非培养自由精神和不墨守成规的精神。马利克和穆罕默德也十分赞成这一观点。然而，150年来，世界已经深刻改变，我们对曾经被称为"进步"的事物也有了不同看法。21世纪的儿童，出生于网络时代、自然资源枯竭时代，他们不再像长辈一样看待地球或公民身份。然而，他们所受的大部分教育，不管是在教学方法还是教育内容方面，仍然以过往的知识为基础（或许斯坦福、伯克利这样的学校除外）。

那么21世纪的学校可以是什么样的呢？为了让每个人都能参与进工业时代，20世纪的学校给出了制度方面的回答，它与工业模式紧密结合：在极少的时间内，培训出极多的学生，学校不考虑多样性因素，只是将知识模式化，也就是让思想模式化。

在 20 世纪的学校里，老师是固定理论知识的某种参考，他的任务是将固定的理论知识传达给每一个学生。正如纽约城市大学学者和教师肯尼斯·布鲁菲所说："学生必须遵守课堂基本规则，通过各自的方法吸收老师所讲知识。而老师应该和学生分享他的知识，并测评学生对知识的掌握程度[4]。"学习是一种孤独、机械、标准化的行为，受到教师的监督和"教学大纲"的独断控制。知识一旦被学生正确吸收，就会成为他融入社会的通行证。拒绝配合这些传统规则（首先是高中毕业会考），也就意味着，不管学生掌握知识的真实水平如何，他都被学业和职业的多种可能性拒之门外。我们有一句俗语："如果你在学校不 travailles[①]，你就找不到 travail[②]。"因此，我们可以说 20 世纪的学校，是一种向模式低头的机构，它推行的教育，就是让人学会遵从。整个社会中，尤其是父母与儿童间，教育理念也是如此。

但 2015 年的学生却不一样。从某种程度来说，2015 年的教师也有了改变，尤其是在年轻一代教师当中。所以，我们面对着一种非常不适的中间状态。我们有一批越来越意识到重塑系统的必要性的教师，他们和一群越来越不受长辈权威和机构权威束缚的年轻人并肩同行，但这两者却都处于一种相对于世

[①][②] travailles 为动词 travailler（努力、工作、学习）的第二人称单数变位；travail 为名词，"工作"之意。

界发展非常过时的体制中心。这种体制的复杂程度已经超过了一定界限，以至于造成了自身的瘫痪，自己无法进行任何改变。因此，确定学校的真正作用、确定我们希望建立哪种推动儿童发展的社会模式，已经是非常紧急的需求。

伊万·伊里奇认为，学校是对社会需求给出的制度上的回应："保证所有人的平等教育权。"但是，他还说："把这个目标和义务教育混淆，等同于将宗教仪式和教堂混淆。[5]"我们可以说，学校是一种习得一定知识、常识和社会准则的方式。如果我们需要按照当今世界的要求去改造学校，那么我们就应当停止让学校机构来承担教育儿童的所有责任，我们必须为每个孩子找到最适合的发展途径。

我们需要让自己的孩子做什么样的准备呢？

他们的主要任务，就是应对我们给他们制造的危机：修复并照料公共生物圈；建立和平、多样化、公平的经济和社会体系。

他们需要的资源，不仅会由理论知识创造，也会由一种新的意识产生：将地球和人类看作一个互相依赖的整体。这就要求我们在年轻一代人中，发展他们共情和合作（而不是竞争）的能力，以及和自己的本源——大自然建立联系的能力。然而，阻止这些能力发展的最大障碍，通常是生存的不适和生活的不幸。因此，为了让我们的孩子能够找到资源，创建一个生态的、合作的、公平的社会，我们必须帮助他们形成让自己幸福、让自己发展、让自己获取知识的能力，也必须帮助他们找到自己的才能和兴趣，以及将自己的才能和兴趣用于服务人类集体、服务他们所在的社会的方式。

某些机构正在开始实施这样的项目，比如我们去探访的芬兰科尔科加尔文小学……

（二）每个学生都重要：芬兰的教育

10多年来，芬兰的教育系统被看作欧洲乃至整个西方世界的榜样。为了了解其中原因，了解为何这样的小国能在OCDE的国际评估系统PISA[6]中获得惊人成绩（2009年，科学排名世界第二，阅读排名世界第三，数学排名世界第六，远远超过其他所有西方国家；2012年，芬兰这3项的排名分别为第十二、第五和第六，虽然这个排名处于众多亚洲国家之后，但仍然领先于其他西方国家——除去数学，荷兰、瑞士和爱沙尼亚该学科的排名超过了芬兰），我们去了一所非同寻常的学校。科尔科加尔文是一所崭新的小学（4年前翻新），位于赫尔辛基郊区艾斯堡的贫穷社区。学校楼房铺满红色砖墙，巨大的环形落地窗由三层玻璃隔板组成（隔热隔音），楼顶有太阳能电池板，暖气由地热提供。在这座楼房周围，矗立着一座座建于20世纪60年代的阴暗的住宅楼，它们的丑陋让人厌弃……

在学校前面的广场上，小学校长、前英语教师卡里接待了我们，他自己的童年是在英国度过的。卡里·鲁伊渥里今年62岁，但他一点也不想退休（虽然他不得不退休，这让他十分烦恼）。他身形清瘦，体态优雅又放松，性格幽默，魅力四射，他的说话方式更像拉丁人，而不像斯拉夫人或斯堪的纳维亚人（存在着关于芬兰人是斯拉夫人还是斯堪的纳维亚人的争论）。他告诉我们，因为芬兰人不太说话。"有一个关于瑞典人和芬兰人的笑话（就像英国人和法国人一样，瑞典人是我们可爱的敌人）。一个瑞典人和一个芬兰人在乡下的一栋房子里过周末。第一个晚上，他们在喝啤酒。瑞典人举杯说道：Skål（干杯）！芬兰人回答道：哦，我们是要喝酒还是要闲聊整夜？我们芬兰人就是这样，我们不需要说很多话。"卡里哈哈大笑地说着，他知道自己可不是这样。进入学校的楼房后，我们被这里的空间、整洁、线条和曲线的和谐、楼里的宁静所吸引。建筑很明显使用了优质材料，空间安排也是经过深思熟虑的。"为了建造这所学校，我们组织了一次建筑师竞赛。共收到69份作品。我也是评审团成员之一，能够参与选出最好的作品，我深感幸运。最后赢得竞赛的是两兄弟，其中一人设计了小学部，另一个设计了初中部。我们的目标是让建筑为教学服务。每一项校内活动和每个年级的学生都拥有自己的空间。"我问他是不是所有学校都这么漂亮，他悄悄告诉我们："我们建造新学校的时候，就想做到最好。这儿是贫民区，建造漂亮的学校就是一种展示社会重视教育的好方法。芬兰没有煤矿、金矿和石油，我们只有木材。所以，我们主要的财富，就是良好的教育。"

关于芬兰教育模式、教学实践、教育结构和测评模式，我们有很多东西可以说，但最重要的一点，也是芬兰教育取得惊人成功的秘诀，就在于对于"教育系统的重心是学生还是知识？"这个问题，芬兰选择了前者。每个学生都很重要，教育系统应当去适应每个学生的特别之处，而不是让学生去适应严格的系统。

在芬兰，"一个快乐的、全面进步的、按照自己的节奏成长的学生能够更轻松地习得基础知识"，这一观念并不是教育专家的空想；这样的观念引导着所有人的行为：国家、市政府、学校领导、老师……达成目标的关键词是"信任"。卡里证实说："教育部信任地方当局，地方当局信任校长，校长信任老师，老师信任学生。当学校有空缺职位时，我就在投递简历的老师中选择我的教学团队。我们几乎没有什么官僚主义。比如，我们没有其他国家那种会来检查老师们是否达标的教育监察。我们的老师接受了良好的培训，他们才是教育专家，是最懂得如何把握课堂的人。当然，我们也会聚在一起，互相交流，以便改善自己的教学实践，我们每3年会进行一次自我评估。我们列出10个最想改善的方面，从中选出3项，这3项就作为我们未来3年的教学大纲。而大部分时间里，我们都在教，而不是在测试。"另外，芬兰也没有集中调动教师的系统。每个学校都是独立的机构，只要老师和他们的团队情况良好，老师就会留在学校。

卡里领导这所学校已有30年。芬兰也没有国家测评，将学校按照从好到差排名，分成不同等级。"每所学校都应该是好学校。"卡里坚定地说。

学校的首要目标之一，就是让学生感觉"像在自己家里一样"。为了达到此目标，学校的规模必须相对较小（初中部300～400名学生，高中部400～500名学生），学习空间必须宽敞、颜色温馨，休息室应当让人感觉舒适。芬兰鼓励学生和老师熟识，以在他们之间建立信任和合作关系。当卡里走在学校走廊里时，孩子们主动投入他怀中，然后被他高高举起，显得非常自然。午饭时间，学生邀请老师一起进餐。在初中部，学生和老师甚至直呼对方的名字。"这也是工作的一部分，"卡里解释道，"午饭时间老师和学生可以加深认识，这样的关系能在课堂上帮助学生。另外，老师还会教学生正确的用餐方式。"他笑着说道。我告诉他，在法国，老师没有权利触碰学生，学生和老师之间的熟络，会被看作有削弱教师权威的风险。这又让卡里笑了："教师权威来自不同方面：首先是职业能力，而更重要的是……尊重。老师不必把自己藏在职业名称背后。我们的学生跟任何一所学校的学生一样，也有纪律问题，但在学生和老师之间建立亲近关系能帮助我们解决这些问题。学生不会想伤害我们，因为他们喜欢我们，他们知道我们对他们非常友好，也知道我们想帮助他们。当然，总会有孩子想考验老师的极限，逼着我们使用自卫手段，我们也不是一帆风顺的。但我的经验告诉我，惩罚是不能改善局面的。通常来说，和他们交谈、和他们讲道理、请家长配合、让他们有安全感、鼓励他们自己做决定会更加有效。这些方式让他们更有合作的愿望。"

我们去了玛伊雅的课堂里听课，她有15个9岁的学生。听课的时候，我们就更加理解卡里的话了。孩子们在上自然课。他们在研究蒲公英（我女儿坚持称其为"吹气花"，因为它的绒毛会随风飘散，同时种子也被传播到园子的四处）冠毛的传粉。课堂里，一些孩子坐到了课桌上面，但大半学生都站着或躺在教室后面的沙发里，六七个学生几乎是坐在地上……一个学生趴着用放大镜观察花朵，一个蹲着看，另一个学生跪着，还有一个围着他的小伙伴蹦蹦跳跳。蒲公英的绒毛和种子四处飘浮，很快占据了教室的所有空间，最后飘到了走廊里（因为它们肯定会被吹散！）。孩子们互相交谈，在法国如果出现这样的情况，我们会称之为"混乱"，但在这里，这算不上"混乱"。玛伊雅认为："在教室里，氛围良好是非常重要的。如果环境过于严苛，学生会非常担心，而不会集中精神学习。有时，营造和谐的氛围很困难，因为一个班里，学生的个性各有不同。学生之间应该相处融洽，应该成为一个集体，每个人都应该有归属于这个集体的感觉。他们中不能有人太过暴躁，也不能有人耍狠招威胁其他人。这种情况有时会发生，但我总是试着去监管，我告诉他们，如果有什么问题，一定要提前通知我。我有时会扮演警察的角色，做调查，和学生谈话……"玛伊雅很喜欢自己的工作。她主动这样说，而且从她脸上、从她和学生的关系中也能看出她对这份工作的热情。而她最喜欢的部分，就是和学生的关系，"和他们建立亲密的关系，让他们信任我，让他们相信：我可以帮助他们进步"。她希望自己的学生来自不同的文化（科尔科加尔文小学50%的学生来自外国）："我们学到了很多东西。"她开心地说道。卡里对她的信任以及和其他教师的合作，也让她非常高兴。"老师有着共同的方向是非常重要的，就算我们有不同意见，也总是能找到一起工作的方法，我们非常开放。"

在芬兰的系统里，让学生按照自己的节奏学习，是非常正常的事情。比如，学生至少有八九年时间学习阅读，在前几年里，他们可以慢慢开发自己的能力、好奇心和灵活度。原则上法律禁止留级，但如果有例外情况，学校也可以建议学生留级，不过这条建议应当在被学生家庭接受后才能实行。

每日学习安排也充分尊重儿童的生物节奏，避免学生疲乏：义务教育到16岁为止，这期间每一节课被限定为45分钟，课间休息为15分钟；课间学生可以在走廊上休息，也可以在休息室聊天、玩耍、玩音乐或玩电脑。芬兰学校每个班级的学生人数较少（科尔科加尔文今年每个班有14~25名学生），但管理学生的工作人员却较多：老师、中学阶段职业规划顾问、小学教师助理。根据不同需求，每个班的管理人员为1~3人。科尔科加尔文大部分班级里都有教师助理，他们帮助学习有困难的学生和芬兰语还不太好的学生，或者对学生进行个性化指导。

学校里长期配备心理指导老师和护士，还有一个特殊班级接纳有严重个人困难、人际交往障碍和肢体困难的学生，以保证这些儿童不被排斥在教育系统之外。所有这些措施都有助于最大限度地进行个性化教育。

"每个学生都有自己的不同之处，有自己的学习方法，"玛伊雅解释道，"我们在教学中会考虑到这一点。如今，教学更加简易，因为我们手里拥有很多的资源……有了教师助理，我们就能将班级分成几个部分，我们有信息设备、书籍、DVD，我们还能到大自然中去……比如，学习阅读时，一些学生从字母开始学，并将字母进行组合，其他学生从词语开始学，然后将词语拆分成字母。熟练阅读的方法有很多。以前我上学时，却只有一种方法。现在我们已经彻底淘汰那种方法了。不过，通过那种方法，我也学会了阅读，所以……那种方法也行得通！重点在于，我们必须明白，不管方法如何，孩子们最终都能学会阅读。一些学生学得快，一些学生学得慢。但是我认为，好的教学方法不止一种，而是几十种。我们只需要为每个学生找到正确的入门方式。"10年以来，芬兰几乎没有大课了。教师只是作为一种资源存在。他们可以帮助和指导学生学习，而不是树立权威，强迫学生学习。学生们通过玛伊雅提到的资源，进行小组学习。玛伊雅认为，课堂里的空间自由和行动自由，也有助于儿童的学习。"30年前，每个班有40名学生，他们一个挨一个地坐着，上课时必须保持安静。老师站在高高的讲台上，面对学生讲课。如今,我们和学生平起平坐,在教室里走动。学生做练习的时候,可以互相讲话,但显然不能大声,只能轻言细语。学生也可以走动,躺在沙发下面读书。他们知道老师并不是权威,也不是神仙。学生必须明白老师或家长并不一定永远都是对的。我们也会对他们说:'我错了,我刚生了气,对你大喊大叫,对不起。'谈论,然后翻篇,继续前进。他们知道我们所有人都一样,所有人都是平等的。这样才更自由、更开放。我认为这一点让他们对自己有了自信,也会让他们发展其他能力。他们直面自己的同学,然后互相学习。他们因此也能拥有良好的人际和社交关系。在生活中,人际和社交关系也很重要。因为生活里不只有知识……当然,我们有时也必须很严格,在需要的时候,也应该要求学生保持安静。有时在我们和学生间很难找到适当的关系。不能对他们太严格,也不能太松懈。毕竟我们的工作并不是和他们做朋友……"

在整个"基础教育"阶段(7~13岁),所有学生的课程都一样。然后,13~16岁的学生在自己的课程设计中,逐渐担起更多的责任,他们需要选择2~6门选修课。到了高中阶段,学生可以自由选择自己所有的课程,他们可以在学校的信息网或互联网上查询并注册课程。传统课堂不复存在。9岁之前的儿童没有学习成绩。9~13岁的学生成绩不用数字表示。因此,学生在学习基础概念的过程中,不会感到紧张,也不会被斥责。每个学生都能依照自己的节奏去学习,完全不会觉得自己是"差

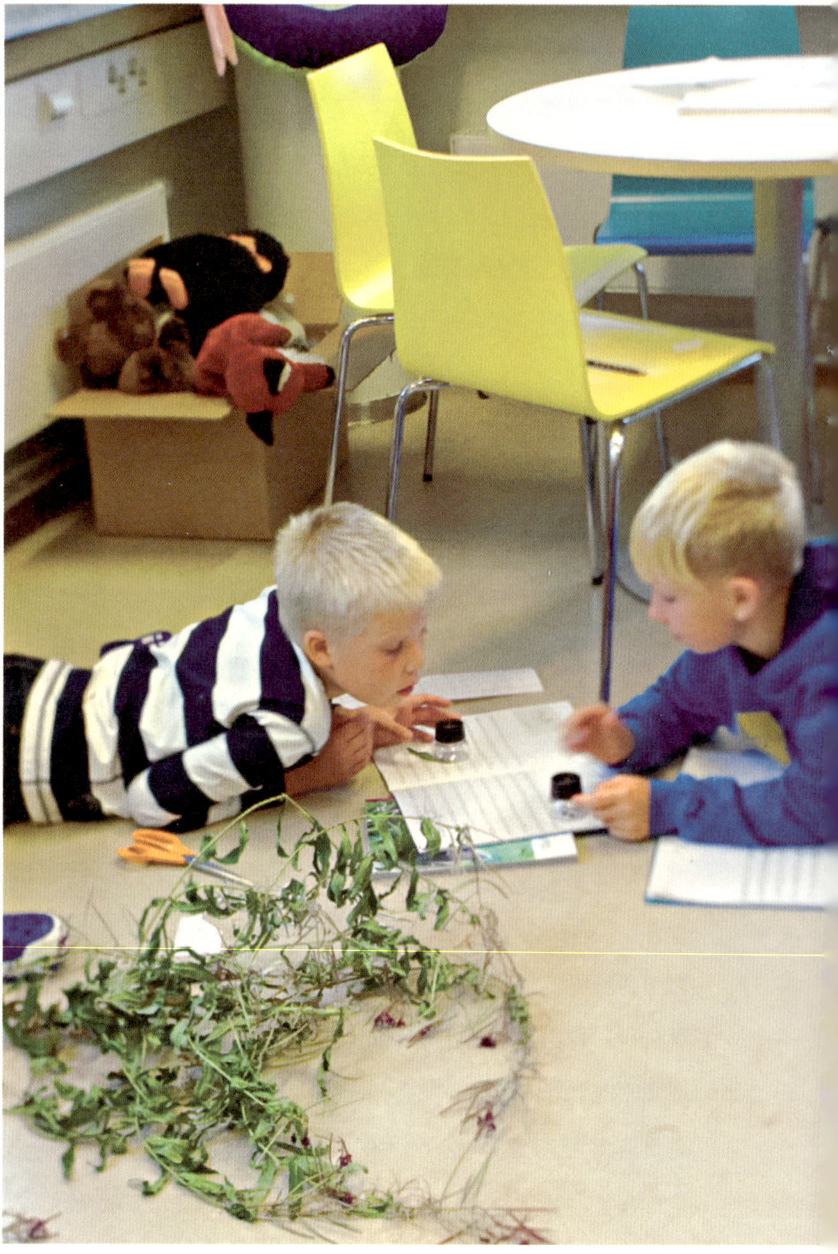

玛伊雅的班级正在积极活动中

生"。学生在13岁时，才会有用数字代表的成绩，成绩等级从4分一直到10分。耻辱的"鸭蛋"被废除。测试的目的，是强调学生学会了什么，而不是强调他没学会的。因此，测试也就不再有竞争性质，也不再让人焦虑。

我们和卡里一起在食堂吃饭的时候，所有餐桌都挤满了人。孩子们的衣服，再加上椅子的颜色，看上去就是一片正在朝各个方向躁动的红红绿绿。但这里的噪音并不像别处的食堂那样让人难以忍受。卡里告诉我们，墙上、椅子下都使用了静音材料，学生必须脱鞋……饭菜挺好吃的，而且让人意外的是，午餐对学生免费。还有，书籍、医疗和教学材料都是免费的。然而，芬兰的教育支出和法国的差不多（国内生产总值的6%～7%）。"几乎没有官僚主义。"卡里笑着重复了一遍。他认为，芬兰教育的成功秘诀，首先在于教师的培训。它是建立良好系统的关键。大部分选择了这份职业的老师，是出于对教学的兴趣和陪伴孩子进步的热忱，而不是对自己所授科目的兴趣。老师的社会地位很高，在一个非常重视教育系统的社会里，老师甚至有着一定的权威。在约恩苏教育学院每年1200名报名者中，只有80名最终收到录取通知。每名教师必须获得教育学硕士（小学教师）或某学科的专业硕士（中学教师），也必须学习1～2年教学法，接着必须有3年做教师助理的实战教学经验。之后，他才能向某所学校求职。"他们深入学习儿童心理，学习各种教学法：蒙台梭利教学理论、斯坦纳教学理论、弗雷内教学理论……

这些学习的目标是，使老师掌握多种模式、多种观念，深刻地认识儿童和儿童的学习能力，深入了解儿童在学习中可能会遇到的问题，以及老师可以给学生提供的帮助……然后，老师可以选择自己需要运用的理论。老师也要读很多教学史。老师们在上大学的时候，能学到非常广泛的知识……"卡里向我们解释道。老师在上岗以后，能享有非常有利的实践条件和完全的教学自由。这两点大幅提高了教师的积极性，让他们创造适合学生的学习情境。教师也不仅仅局限于课堂，还会对学生进行监管，并在课外时间进行家访，这样就能和学生建立亲近的关系。另外，锦上添花的是，教师的工资很高。当一位体育老师告诉我，他的工资为每个月 4000 欧元时，我差点被呛到。法国的初高中老师平均工资为 2500 欧元[7]。当然，芬兰的生活成本略高于法国，但这一点并不足以成为两国之间工资差距的论据。

得益于这些方法，小芬兰人才能在传统科目中取得优异成绩（一直以来，OCDE 认为，在欧洲，芬兰是教育系统最好的国家），尽管他们每周的上课时间比法国学生少 1.5 小时。也就是说，7～15 岁，他们少了 2000 小时的学习时间。[8] 但芬兰教育的首要目的，是让学生学会学习，让他们更独立。现如今，知识俯拾即是。而卡里和他的团队的工作，就是在这片知识的海洋中，帮助所有学生获得知识，并帮助他们找到获取对自己未来生活必不可少的知识的正确方法。科尔科加尔文的学生不仅学习数学、芬兰语、历史，也学织毛衣，缝纫，做衣服，使用木材、金属、皮革制作物品，洗衣服，整理，清洁，做饭，画水彩，画油画，弹奏乐器……卡里带着我们参观了初中部的音乐教室，里面的一切超乎想象：教室里初中生们拿着贝斯、敲着架子鼓、弹着键盘、打着小鼓、吹着萨克斯风，在休息时间进行乐队排练；接着我们又参观了一个工作室，里面的学生正在制作吉他、音响或者学着用冰棍的小木棒做能够承受60千克重量的桥；我们还参观了厨艺教室，男孩子们在里面学习夹馅点心、蘑菇蛋卷的入门做法；最后我们去了一间奇怪的教室，里面的老师在教学生用洗衣店里才能看见的大型机器洗衣服，卡里给我们展示了缝纫课的学生们制作的外套、纺锤和衬衣。"我们为学生们开设这些科目的总体理念，是让他们自己去实践，最后他们会意识到自己到底是适合做手工还是做理论。但不管做什么，他们在离开学校和家庭之后，生活都能自理。"总的来说，从科尔科加尔文毕业以后，50%的学生选择上大学，50%的学生选择学习手艺技术。卡里认为，这两种方向都很重要："我们需要所有的职业！"

芬兰模式的形成，经历了漫长的40年，其间有过一次又一次改革。我们问卡里，芬兰是怎么做到的（因为我们觉得似乎很难让国家教育部进行改革），他的回答没有一丝犹豫："在芬兰，教育并不是政治斗争的主题。国会里有委员会，委员会里的所有政党必须达成一致意见，才能制订教育的大方向。就算在选举过后，新政府上台，也不会改变教育系统。我们大约每6年

梅拉妮向村庄的孩子展示显示器上的画面

修改一次教学大纲，但这种修改都要经过一致同意。教育太过重要了，因此它不能成为选举的赌注。"

卡里觉得学校应该"让学生为人生的下一阶段做好准备"，不仅仅是为了找到工作，也是为了"学会包容、理解、了解差异和不同。探索和欣赏每一种文化、所有的颜色……理解每个人都很重要，但一些人需要更多的帮助。学会互爱。我希望，这是他们在离开学校的时候，已经学会的东西……"

芬兰教育模式的重要之处，还在于它的规模。它是一种国家体系，每年关系到100万学生。这也是我们选择拍摄芬兰教育的原因。但世界上还存在着数千项绝妙的实践，只是规模较小。法国也有几百种实践。其中包括皮埃尔·拉比的女儿索菲·布克－拉比在她和她的伴侣于阿尔代什省南部建立的生态村庄勒哈默德比创立的儿童农场，伊莎贝尔·贝鲁在阿马南生态中心领导的蜂鸟学校，巴黎十九区的生活学校，留尼旺岛圣德尼的生态街区博塞如的蒙特苏莉尔小学等，我们都对它们进行了拍摄，只是没有把它们剪辑进纪录片里。以上所有学校都强调陪伴儿童走向独立、合作、非暴力（通过成人的善意来培养）、发展的必要性，这些是让每个儿童找准自己的位置、照顾周围人的基础。塑造能够面对21世纪挑战的一代人，关键在于为他们提供走向幸福的通道。至少，通向某种形式的幸福。

注释

1. www.colibris-lemouvement.org/agir/campagne-tous-candidats/etude-ifop-pour-colibris-ce-que-veulent-les-fracais。
2. Jeremy Rifkin, *La Troisième Révolution industrielle*, F. et P.Chemla 译, LLL, 2012。
3. 同上。
4. 同上。
5. Ivan Illich, *Une société sans école*, G. Durand 译, Seuil, 1971, P.27。
6. 对学生的学业进行跟踪调查的国际项目（http://fr.wikipedia.org/wiki/Programme_PISA#Résultats_2012）。2009年法国上议院关于芬兰的研究强调，对OCDE而言，"某些国家，例如芬兰、加拿大、澳大利亚、日本、韩国和荷兰，能在教育领域达到成绩、公正和效率的三重目标。在所有学科中，芬兰学生的成绩最好"（www.senat.fr/rap/r09-399/r09-399_mono.html）。
7. www.challenges.fr/economie/20140512.CHA3642/l-education-nationale-devoile-enfin-les-salaires-des-profs.html。
8. www/senat.fr/rap/r09-399/r09-399_mono.html。

六 从今天开始！

与罗伯·霍普金斯会面

"好吧,但是从何做起呢?"结束了10国游后,我们的脑中萦绕着这个问题。如果这些经历让你信服,让你觉得应该开始行动,那么说不定你的脑中也在思考这个问题。英国西南部小城托特尼斯可能有答案(至少是一种答案),我们坐飞机从布里斯托到托德莫登时,在托特尼斯转过机。盛夏7月里的托特尼斯,笼罩着夕阳的光芒,看起来就像一座完美的小城。至少,它符合我标准里的完美。小巧的城市主干道从"七星"(有很多当地啤酒的小酒吧,它的存在更保证了小城的完美)开始一路攀升,街道两旁老房林立,这些房子既有些中世纪的意味,又有着英国建筑特有的可爱之处。城里大部分商店都是个体户,很多商店里有当地的公平贸易手工艺绿色产品。很多人骑着自行车,不一会儿,他们就能骑到乡村。2008年,"Transition Network"(过渡网络)在托特尼斯诞生,我们习惯翻译成"过渡城市运动"。从此,世界上30个国家的1200多个城市,跟上了这个8000居民小镇的脚步。在七星酒吧和过渡运动的联合发起人本·布朗温（大部分居民称他为自行车医生）修自行车——只需拥抱、馅饼或托特尼斯英镑作为回报——的广场中间，我们和罗伯·霍普金斯进行了最后一次交流。他是运动的发起者和推动者。罗伯才华横溢、神采飞扬，娃娃脸上总是挂着年轻的微笑。但他也非常冷静、迷人，和所有英国人一样，非常幽默。罗伯总是穿着一样的牛仔裤（至少在我每次见到他时），把衬衣扎进牛仔裤里，又把袖子高高卷起，好像他随时准备去工地一样。来托特尼斯之前，罗伯在爱尔兰传授永续农业。他向学生提议，把永续农业的原则用于城市当中，以便应对气候变化和石油危机，同时让城市更有韧性，也就是在这个时候，罗伯产生了过渡运动的想法。采访时，我们被他身上那种纯朴而令人震撼的人文精神所感动，不禁落泪。

罗伯：有时候，我惊叹于我们这个物种、我们的文化何等优秀，以至于能想象自身的灭绝。我们花了那么多时间去制作这种电影：人类被僵尸、核爆炸、传染病、机器人、外星人或精灵灭绝……我们喜欢这样的电影！但那些谈论正好相反的主题的电影在哪里呢？那些我们聚集在一起，共同解决问题的电影？事实上，我们没有这样的电影……但问题真的存在。气象学家告诉我们：如果想让生物圈保持可以产生生命和我们所认识的一切事物的状态，我们就应该每年减少8%～9%的二氧化碳排放量。而我们却没有拍摄这样的故事。目前，我们把这看作"减少"的故事，我们所拥有的东西被夺走的故事。对于很多人来说，减少二氧化碳排放就等同于在冰冷的洞穴里，靠着吃腐烂的土豆生存……

梅拉妮：他们觉得这样就是世界末日……

罗伯：没错！但事实上，故事完全可以很美妙！人类如此有智慧、有创造力，我们有能力创造非凡的事物，但为了达到这个目的，我们得对自己讲这样的故事。我记得，有一天有人对我说：有一幅愿景、讲一个故事，就像把自己卷入一个旋涡。"过渡城市运动"的目的就在于此，它意在讲述全世界为了建立更人性、更健康、更适合未来的文化而聚集在一起的平凡人的故事，这些人构建了宜居城市的模型，他们富有激情、过得开心、喜欢聚在一起。生态运动常常谈论负面事物、谈论所有我们不想再发生的事情。而现在，是时候讲述未来可以变成什么样子了。这个话题更诱人、更振奋人心。巴塞罗那市长宣布，2040年巴塞罗那所有的能源和一半的食物将由本地生产。这是一个很有野心的目标，也是一个人们乐于讲述的故事，而那些听故事的人会回馈说：太好了，我们的城市也可以这样做。同样，底特律的经历也是一个绝妙的故事，所有人都在向自己讲述这个故事。我们需要诸如此类"我们能做到"的故事。

梅拉妮：听你这么说，我也很想这样做。但在托特尼斯这样的"完美小城"，我们有免费拥抱、地方货币、绿色产品商店……回想我在巴黎的日常生活和那些住在高楼里的邻居，我很难相信自己可以成功带动他们……

罗伯：我提这个问题，你可能会觉得惊讶：你试过向他们提要求吗？

梅拉妮：我提议过在楼下的花坛里种菜。但有些邻居马上说，这种行为违禁，不可能这样做，然后我就泄了气……

罗伯：那可以再试一次！第一次尝试往往会失败。我记得最近一位联系我的澳大利亚女士说："我很喜欢过渡运动，我也很希望它在我的城市进行，但没人对此感兴趣，没人参加这个运动。"后来她在地方报纸上刊登了启事，上面写着：我叫安戴尔，对过渡运动感兴趣，我希望能和兴趣相投的其他人交流……最后她收到了120封来信……又比如在葡萄牙，一些住在高楼里的居民，最开始认为自己是唯一对过渡运动感兴趣的人。但他们最终向邻居发出了参与运动的邀请，并开始和最积极的邻居一起种菜圃。开启过渡运动并不需要所有人参与。我们也不知道什么时候就会出现转折点。开启运动只需几个人，最后，就算是最玩世不恭的旁观者，也会欣喜地看到，运动里充满既有爱心又有积极性的人。有时，他们也会加入其中……

席里尔：我觉得过渡运动有一些方面很难在城市里实施，在小范围内反而更容易实行，比如这里……

罗伯：但在大城市里，有些方面却更好。例如在列日，人们开始生产"列日红酒"。他们募得185万欧元，建立支持葡萄种植的合作社。他们将城市周围的土地和城市联系在一起。而参与其中的只是一个群体，而不是全市。在伦敦，有一些过渡主张先是在社区里实施，然后忽然之间，这些运动将整座城市带到了和托特尼斯一样的维度。他们也有地方货币，也在地铁站种粮食……运动总是从一小群人开始。如果种菜圃这个想法无法说服他人，你可以在房顶上安装太阳能电池板，还能帮业主们赚点钱。

梅拉妮：对啊，我可以去问谁对这个运动感兴趣，然后和他们一起开始行动。等其他人看到运动取得成果时，肯定就会加入我们……我只是有时候觉得又伤心又累。我在和一些朋友谈论我们拍摄的这部纪录片时，尽管他们很聪明，也关心很多事情，但我能看出，他们对此毫不在乎。他们只是眼望着天。我不知道该怎么和他们解释，也不知道该怎么调动他们的积极性。有时候，你不会觉得累吗？

罗伯：当然，有时我也会累。但当我看到一些人的运动取得成果的时候，就会又有了力量……之前我和一位住在伦敦附近的女士交谈，她想发起"过渡街道运动"（就跟我们在托特尼斯做的事情一样）。所以她就做了一个4分钟的视频来说明其中的原则。然后她给每一个邻居的门缝里都塞了留言："星期五我要开一场派对,我会做派对蛋糕。酒水饮料尽情喝。到时候我给你们看一个视频,然后你们可以告诉我你们的想法。"她并没有期待会来很多人,但事实上,那天来的人多到她的家里根本装不下!他们看了视频之后,告诉她:我们什么时候开始?

梅拉妮:太棒了!

罗伯:有时,尝试会遭遇失败。那么我们可以进行其他尝试。有一个过渡小组的人,经历千难万苦也没能在他们的城市把人们召集起来,最后他们自问:这个城市的人会因为什么聚集在一起?石油危机?气候变化?还是啤酒?对,可能还是啤酒……之后,他们成立了一个支持当地酒馆的小组,组织了一次资金募集,并承诺向居民分红。而投资酒馆的人,也就加入了过渡运动。这就是他们的入门方法。重点是,不要将精力集中在一个问题上。如果你们只谈论一个话题,那么人们要么"同意",要么"不同意"。而过渡运动中,你有很多和别人互动的方法。你可以谈论食物或植物,或者你有创业或金融方面的特殊才能……又或者你非常关心垃圾问题!人们参加过渡运动并不只是因为有气候变化问题,也因为他身在运动当中,会感到万分开心!他们可以认识更多的人、交更多的朋友。前几天,托特尼斯的一位女士告诉我:"我住在这里有22年了,但最近两年,过渡运动让我了解了一些我以前不知道的地方。"另一个人也告诉我:"就算明天运动终止了,那我也认识了200个自己之前不

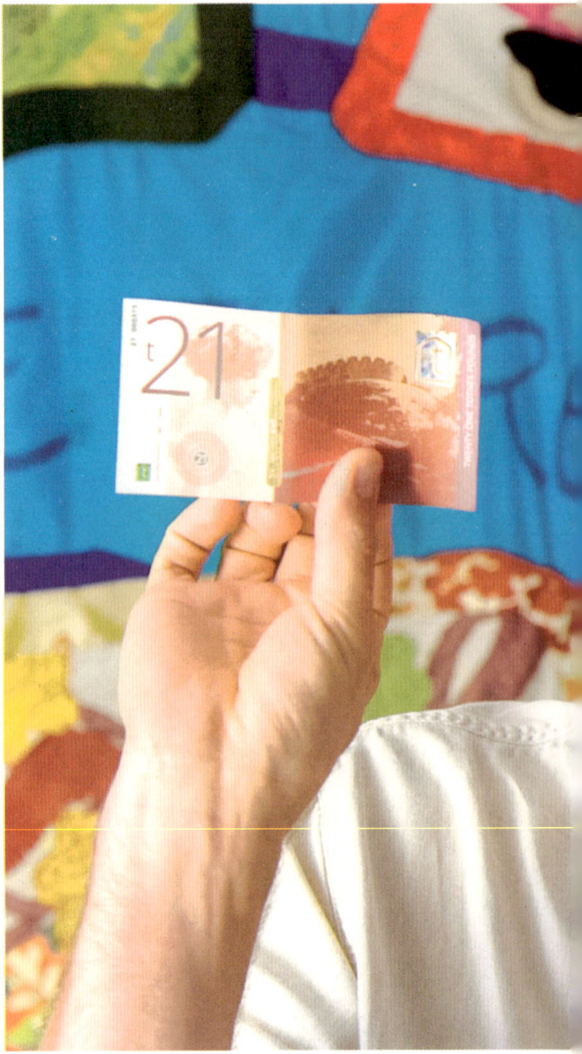
t21

罗伯和他著名的 21 托特尼斯英镑纸币

认识的人……"一开始,我们把过渡运动想象成一种与可持续性相关的环境和生态进程……如今,我们看到过渡运动是一种文化进程。我们要提的第一个问题是:想要改变地方文化,应该从何开始?现在,我可以在托特尼斯的报纸上读到:作为一座过渡城市,我们应该……这一点让我非常高兴!即使有些人并没有加入运动,但他们周围的文化已经发生了改变……

席里尔:面对如此繁重的任务,你不觉得泄气吗?你做的事情非常让人惊叹,但面对文明的全面崩溃,你所做的似乎并不算多……

罗伯:现在我们在全世界看到的,不管是不是过渡运动,都是一种安静的革命。很多人可能并没意识到革命正在他们眼前发生。然而成千上万的人,并没有坐以待毙地等待着特许。他们已经卷起袖子在做事了。他们创立地方经济、基础设施和企业,生产可再生能源,也重新设计了食物系统。他们去商店买东西的时候,会行使自己的权利,选择自己想要支持的产品。世界正在被颠覆。如今,我们知道所有解决方法,也知道如何实施——我们的困难在于,如何动员更多的人,让他们行动起来;如何关心正在行动的人和团体,如何确立行动方法。我们遇到过太多聚在一起又四分五裂、散了之后又重组的群体,这一切都让人觉得身心疲惫,也不会引导我们走向自己想要去的方向。过渡运动需要脚踩在同一条船上的人,他们已经做好准备去冒风险,去支持、经历、庆祝这场运动，同时也准备好让自己变得更有创造性、更有想象力。

席里尔：推动你做这一切、让你如此投身于过渡运动的原因是什么？

罗伯：我有孩子——4个儿子。我认为，当我的孩子自己也有了孩子的时候，我必须能够对他们说，不管希望多么渺小，我已经尽了最大的努力。我在醒着的时候，每一分钟都在尝试反转局面，找到让我们走出困境的其他生存方式。我并不满足于拿着一块牌子走到大街上，表达我的不满。推动我的原因，是我对那些让目前情况持续、让人们死去、痛苦、遭受不公待遇的人的愤怒，以及当我看到其他人在做力所能及的事情时，所表现出的惊人的乐观态度。这些人很了不起，没有人批准他们这么做，也没有人给他们开巨额支票。他们只是觉醒了，他们告诉自己：我们不能继续这么下去，那我可以做什么？我喜欢在自己的城市里散步，发现它与六七年前的不同。这一点深刻地支撑着我。另外，我十分顽强，从不轻易放弃。我能看到，这个运动里有着我们苦苦期盼出现的可持续性未来的萌芽。我能看到这种潜力。我希望这股潜力可以大放光彩，向任何可能的地方蔓延。

席里尔：你还信任政治领袖吗？

罗伯：我认为，面对政治和在国际峰会中汇聚一堂的国家元首，我们有两种表明自身立场的方式。第一种方式，是花费大量的时间和精力去批判他们、发起抗议逼迫他们采取某些措施。这种方式的结果常常让人失望。第二种方式，就是告诉他们："听着，做你们想做的事吧，但你们必须知道，在你们的办公室、会议中心外面，在全世界，很多人都在行动，为达到将温度上升控制在2摄氏度范围内的目标，他们正在以适当的方式生活。他们这样做的同时，也交了很多朋友、活得开心、创立了企业、吃得更好、组织热闹的派对、喝更好的啤酒、消费更少的能源、觉得自己参与了历史性事件。你们也可以关注这场运动，支持这个进程，但随便你们，因为不管有没有你们，运动都会发生。这是一场安静的革命。所以，如果你们打心里也这么认为，就加入我们吧！"我认为这种方式比指着别人鼻子斥责，要有效得多。

这儿还有一张面值21托特尼斯英镑的纸币，有什么不可以的呢（他在展示这张纸币的时候忍俊不禁）。运动中的人们在一起度过了美好的时光！

结语

也许一切都汇聚于一点：竭尽全力让人类众志成城、一起身体力行，创造一个新的世界。我的朋友让-弗朗索瓦·努贝尔常说："人类最大的挑战并不是饥饿、贫穷，并不是可持续发展、和平、医疗、教育、经济、自然资源……而是我们组织在一起去解决这些问题的能力。"

世界上肯定没有完美的学校，也没有完美的民主或经济模式，但在这次旅途中，一种新的世界观熏陶了我们，在这种世界观里，权力和权威并未集中在金字塔顶端的少数人手中；世界上所有事物，正如大自然中的事物一样互相联系、相辅相成、结成网络，那是一个更加复杂的世界，多样性才是我们真正的力量；世界上的每一个人、每一个集体只有更加独立，才会更加自由，每个人的权利和责任也都更多……他们就像为了让身体保持良好状态而存在的健康细胞，但这些细胞也需要依靠其他细胞生存……所有人都在写着一个新的故事。这个故事告诉我们，现在还为时不晚，但我们必须马上行动。

我们有那么多事情要做，可以让那么多可能变成现实。我们让土地和生态系统再生的同时，可以清理海洋、再造森林、为所有人生产健康食品，也可以努力让每个人都有房可住、有医可询、有学可上，让每个人都可以平静生活，我们还可以生产丰富的可再生能源，发明（使用可再生能源的）发动机、汽车、飞机和设备，找到最适合的回收方式，最终让所有人都能在不耗尽资源或破坏平衡的情况下，在这个小小的星球上继续长久地生存下去。我们知道怎么做，这次探寻之旅也教会了我们怎么做。也许我们仍需要做得更好，但这只是时间投入的问题。我们选择的事业，最终一定会成功。历史也已经多次向我们证明了这个事实。

如果我们能够对流动的货币进行重新导向，或者我们为达到以上目的而创造货币，这一切就有可能实现。这些活动能够创造几个亿的就业机会。问题是，我们真正想要的是什么。在维持这个消费主义、资本主义和所谓的自由贸易的模式时，我们企图保护的到底是什么？保护我们的自由？在旅途中，我们看到了这个模式将人们束缚到了何种程度。保护我们舒适的生活？如果说我们有幸成为这个星球上享有优越地位的物种，那么我们也知晓，这种情形是不会持久的。保护幸福？谁可以说我们这样就是幸福的？谁可以说我们在自己作为生产者和消费者的生活中，找到了满足感？我觉得，事实上，我们处在一种矛盾的情况中，我们为保护少数人的优先权而工作，而那些拥有优先权的人却巧妙地让我们相信我们自己也有优先权。如果优先权是让我们直接坠入深渊，那这样的优先权还有什么价值呢？

你在这本书中读到的所有故事都是真实的。然而，这本书和配套的纪录片（或者说这部纪录片和配套的书）一样，记叙的方式非常主观。我选择将注意力放在每一个创举中积极又振奋人心的一面，而没有详述其中的困难、矛盾的观点。已经有太多文章都是按照这种模式写出来的："那些人做着了不起的事情，但以下是他们的尝试所受到的种种限制……所以结论就是：我们能这么做固然是非常好的，但它们离我们还是非常遥远。"但我这本书的目的并非如此。正如我在前言中写到的一样，这本书想要讲述不同的故事，给人启迪，让人渴望去想象不可能的事情，改变人们对世界的理解。

如果你向朋友或者不同的人谈论这些主题，会发现许多谈话者很快就会给出"这绝不会发生""对，但是财团……""应该让政治人物来处理""目前规模太小，没办法成功""你想我们怎么做？""反正我们也改变不了什么"等言论，此类言论我还能再列举出很多。但从未有人通过这种反应方式改变过世界。从未有人能靠着念叨这类泄气话漂洋过海、让飞机或火箭起飞、发现治疗某些疾病的方法、写出奏鸣曲和交响乐、经受住最严峻的考验。如今，我们需要进行史无前例的人类集体动员。我们需要依靠我们的创造力、团结和智慧，也需要走出个人利益，为集体利益而奋斗。从某种程度来说，没有比这种动员更令人激动的了。比起几千年的战争，人类集体动员中包含更多可以更巧妙地满足我们英雄主义需求的事物。

现在，请想象一个新世界。这个世界里城市规模适中、贴近大自然。城市居民在对所有人开放的花坛、绿化地带、公共菜园或私人菜园里生产一部分食物。郊区的永续农业小农场以及农场附近的公司共同生产其他食品。所有垃圾都会被回收并制成混合肥料。城市再将这些混合肥料送还给城市农场、近郊农场和乡村农场，用以补充农场自己生产的混合肥料。大部分人几乎不再吃肉，也可能每周最多吃一到两次。但他们肯定会吃到美味的肉，这些肉来自被正确喂养、尊重对待、户外放养、喂食生物食品、本地养殖的动物身上。人们学会烹饪多种多样的爽口蔬菜。城里居民的出行方式是：自行车、步行、有轨电车、地铁，还有依靠生物气体、氢动力或电力运行的公交车。几乎不再有小汽车，仅存的数量极少的小汽车也只安装不排放废气的无污染发动机。人们主要居住在最多四五层楼的楼房中，楼房周围绿树成荫，楼房中能源的生产量高于其对能源的消耗量。楼房上面还会有绿色屋顶和太阳能发电板，它们采集到的雨水可以服务于我们的非食品用途，最后植物净化系统还能回收雨水。

在这样的土地之上，本地公司令人惊异的多样性能够满足人们的主要需求。此外，很大一部分人会成为企业家。市中心将有数千小商户和步行中心开放，人们可以在市中心散步、聚会，也可以在市中心的博物馆、书店、歌剧院、戏剧院、音乐厅里培养文化情操。居民不再购买很多东西，他们之间共享的物品越来越多。到时人们的大部分物品都会在维修行、家里或遍布各地的制造实验室里被制造和维修。货币也会多种多样，城市有自己的货币，本国或本地区企业有自己的货币，国家有自己的货币，国际贸易也有自己的货币。货币的创造将被改变，借贷机构的利息仅限于满足机构运行所产生的费用。企业使用循环经济原则，不再破坏资源，而是参与资源的再生。在这种企业里，收入差距将会受到限制，企业员工自愿参与企业管理。大部分此类企业的性质为：属于员工的合作社。重回本地的一部分银行，也会成为合作社。市场上将禁止投机，股票市场会发生根本改变，以保证持久实用的股权。大部分企业的经营原则为三重底线。在学校里，我们教孩子懂得，学习的重点是发掘他们的特别之处、他们的才能，并发挥这些长处去解决我们的问题或服务于他们的群体。他们在自己的激情中获得乐趣的同时，也会为他人和地球带来益处。因此，他们应当学会合作，而不是学会成为最优秀的学生。

这些城市周围，将会有很多活力再现的乡村，乡村的田园风光里，农田更少了，森林、树篱、小树林更多了。那里的居民将增强那些只有在自然环境中才能高度发展的活动。人口聚集之处由火车联通，而火车靠可再生能源运行。联通各国的交通工具，将是由清洁发动机提供动力的飞机和船只。国际贸易将在公平的基础上，在拥有真正独立的领土之间进行，而且以每个地区特有的产品、食物或技术为依托。大型企业继续生产只有大型企业才有能力生产的东西：大规模基础设施、火车、船只、飞机、公路等。但这些企业将会受到监管，不再控制或吞噬经济。如果要做政治决议，城市里就会组成人民大会。国家层面，也会有当选公民组成的国会和中签公民组成的参议院，他们共同合作，制定或检验法律。国际层面也会有类似系统，这些系统由当选国家元首和所有国家中签公民组成，他们一起做出关系到全球的决议。多种文化不再碰撞而是变得更加丰富。物种不再灭绝，它们将重新回到丰富多样的生态系统之中。

这样的世界，只是我在看过、听过、经历过所有这一切后，编织的一个梦想，讲述的一个故事。它并不一定详尽，也并不一定就是最好的解决方式。肯定还有上千种更智慧、更人性、更美好的世界等着我们去想象。也许这些世界可以共存，在全球范围内表现出一种真正的多样性。尽管看起来有些理想化，但它却是一个我们可以不断添砖加瓦的故事，因为，我知道我不是唯一一个做梦的人，有一天，你也会加入。

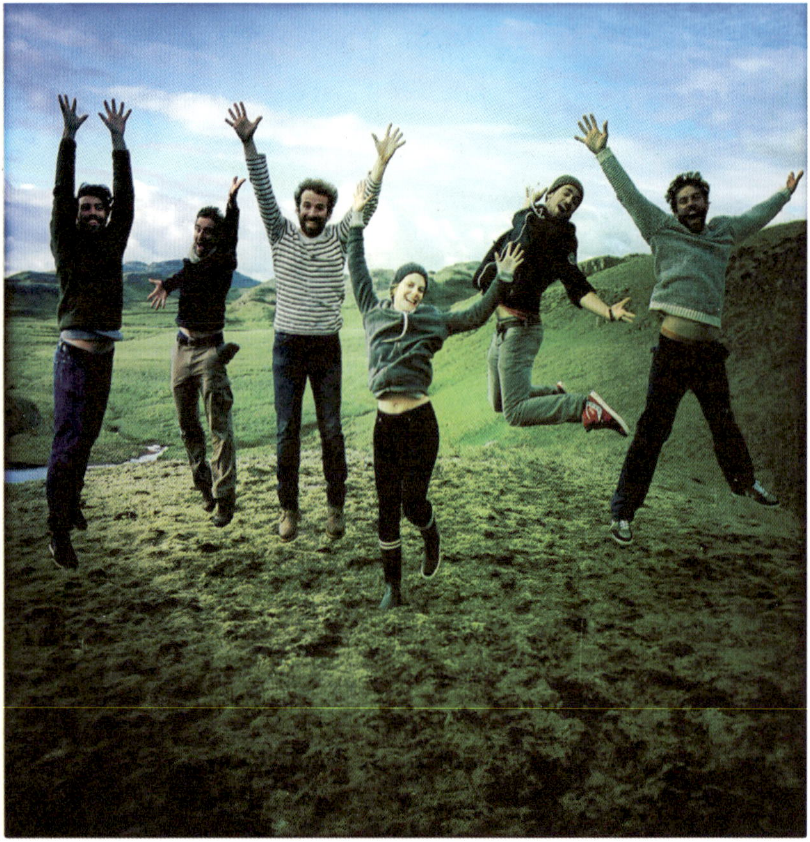

蜂鸟在行动

蜂鸟行动是在公民社会中鼓励创造性活力的非政府组织。它的任务是激发想要建立生态和人性社会的人们的灵感，联通并支持他们。

教育、经济、农业、能源、住所……蜂鸟行动协会强调最适合每个领域的解决方法，推荐适用于本国的具体工具。蜂鸟行动的方法让公民、当选者、企业家之间的合作变得更加容易，它让所有人都能在生活场所进行单独或集体行动。

蜂鸟行动，就是为创建尊重大自然和人类的公共生活模式，而进行发明、实验和具体合作的人们的行动。

蜂鸟行动于2007年在皮埃尔·拉比的倡导下诞生，隶属于地球和人文主义网络，此网络的目标是通过提供行动策略，鼓励新社会模式的出现和实行。

本书属于"更多可能"系列丛书，该系列丛书是Actes Sud和蜂鸟行动于2007年开始的友好合作的成果。

更多信息：www.colibris-lemouvement.org

致谢

非常感谢在整个撰写过程中陪伴我、仔细阅读与修正,并不断鼓励我的阿依提·布雷森。感谢让-保罗·卡皮塔尼和弗朗斯瓦·尼森的信任、热情和友谊。感谢和我一起旅行、让冒险成为可能,并贡献了很多时间和才华的梅拉妮。感谢整个纪录片团队:塞乐维·贝赫、亚历山大·雷格里斯、罗兰·塞尔克劳、拉斐尔·都杰、安东尼·布雷提雅、伊莎贝尔·莫拉、朱莉·勒斯卡(以及其他人),感谢我们的出品人:布鲁诺·李维,感谢你为这部纪录片所做的一切(你的功劳不浅)。感谢你相信这个理念,相信我,你是个了不起的人。特别鸣谢剪辑师桑迪·彭巴尔,她听遍了大部分采访,耐心而巧妙地和我一起构筑了纪录片的叙述,这些也是本书的基础。感谢贝蕾迪斯·维燕,她细心地手录了另一部分采访。感谢皮埃尔·拉比让我对生态问题的意识变得越来越强烈。感谢你的伟大。最后,感谢15年来支持我、阅读我的稿件、鼓励我、指导我、让我变成现在这个我的凡妮。

纪录片

查询更多关于《人类的明天》的信息，寻找行动方法、发掘其他解决方式、联系书中和纪录片中人物，点击：www.demain-lefilm.com

◎ 纪录片《人类的明天》于2015年12月2日上映，由move movie 出品

◎ 与法国二台电影部、火星影业、麦粒制作联合摄制

◎ 感谢法国发展局支持

◎ 纪录片协助方：蜂鸟行动、Agrinergia、Hozhoni 出版社、琼斯、克利斯朵夫·玛索、公共事务咨询公司

◎ 感谢能源公司 Akuo Energy 捐赠基金会的参与

◎ 感谢 OCS 和法国电视公司的参与 以及10266名通过 Kissbank 众筹平台资助我们的人

◎ 由火星影业发行

导演：席里尔·迪翁和梅拉妮·罗兰

执行制片人：布鲁诺·李维

编剧：席里尔·迪翁

原声音乐：弗雷德里卡·斯塔勒

剪辑：桑迪·彭巴尔

图像：亚历山大·雷格里斯

数码定位：杰克·勒福莱森

声音剪辑：亚历克斯·普莱斯和安东尼·博多安

混音：席里尔·奥尔兹

绘图与动画：提特大队工作室，马修·德卡里和奥利维·马尔盖兹

制片主任：安东尼·布雷提雅

监制：塞乐维·贝赫

后期主任：伊莎贝尔·莫拉

图片

©move movie：64-65, 76-77, 104-105, 113, 116-117, 124-125, 132-133, 144-145, 168-169, 212-213, 280-281, 328-329, 344-345

© 罗兰·塞尔克勒：13, 61, 100

© 席里尔·迪翁：52-53, 208-209

© 格力马·依尔木多提尔：356

© 爱马略·纪约内：28-29, 236-237, 288, 293, 296-297, 304-305, 333

© 亚历山大·雷格里斯：48, 249, 273

© 塞尔维·贝赫：204

其他未计页码图片（2幅）
© 亚历山大·雷格里斯

图书在版编目（CIP）数据

人类的明天 /（法）席里尔·迪翁著；蒋枋栖译.
-- 北京：北京联合出版公司，2018.8
 ISBN 978-7-5596-1699-9

Ⅰ.①人… Ⅱ.①席…②蒋… Ⅲ.①世界史-普及读物②地理-世界-普及读物 Ⅳ.①K109②K91-49

中国版本图书馆CIP数据核字（2018）第025102号

著作权合同登记图字：01-2017-6989号

Original title: *Demain: Un nouveau monde en marche* by Cyril Dion
©Actes Sud, France 2015
Current Chinese translation rights arranged through Divas International, Paris
巴黎迪法国际版权代理（www.divas-books.com）.

人类的明天

作　　者：［法］席里尔·迪翁 著
　　　　　蒋枋栖 译
策划编辑：第五婷婷　黄宁群
责任编辑：牛炜征
封面设计：韩　笑
版式设计：杨兴艳

北京联合出版公司出版
（北京市西城区德外大街83号楼9层　100088）
新经典发行有限公司发行
电话（010）68423599　邮箱 editor@readinglife.com
北京天宇万达印刷有限公司印刷　新华书店经销
字数220千字　880毫米×1168毫米　1/32　11.75印张
2018年8月第1版　2018年8月第1次印刷
ISBN 978-7-5596-1699-9
定价：88.00元

未经许可，不得以任何方式复制或抄袭本书部分或全部内容
版权所有，侵权必究
本书若有质量问题，请与本公司图书销售中心联系调换。电话：010-68423599

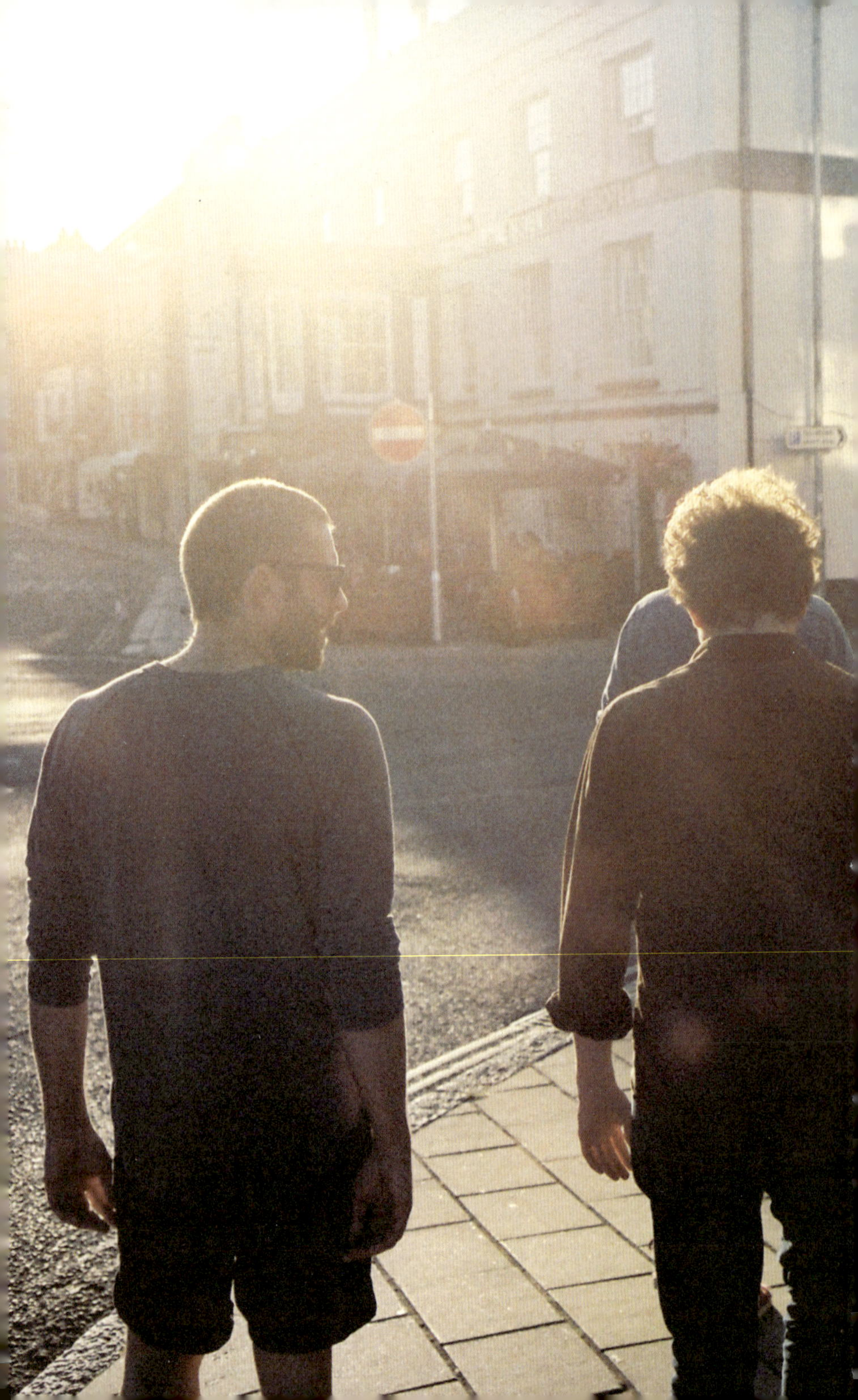